高职高专电子商务与物流管理专业"十二五"规划教材

网 络 营 销

主　编　程玲云

副主编　李　旭　罗晓东

参　编　田　娟　曹淑荣　王桂花

西安电子科技大学出版社

内 容 简 介

  本书根据网络营销岗位职业技能的要求，企业对网络营销人才的能力需求，系统地阐述了网络营销工作的主要任务、流程以及主流的网络营销方法。从企业实际项目出发，强调"做学一体化"，以工作能力锻炼为主导，将网络营销核心理念融入项目任务中，全书一共设置了如下项目任务：分析网络营销机会、制定网络营销策略、策划营销型网站、管理网络客户关系和评估网络营销策划方案。

  本书既可作为高职高专院校电子商务、市场营销等相关专业学生及自学人员的教科书，也可供从事相关专业的技术人员阅读、参考。

图书在版编目(CIP)数据

网络营销 / 程玲云主编. —西安：西安电子科技大学出版社，2012.9
高职高专电子商务与物流管理专业"十二五"规划教材
ISBN 978–7–5606–2822–6

Ⅰ. ① 网…   Ⅱ. ① 程…   Ⅲ. ① 网络营销—高等职业教育—教材   Ⅳ. ① F713.36

中国版本图书馆 CIP 数据核字(2012)第 120766 号

策　　划　张　媛
责任编辑　曹媛媛　张　媛
出版发行　西安电子科技大学出版社(西安市太白南路 2 号)
电　　话　(029)88242885　88201467　　邮　编　710071
网　　址　www.xduph.com　　　　电子邮箱　xdupfxb001@163.com
经　　销　新华书店
印刷单位　中铁一局印刷厂
版　　次　2012 年 9 月第 1 版　2012 年 9 月第 1 次印刷
开　　本　787 毫米×1092 毫米　1/16　印张　11.5
字　　数　265 千字
印　　数　1～3000 册
定　　价　18.00 元

ISBN 978–7–5606–2822–6/F · 0070

XDUP 3114001–1

*** 如有印装问题可调换 ***

前　言

网络营销的普及对传统的商业经营模式、经营理念等造成了不小的冲击。但现阶段绝大多数高职高专类网络营销教材都是以传统市场营销体系为主，过度关注市场营销的基本理论，对网络营销的认识和定位仅仅体现在利用网络工具进行市场营销，忽略了网络营销和传统营销在理念上的差别及操作上的不同。本教材在设计上以工作过程为导向，使理论知识的传授与实践能力的培养同步进行，切实提高学生的理论水平与实践动手能力，真正体现高职高专的"学做合一"的培养特点。

高职高专教育是我国高等教育的重要组成部分，根据教育部《关于全面提高高等职业教育教学质量的若干意见》文件精神，高职高专院校培养的人才应当是应用型、操作型人才，是高级蓝领。新型的教育模式需要我们改变原有的教育模式和教育方式，改变相应的教材和重塑教师职业能力。为了有助于达到这样的目标，必须根据学生兴趣的差异，编写出形式活泼、体现工作过程、适应社会需求的教材。本书在电子商务专业"构建工作过程导向的"课程体系中占有重要地位，力图坚持科学性、实用性、先进性相结合的原则，以职业技能培养为主导，能力模块为经线，知识模块为纬线；注重网络工具使用和营销技能的培养，突出职业教育的特点，与教育改革同步。

在编排形式上，全书每个单元都对单元课时、单元任务以及对应知识点进行了说明，方便教师和学生安排每个单元的各个实验任务。同时每个任务都设置了学习情境和任务分析，让学生能进入真正的工作环境，明确工作流程以及有目标的寻找相关知识；最后还安排了任务拓展，使学生有自我提高的动力和方向。

本书是一本任务驱动型的网络营销教材，具有如下特色：

(1) 以项目任务为载体。本书设定学习情境，进行工作任务分析，提高了学生学习的自主性、积极性，可以使学生在努力完成工作任务的过程中变过去被动学习为主动的探索，从而促使学生获取社会所需的职业能力。

(2) 以网络营销应用为导向。通过吸收和借鉴国内外网络营销发展中出现的新动态、新知识，以企业实际网络营销为导向，对课程内容进行了设计，将知识点适当地串联到实际应用过程中，实现了学科课程体系到任务驱动体系课程的跨越。

(3) 教材体例设计新颖。本书一方面吸纳了国内外教材的优点，另一方面充分考虑到我国高职高专学生的文化背景和学习习惯，兼容并蓄，形成了本教材的体例。

(4) 以职业能力培养为核心。本书严格按照网络营销专业人才岗位能力需求编写，由具有网络营销实践经验的行业专家提供生动鲜活的案例，具有时代性，以具体工作项目为载体设计和组织课程内容，形成以工作任务为中心、职业实践为基础、理论知识为背景的课程内容结构。

　　本书是多位老师合作的成果，作者都是辛勤奋斗在教学第一线的教师，参与了诸如"工学结合"、"做、学、教一体化"、"工作过程导向"等方面的课程改革，许多内容是作者在多年教学、科研成果的结晶。本书的学习单元一由罗晓东编写，学习单元二由田娟编写，学习单元三由李旭编写，学习单元四由王桂花编写，学习单元五由程玲云编写，学习单元六、七由曹淑荣编写。

　　在编写过程中，我们参阅了国内外一些专家学者的研究成果和相关文献，得到企业营销专家的指导以及西安电子科技大学出版社的大力支持，在此一并表示衷心的感谢！由于作者水平有限，本书难免有不足之处，敬请广大读者指正！

编者
2012 年 4 月

目　　录

学习单元一

网络营销人才能力需求分析

能力目标

- 能够简单分析网络营销市场现状；
- 能够明确岗位能力要求；
- 能在教师指导下操作简单的网络营销软件；
- 具备沟通协作的能力。

学时：4学时

专业知识

- ✧ 网络营销概念；
- ✧ 网络营销发展前景；
- ✧ 网络营销体系架构。

学习情境

　　扬州××服装有限公司是以生产外贸全棉休闲服装为主的一个出口加工型企业，受金融危机影响，订单下降，影响了公司的赢利和运营。面对新的经营环境，公司领导黄经理考虑适当调整经营方向和经营模式，一位经理提出了模仿PPG与VANCL这两家国内最大的网络销售衬衫的企业，借助于网络平台销售公司产品，使得公司销量有所突破。其他的经理们也觉得这是一个很好的建议，同意对此做进一步的研究。

　　但是公司以前并没有采用这种经营模式，网络市场需求量如何？目标市场如何定位？网上经营如何操作？这些问题都急需解决。经过和股东协商，黄经理决定委派市场策划部负责人小王和培训部协作，首先对公司中层管理人员进行网络营销培训，使员工对网络经营环境以及网络服装市场有比较清晰的了解。

任务分析

❖ 任务 1：确定公司所面对的网络营销环境。

❖ 任务 2：了解网上经营如何与本公司特点结合。

❖ 任务 3：了解公司员工需要具备哪些网络营销职业技能。

案例导入

VANCL(凡客诚品)——与转内销企业共生共荣

服装网店 VANCL(凡客诚品)可称做中国互联网发展的一个奇迹。借助互联网，加上天时地利的大气候，VANCL 发展可谓突飞猛进，短短一年时间便走完了传统企业一、二十年才能走完的路。原先为国际大品牌"代工"的国内顶级服装加工出口生产商纷纷"投奔门下"。

2007 年 10 月成立的 VANCL，2008 年服装销售营业额便接近 5 亿元人民币，日均订单量 6000 单、日销量 15000 件。VANCL 可称做地地道道的网络公司，网站销售占总销售比例的 80%(回头客占到 40%～50%)，网站注册用户达到 200 万，网站日均流量为 200 万 PV。由于发展迅速，VANCL 在中国服装电子商务领域品牌影响力与日俱增。据艾瑞咨询机构分析，2008 年 VANCL 在国内服装电子商务领域市场份额不少于 18.9%，仅次于淘宝商城。目前，其男装日出货量已跻身中国品牌男装前列。毫无疑义，VANCL 已经成为中国服装 B2C 第一公司。

在淘宝、网易等电子商务网站的培育下，中国亿万网民开始信任网络、养成网上购物的习惯，中国已有高达 1.7 亿的网络购物人群。艾瑞咨询机构最新发布的报告认为，国内网络零售市场发展速度惊人，且存在巨大的增量空间。2008 年中国网购市场的年交易额第一次突破千亿大关，达到 1200 亿元，同比增长 128.5%，经历了 2009—2010 年网购用户迅速增长期。目前中国网络购物市场正在转型升级，从鱼龙混杂的集市模式更多地走向了品牌化、品质化竞争时代。2011 年上半年，在 B2C 综合购物网站业务扩张的同时，一些垂直化、个性化的精品购物网站也迎来了新的发展机遇。

VANCL 品牌之所以获得网民认可，与其坚守"国际一线品质"的宗旨分不开，支撑这种品质背后的是 VANCL 拥有强大的供应商合作伙伴——原先为国际大品牌"代工"的国内顶级服装加工出口生产商现在纷纷"投奔"VANCL。其中便包括世界产量最大的高档衬衣色织面料生产厂商、同时也是国内最大的纺织服装企业——鲁泰纺织等多家国际顶级供应商，而它们供货的对象不乏像杰尼亚、BOSS 等国际知名服装品牌。

VANCL 是地地道道几乎完全依托网站来销售的"轻公司"。VANCL 的"轻"体现在没有工厂、没有销售渠道(指开店面)、无代理商，全部产品在网上虚拟店铺里销售。但是，其"重"则在于设计、管理与质量监控方面与传统企业并无二致，甚至更为严格。传统服装企业最后一道工序是质量控制员检测完毕便将货物提交商家，但在 VANCL 位于京沪穗三地的配送中心里，专门设立了"全检员"，负责将货品提交给物流公司人员前的最后一道检查。VANCL 日订单最高达到每天销售 20 000 件服装，如果出现 1% 的瑕疵，也是 200 件，如果其中半数遭遇客户"投诉"——网上发帖泄愤，小小事件也将无限放大，这对网购企业 VANCL 的声誉来说也是破坏性的打击。VANCL 在京沪穗三大城市设有配送中心，国内 300 个城市的消费者直接上网浏览就可下单并选择货到付款。

　　VANCL 的用户体验也做得不错，首次购买衬衫就可以享受 68 元的体验价格，这可以赢得不少用户的追捧和口碑宣传，另外，100 天退货保障、高档面料、高水平设计品质、快捷的物流速度、购买过程中的手机短信提醒等，相对其他服装直销网站来讲，感觉 VANCL 的综合实力要稍高一些。比如当你尝试购买一件衬衫体验一下 VANCL 这种服装直销模式时就可能出现下面的场景：进入 VANCL 首页可看到 "3.14 白色情人节" 的诱惑推荐，这是针对女性推出的一个活动，女性确实是购买男性服装的潜在群体，不可忽视；在首页中间的 68 元体验价图片也很吸引人，左下方精选展示了用户的好评，这是成功案例的心理暗示，不自觉地增强了用户的购买欲望，最下方除了有其他媒体对 VANCL 的活动报导，还有几名知名博客的 blog 文章，加强了口碑传播的影响力度。

　　VANCL 选对了市场，男装比较标准化，容易生产，交货快；选对了用户群体，男性用户对服装没那么挑剔；选对了进入时机，在 PPG 负面新闻连连的情况下加入，可以迅速赢得口碑；选对了运营团队，带领卓越班底的陈年有着丰富的物流运作经验；选对了投资商 IDG，联创策源和软银赛富的加入会反过来增强用户对 VANCL 的信赖。总之，VANCL 将大有可为，不过网站细节和宣传推广还需要继续加强，毕竟竞争者众多，传统行业如雅戈尔也开始涉足网络直销，所以不进则退，VANCL 需要继续努力。

　　VANCL 的团队素质和口碑都是毋庸置疑，让人感觉踏实放心。VANCL 的 CEO 是当年卓越网的创始人之一陈年，创建时召回了多名前卓越网的资深旧部加盟，另外前期陈年创建的我有网股东都转移到了 VANCL，他们在业界有相当多的资源可以进行整合，也许正因为如此才使其顺利拿到了两期的风险投资。正如陈年所说，"互联网很多模式的门槛在哪儿，大家也每年都在讨论，但结论其实还是人，是团队。"

　　小组讨论：

　　1. VANCL 经营中如何利用网络营销模式？

　　2. 目前网络营销市场现状如何？

　　3. 从 VANCL 的成功我们可以借鉴哪些经验？

1.1　了解网络营销

1.1.1　网络营销市场现状

1. 网络营销的产生

　　营销是企业管理的一个重要职能，是企业经营和运作的一项重要内容，制定合理的营销策略是企业实现其劳动价值和目的的一项十分重要的工作。营销管理专家菲利普·科特勒认为："营销是个人和集体通过创造并同别人交换产品和价值以获得其所需之外物的一种社会过程。""营销管理是为了实现各种组织目标，为创造、建立和保持与目标市场之间的有益交换和联系而设计方案、战略，设计部署营销战术以及实施和控制营销。"随着网络技术的发展和电子商务的出现，许多产品是通过互联网进行销售的，这给传统的销售渠道造成了很大的冲击，从而彻底改变了原有市场营销理论和实务的技术基础。环境变了，市场变了，随之而来的营销和管理模式也将发生根本的改变。为了适应新的形势需要，一种新的营销模式逐渐被人们所接受，这就是网络营销。网络营销是以互联网络为媒体，以新的方式、方法和理念实施的营销活动，可更有效地促成个人和组织交易活动的实现。

网络营销的产生有其在特定条件下的技术基础、观念基础和现实基础，是多种因素综合作用的结果。

首先，在所有网络营销产生的因素中，Internet 的发展是最根本的原因。Internet 在全世界的飞速发展和广泛普及，使其成为全球性的迅捷和方便的信息沟通渠道。随着网络的普及，网民数量增长迅猛，使得更多的目标顾客都在网上，企业利用网络作为营销媒介创造更大利润成为可能。

其二，网络营销是科学技术的不断发展、商业竞争不断扩大的产物。随着信息网络技术的发展，新型网络技术改变了信息的接收及分配方式，人们的工作、学习、社交因此也产生了变化。而企业也逐渐向这种方式的深层次挖掘，以求飞速发展，也唯有如此，企业才能提高自身竞争力，取得未来竞争优势。

其三，消费者价值观的变革是网络营销产生的观念基础。网络时代消费者进一步追求个性化、便捷型消费方式。消费者从被动接受信息变为主动参与企业的营销过程，可以根据自己的特定需求有针对性地搜索信息和发布信息；消费者可以更深入地了解产品，购买行为趋于灵活。尽量满足消费者的需求历来是企业的经营核心，随着互联网在商业领域应用的发展，世界各地企业纷纷上网为消费者提供各种类型的服务，并把抢占这一科技制高点视为获取未来竞争优势的重要途径。

【小资讯】中国互联网发展最新统计数据

中国互联网络信息中心(CNNIC)2011 年 7 月发布了第二十八次《中国互联网络发展状况统计报告》。报告显示，截至 2011 年 6 月，中国网民规模达到 4.85 亿，较 2010 年底增加 2770 万人；互联网普及率攀升至 36.2%，较 2010 年提高 1.9 个百分点。我国手机网民规模为 3.18 亿，较 2010 年底增加了 1494 万人。手机网民在总体网民中的比例达 65.5%，成为中国网民的重要组成部分。最引人注目的是，在大部分娱乐类应用使用率有所下滑、商务类应用呈平缓上升的同时，微博用户数量以高达 208.9%的增幅，从 2010 年底的 6311 万爆发增长到 1.95 亿，成为用户增长最快的互联网应用模式。

网络营销作为在 Internet 上进行的营销活动，它的基本营销目的与传统营销是一致的，但其实施和操作过程与传统方式有着很大的区别。一方面，网络营销针对的是新兴的网上虚拟市场，可以及时了解和把握网上虚拟市场消费者的特征和消费者行为的变化，为企业在网上虚拟市场进行营销活动提供可靠的数据分析和营销数据；另一方面，网络营销在网上开展营销活动来实现企业目标，而网络具有传统渠道和媒体所不具备的独特的特点，信息交流自由、开放和平等，而且信息交流费用非常低廉，信息交流渠道既直接又高效。

网络营销作为新的营销方式和营销手段，它的内容非常丰富。网络营销是新兴技术和营销理念的整合，网络营销以传统营销理论架构为基础。一方面，网络营销和传统市场营销目标一致，它是企业现有营销体系的有利补充，其实质是利用网络技术对产品的售前、售中、售后各环节进行及时、双向的信息沟通和跟踪服务，网络技术自始至终贯穿于企业经营的全过程，提供网上销售、销售促进、品牌推广、信息发布、网上调研、顾客关系和网站推广等功能；另一方面，因为依托于新兴技术，其理念和操作流程也有了诸多创新，在战术层面具备新的技术和方法，对效果评价采用新的标准。网络营销结构体系如图 1-1 所示。

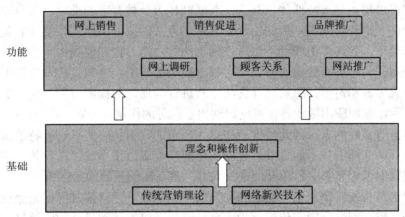

图 1-1　网络营销结构体系

2. 网络营销和传统营销优劣互补

网络营销是一种新的营销技术，更是一种意识，对传统营销会产生巨大的冲击；这种基于互联网的新型营销方式已经引起广泛关注，对企业的经营管理将产生越来越大的影响。相比传统营销，网络营销优势体现在：

(1) 大面积、无地域限制的全方位推广。网络营销相对线下推广来说，不受地域限制，可以大面积宣传公司。尤其对于中小企业，由于经营资源的限制，发布新闻、投放广告、开展大规模促销活动等宣传机会比较少，因此通过互联网手段进行营销推广的意义显得更为重要。

(2) 降低成本，企业获得竞争优势。通过网络发布信息，将产品直接面向消费者，缩短分销环节，使企业实现了产品直销，减少了库存，降低了综合成本，无形中帮助企业减小了生存压力。由于前来访问产品信息的大多是对此类产品感兴趣的顾客，受众准确，避免了许多无用的信息传递，也可节省费用。

(3) 沟通方便快捷，提供更优质客户服务。可以通过在线方式收集顾客意见，让顾客参与产品的设计、开发和生产，真正做到以顾客为中心，满足顾客各方面需求，避免不必要的浪费。销售过程中，让顾客既有极强的自主选择余地又能方便地获得回应，从而获得方便轻松的购物体验。

(4) 形式新颖别致，具备吸引力。由于传送媒介是多媒体设备，使得网络营销内容全面、生动形象、互动性强、反馈及时等，大大提高了企业信息的传播效率，增强了企业形象和实力。网络媒体的真正价值在于它不仅提供了一个全新的市场营销渠道，而且这个渠道细分后，又可以形成更多不同的营销途径，让今天已经难以突破的传统市场营销格局有了崭新的组合方式。

(5) 营销手段多样化。网络营销具有沟通效率高、覆盖范围广、互动性强、成本低等优势，凭借这些优势，发展出丰富多样的网络营销手段，正散发出勃勃生机。这些手段既包括门户广告、搜索引擎营销、电子商务网站推广、网络联盟(联署营销)等，也包括电子邮件推广、社区推广、视频推广，甚至包括在网上写文章/跟贴，宣传公司和产品等。

网络营销作为新的营销理念和策略，凭借互联网特性对传统经营方式产生了巨大的冲击，但这并不等于说网络营销将完全取代传统营销，网络营销与传统营销面临的是一个整合的过程。首先，互联网作为新兴的虚拟市场，它覆盖的群体只是整个市场的某一部分，许多的群体由于各种原因还不能使用互联网，如老人和不发达国家和地区，传统的营销策略和手段则可以覆盖这部分群体；其次，互联网作为一种有效的渠道有着自己的特点和优势，但对于许多消费者来说，那些由于个人生活方式的原因不愿意接受或者使用新的沟通方式和营销渠道，如许多消费者不愿意在网上购物，而习惯在商场上一边购物一边休闲；第三，互联网作为一种有效沟通方式，可以方便企业与用户之间直接双向沟通，但消费者有着自己个人偏好和习惯，愿意选择传统方式进行沟通，如报纸有网上电子版本后，并没有冲击原来的纸张印刷出版业务，相反起到相互促进的作用；最后，互联网只是一种工具，营销面对的是有灵性的人，因此传统一些以人为主的营销策略所具有独特的亲和力是网络营销无法替代的。随着技术的发展，互联网将逐步克服上述不足，在很长一段时间内网络营销与传统营销是相互影响和相互促进的局面，最后实现融洽的内在统一。

网络营销与传统营销是相互促进和补充的，企业在进行营销时应根据企业的经营目标和细分市场，整合网络营销和传统营销策略，以最低成本达到最佳的营销目标，网络营销和传统营销共同成为企业营销战略的组成部分。网络营销与传统营销的整合，就是利用整合营销策略实现以消费者为中心的传播统一、双向沟通，从而实现企业的营销目标。网络营销如何在传统营销的基础上进行整合再造，具体来说主要体现在以下几个方面：

(1) 整合顾客概念。网络营销所面对的顾客与传统营销所面对的顾客本质上没有什么大的不同。但是，网络上的消费者面对浩如烟海的站点，只能浏览其中极小一部分。企业在进行网络营销时，就需要研究网络顾客行为和规律，探索各类搜索引擎规律，从而使网络广告投放、网上信息发布做到精准有效。总之基于网络时代的目标市场、顾客形态、产品种类与以前会有很大的差异，如何再造顾客关系，将需要许多创新的营销策略和手段。

(2) 整合产品概念。网络营销将产品的定义扩大了，即产品是提供到市场上引起注意、需要和消费的东西。它还进一步将产品细化成核心产品、一般产品、期望产品、扩大产品和潜在产品。

(3) 企业组织的整合。网络营销带动了企业理念的发展，也相继带动了企业内部网的发展，加快了企业内部信息化管理的进程。企业经营管理和内外共同交流都离不开网络作为主要渠道和信息源。另外销售部门人员减少，销售组织结构扁平化，渠道缩短，虚拟经销商、虚拟门市、虚拟部门等组织盛行，这些都促使企业进行组织结构再造。

⚠ 注意：

网络营销不是简单的利用技术对传统营销进行复制，但也不是全然脱离传统营销体系；网络营销以传统营销理论架构为基础，理念和方式均进行了创新，成为企业整体营销战略的一部分。

1.1.2　网络营销发展趋势

全球互联网的兴起，对人类生活与经济行为产生了重大影响。中国网络经济处于快速发展期，随着全球经济在 2010 年回暖之后，整个网络经济的增速一直保持在一个高位上。目前整个网络经济的增长，实际上大概是 GDP 增长的 6 倍左右。网络营销已经被大多数企业认识和接受，网络营销的经济价值已经被社会广泛认可并产生极大的市场需求。

根据中国电子协会数字服务中心《2011 年电子商务行业研究报告》发布的 2011 年中国网络广告专题数据显示，我国网络消费总量快速增长，2010 年上半年网络消费总量达到 4734 亿，2010 年全年增幅为 48.8%左右，中国网民网络消费总量首次突破 10000 亿元人民币大关，人均网络消费额达 206 元/月，这对中小企业利用互联网开展网络营销来说是极大的诱惑。

网络的营销规模，营销的专业水平以及企业对网络营销的需求层次在不断的发展变化中，更多的网络营销资源和网络营销方法也不断出现。

1. 中小企业试水"网络营销"，企业网站建设专业水平有待提高

中小企业纷纷试水"网络营销"。根据中国互联网络信息中心的统计数据，到 2010 年底中小企业互联网接入比例达 92.7%，规模较大的企业互联网接入比例更是接近 100%。43%的中国企业拥有独立网站或在电子商务平台建立了网店；57.2%的企业利用互联网与客户沟通，为客户提供咨询服务；中小企业电子商务网络营销应用水平为 42.1%，其中电子邮件以 21.3%的比例成为"最普遍的互联网营销方式"。

前几年企业网站建设发展速度较快，只重视数量而忽视质量的问题使得企业网站未能为企业带来明显的效益。特别是在中小企业互联网应用中，网站功能主要还是集中在展示上，互动功能、交易功能、后台统计功能方面还有所欠缺，这也导致多数企业网站只是虚设，没有发挥作用。普及比较广的还是网络在客户服务和企业内部管理方面的应用，中小企业中电子商务/网络营销方面的互联网应用水平还偏低，需要重点提升。

造成企业网站建设专业水平不高的主要因素之一在于，大部分企业的网站建设工作都依赖于网络营销服务商的专业水平，而各个网络营销服务商的水平差别很大，并且没有权威的专业性指导规范，不仅网站建设服务商为企业制作网站没有可遵循的原则，而且各个服务商之间为争夺客户只能陷于低层次的价格竞争。其结果是，为了节省成本，企业网站水准降低，或者因为服务商本身的水平不高，为企业建设的网站根本就没有使用价值。这种状况对于网络营销服务市场的进一步发展，以及对于企业的网络营销开展都是非常不利的。因此如何提高企业网站建设的专业水平，是企业网络营销过程中值得高度重视的问题。

2. 网络营销服务市场继续快速增长，新型网络营销服务不断出现

网络营销服务市场规模不断扩大的同时，网络营销服务产品类别也在不断增加。尽管其市场规模还比较小，但已显示出较好的发展前景。其中值得关注的领域包括网络营销管理工具，专业的网络营销管理顾问服务、网络营销培训，等等。除了网站建设之外，网络营销服务商还可以帮助企业进行全程营销，从前期的基础建站到推广，到中期营销和管理功能的建立，再到后期的品牌形象的深入，为企业打造专属的营销平台。

3．企业对网络营销的认识程度和需求层次提升

企业对网络营销的认识和需求产生了明显的转变。企业更容易接受新的网络营销方式，关注新的网络营销动态，比如关注无线互联网购物；企业更希望获得网络整合营销而不仅仅是购买孤立的网站推广产品(如分类目录登录、搜索引擎竞价)，越来越多的企业已经在营销预算中添加了网络整合营销方面的费用；企业越来越重视网站诊断和优化服务，网站优化对企业网络营销的价值逐渐为企业所认识，网站优化已经成为网络营销经营策略的必然要求。

4．网络市场广告将超越报纸广告

现在企业宣传已经摆脱传统媒体(比如电视，报纸等)平面媒体的束缚，而且在传统媒体日益高涨的广告费用面前，很多中小企业迫于成本压力，更多的把营销方向转向互联网。近年来互联网的成长使网络营销的性价比逐渐提升，让网络营销获得了众多企业的关注！2011 年中国网络广告市场可能超过报纸广告规模，成为中国广告的第二大投放市场。其中，搜索引擎在未来几年的发展，会保持一个快速的增长；2010 年整个视频广告收入是 21.5 亿元，其增长速度是整体网络广告市场增速的两倍，这也预示着整个网络广告当中视频网络广告增长速度将最快。

5．新型网络营销概念和方法受到关注

随着 Web2.0 思想逐渐被认识，随之出现了一些新的网络营销概念，如微博、社交网络、博客和论坛等，这些新型的网络营销方法在逐步为企业所采用。

互联网在国内网民进行互通交流方面起到的作用越来越大，产生的影响也越来越显著。作为网络交流的重要工具，这四类 Web2.0 网站产生了许多令人惊叹的变化，这些变化清晰体现在行业网站的数据波动上。微博行业持续被看好，站点数量增长速度保持稳定。2011 年 7 月第一周，国内有 208 家微博行业网站被访问过，是同期行业站点总数的 5.8 倍，相比 1 月份增长了 118.95%，平均每月增长速度达到 14.02%。SNS(社交网络)、博客(BLOG) 作为最典型的 Web2.0 类网站，依然保持着很强的吸引访客的能力，行业活跃访客比例超过大部分网站类型。随着个人站点的不断增多，论坛行业站点数量也在不断增长。

1.2　网络营销应用概况

1.2.1　行业应用网络营销概述

网络营销因其灵活性、性价比高而备受青睐。一些敏感而富有冒险精神的商家立刻发现了其中所隐藏的无限商机。利益的驱动使得几乎每个行业都想通过 Internet 来寻找自己新的位置。网络营销与行业特性关系密切，不同行业企业进行网络营销的积极性有很大差异。信息传输、计算机服务和软件业，由于其比较高的技术水平，因此也有较高的网络营销应用比例。总的来说有一些行业特别适合应用网络营销这个利器，为企业开辟新的生存道路。

1．零售业

亚马逊在线图书销售的成功吸引了越来越多的零售商如唱片销售商、体育用品公司等

加入到这一行列,甚至著名的比萨饼连锁店必胜客(Pizza Hut)也不惜重金赎回用自己的店名注册的域名,利用 Internet 开展比萨饼订购业务。化妆品、首饰以及高档服装这种相对依赖于品牌效应的奢侈品行业也纷纷加入到网络营销队伍中来。相比于传统商业模式,在用户浏览网站的过程当中,更有可能连续浏览同一品牌的商品。对于一些强调品牌的商业形式而言,充分利用 B2C 站点的品牌优势特性,将非常有利于消费者快速产生关于"品牌"的印象以及做出相应的行为。

2. 信息产品行业

经营计算机产品的公司,或者直接与 Internet 发生关系,或者直接参与 Internet 建设,或者为 Internet 的连接提供软硬件设备和联网方案,它们是第一批 Internet 贸易的直接受益者。在这些公司的销售活动中,在线交易所占的份额越来越大。这些公司包括微软、国际商业机器(IBM)等传统的计算机产业的超级大公司;也包括惠普等在计算机某领域有专长的公司,还包括戴尔、联想等因 Internet 而诞生的新生的计算机公司和各种销售计算机有关产品的公司。

IBM 几乎是一家最"古老"的经营计算机产品的公司,它经历了从计算机诞生开始的计算机发展全过程。IBM 一直在大型商场自动化方面居于领先地位,现在,它又果断抓住电子商务兴起的契机,提出了全面的电子商务解决方案,其子公司 Lotus 的 Domino.Merchant 成为搭建电子商业系统的主力软件。

戴尔公司是一家新兴的计算机公司。该公司在 Internet 刚刚为大众所认识的时候,独具慧眼,发现了这块待开垦的处女地。戴尔公司所生产的系列台式计算机和系列工作站,通过互联网迅速传播,占领了个人计算机市场的较大份额,成为世界著名的个人计算机生产厂家。

3. 耐用消费品生产行业

无论是在国内还是在国外,男性公民都是网络漫游的主要人员,耐用消费品和不动产,如汽车、摩托车、房地产等,都是男性公民注意的对象。汽车、摩托车生产厂家,如美国福特公司、日本铃木公司等在网络上都有自己的销售网点;房地产公司,如美国的 Ira & Carol Serkes 公司在网络上也有良好的表现。

专注国内市场(向国内客户销售商品或服务)的企业的网络营销比例较低,而专注国外市场的企业为了开拓市场更倾向于使用网络营销手段,而内外贸皆有的企业开展网络营销的比例较高。这是因为,规模较大的企业开展网络营销的比例相应较高,而既有国内贸易又有国外贸易的企业规模相对较大。

随着传统市场的竞争加剧,特别是 2008 年以来全球经济不景气,制造生产型企业遇到前所未有的生存与发展压力,传统制造型企业也把目光转向网络市场,以开发网上营销模式。制造型企业网络营销方式一直比较单一,而通用网址整合了多种营销方式,形成了更高效的网络营销体系。越来越多的中小制造企业开始批量注册通用网址,投入到网络营销的大潮中。

1.2.2　中小企业网络营销应用

互联网为中小企业创造竞争优势带来了新的机遇,给了新兴中小企业极大的发展空间和竞争平台。通过研究电子商务类网站的用户行为信息发现，网络营销改变了以往成功公司已经确立的传统商务模式。与传统的柜台、专营店、超市等销售方式相比，网站非常适合在短时间内让用户浏览到相对巨大的信息量，并以多媒体形式展现一种或者多种商品使用户对比起来更轻松；同时利用搜索引擎等网络工具，可以进行在现实购物中难以进行的快速搜索、对比、关联、过滤等判别行为。以上种种特性给中国中小企业带来了新的机会。中小企业中数量最多的批发与零售企业的网络营销比例并不高，这是由于还有大量的传统批发零售渠道的存在，他们受地域影响很大，互联网对于他们拓展市场的作用目前还不是很明显。而中小企业中占比第二的制造业企业中，却有大量企业开始利用网络营销，这是因为受金融危机影响，大量制造企业面临客源有限的问题，因此他们在积极探索利用互联网渠道接触更多潜在客源。

1．中小企业使用的网络营销方式

中小企业最为迫切的需求就是拓展市场、推广产品，因此成本较低、效果优异的网络营销正逐渐得到中小企业的认可。根据调查数据显示，目前中小企业中网络营销相关的互联网应用渗透率综合起来达到了 42.1%。不过，仍然还有 57.9%的受访中小企业没有使用互联网进行过任何营销及销售相关活动。中小企业使用的网络营销方式比例如图 1-2 所示。

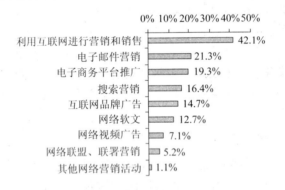

图 1-2　中小企业网络营销方式使用比例

电子邮件营销方式是企业最普遍采用的互联网营销方式，21.3%的企业曾经采用过电子邮件营销。电子邮件营销具有成本低、到达率高等优点，但具有容易引起受众反感等缺点。不过，将电子邮件营销与 CRM 系统结合，进行更加精准的促销信息推送仍然是很有效的网络营销方式。因此，电子邮件营销未来还将是最为普及的网络营销方式之一。

此外，电子商务平台推广和搜索营销(包括搜索关键字广告、搜索引擎优化等)是另两类比较重要的互联网营销方式，也是企业互联网营销中投入较多的两个领域。

互联网品牌广告，是指在门户网站等站点中购买相应的广告资源(图片链、文字链、弹出框等)，是互联网广告中最为传统的方式，目前依然在企业的网络营销中占有一席之地。网络软文也是利用较广的一种互联网营销方式，包括企业自己的员工利用论坛等手段宣传和营销自己的品牌和产品，以及雇佣专门的"网络水军"进行大规模、有组织的互联网舆论战。这种互联网营销方式正在不断得到广告主的青睐，但未来可能面临更加严格的管制以及社会负面舆论的影响。

2．中小企业使用传统营销方式和网络营销方式对比

对比中小企业使用传统营销方式的情况可以看出，目前传统营销方式在企业中的渗透率还是要高于网络营销方式，其中，报纸、杂志的营销方式的渗透率最高(参见图1-3)。这也说明网络营销方式还有很大的发展空间，中小企业经营管理中网络营销理念和投入有待进一步提高。

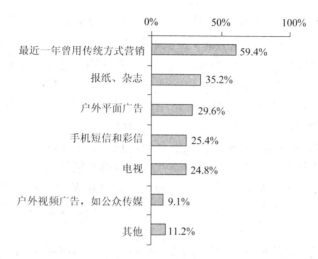

图1-3　中小企业网络营销与传统营销方式使用比例

3．中国中小企业网络营销地域特征

中小企业网络营销具有明显的地域差异，在地区上显现发展不平衡性，如图1-4所示。毫无疑问，东部地区中小企业开展网络营销的比例远高于西部和中部地区。东部经济带的中小企业无论在数量上还是在互联网利用水平上都远超中部和西部，是中国中小企业中最重要的区域。

从具体的省市来看，浙江、北京、广东的比例是最高的。其中，浙江依托长三角地区发达的经济带，中小企业发展相对成熟，此外其还受到阿里巴巴等电子商务企业的大力推动，因此在中小企业网络营销中处于领先地位；而北京和广东也是电子商务服务平台企业相对集中的地区，使得中小企业更易于接触和开展营销服务。

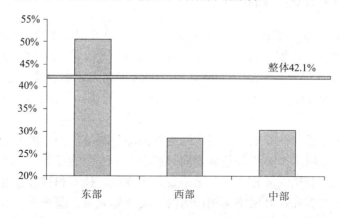

图1-4　中小企业开展网络营销地域比例

1.3 关注网络营销人才需求

1.3.1 网络营销人才需求旺盛

在世界经济多元化、全球化和国际贸易自由化的今天，企业为了在激烈的市场竞争中形成并保持其优势，纷纷利用 Internet 为企业服务。而随着网络技术和电子商务的发展，市场对传统企业的组织形式、管理模式、经营方式和营销观念等方面都提出了有力的挑战。虽然在网络中有许多不确定的因素，但是业界人士都承认，网络营销将会是未来网络经济发展的诸多模式中最具潜力、更有广泛适用性的营销模式。企业需要对互联网人才有必要的重视和支持，同时应更早地接受互联网知识的培训。

我国未来将有越来越多的资金投入到企业信息化、电子商务项目建设中，越来越多的传统企业也开始应用和开展网络营销。企业引进网络营销优秀人才已经成为迫在眉睫的事情，特别是中小企业开展网络营销应用主要面临的也是人才和资金的难题。其中，43%的中小企业缺乏必要的资金投入，而高达 76%以上的中小企业却都表示，非常需要网络营销人才的加入。

经过几年的发展已经积累了一定量的网络营销人才，他们在专业的网络营销服务机构和专业方向研究方面都具有大量的实践经验，并且不断进行理论思考，取得了丰硕的成果，对我们国家电子商务的发展做出了重要的贡献。但是，网络营销不但需要在实践中成长起来的这群精英人才，也需要大量在第一线为众多中小企业服务的业务操作型人才。据艾瑞(IResearch)市场咨询有关研究数据显示，中国使用搜索引擎的企业持续增长，2009 年仅使用搜索引擎技术作为推广方式的企业就有 100 多万的职位需求。而搜索引擎营销仅是网络营销的基础方法之一，所以网络营销职位在人才市场中的需求是非常巨大的。

目前国家已经把网络营销人才的培养列入国家信息技术紧缺人才培养工程。高职高专电子商务专业的学生及早介入这一行，接受专业的培训，成为网络营销行业紧缺应用人才，将有助于拓展个人在这个行业的发展空间，让自己的人生赢在起跑线上。

1.3.2 网络营销人才能力训练

在网络营销人才市场整体需求强劲的大势之下，企业对具有实战经验和技能的网络营销专业人才需求旺盛；据了解，全国大中小型企业老总大多都有"一将难求"的感叹，很多企业都面临很难招到高素质"上岗即用"网络营销人才的窘境。虽然大多高校大学生看好网络营销行业的前景，但是普遍对于网络营销的认知不深，缺少专业的、系统的实战培训。

另一个现象是在那些非专业化公司，网络营销部门职员较少，内部分工又不可能像专业公司那样精细，所以一个员工往往就要同时肩负几个方面的任务，具备几方面的素质和能力。在当前的网络营销人才需求中，最需要具备商务、技术和管理技能，或三者兼而有之的人才。因此在培养和提升网络营销能力时，要统筹兼顾，既要具有专业技能，也要具备相关能力，比如管理和创新能力。

　　网络营销人才是基于线下的良好营销基础来推动网络营销的，因为他们的目的只有一个，就是将商品在最短的时间内，以最大的量、最快的速度推销出去，实现最多的利润。要实现这些目标并不容易。首先，网络营销人才应该懂得通过结合线下渠道去宣传推广，其次又要懂得通过专业机构软件来提升网站的访问量，还要实现网店口碑的传播，更要善于资源整合，提供客户更多的增值服务，实现差异化，增强客户消费依赖性等。

　　具体来说，网络营销人才这样一个互联网时代所产生的新的职业发展方向，必须具备网络营销专业领域市场分析能力、信息处理能力、文字表达能力、客户体验能力、网页设计能力、网站推广能力、搜索引擎营销能力、网络贸易能力、组织协调能力、评估调整能力，同时又掌握市场营销、客户管理基本技能的，可以为企业网络营销实践活动提供专业商业服务的职业化经营管理人员。目前，国内一些网络营销培训机构和电子商务平台企业也响应社会需求，推出网络营销专业人才培训项目，为网络营销行业企业培养及筛选人才提供了权威、科学、专业的参考依据。比如中国电子商务协会推出"中国电子商务职业经理人(网络营销顾问、网络营销经理、网络营销师)"职业资格认证；阿里巴巴推出"国内/国际贸易应用专员认证"职业资格认证。

　　综上所述，网络营销人才必须具备的基本技能包括：

　　(1) 熟悉互联网行业。网络营销、网络消费行为心理、互联网发展背景与趋势、搜索引擎排名、网络广告、点击率等互联网知识是必须掌握的，此外还要具有一定的统计分析能力，具有成功的网站推广经验。

　　(2) 掌握 B2B、B2C、C2C 等网络营销模式，能以多种网络推广技术和方法协助公司开拓网络营销资源和渠道。

　　(3) 网络营销人才能对该领域针对的客户或服务的企业有全面了解，能为企业量身打造合理的营销方案。

　　(4) 一定的市场营销知识和技巧，沟通能力强，有较强的团队合作精神。

　　在后面的学习单元中，将按照工作过程导向，系统地进行企业网络营销策划、计划和具体实施的操练，在实践过程中掌握网络营销的实施方法论，包括但不限于市场调研能力，了解网络广告、搜索引擎营销、营销型网站策划与实现、网络整合推广等，具备网络营销领域的专业化、职业化能力。

1.4　网络营销认知实训

✎ 实训任务一

　　充分利用网络环境，浏览网页，体验不同平台、不同行业、不同方式的网络营销，加深对网络营销的感性认识。

　　(1) 对于企业来说，不仅要思考用什么形式的网络营销方式，更要权衡投入多少资金，效果如何？最大的门户网站搜狐(http://www.sohu.com/)不仅提供了大量的网络广告连接，如图 1-5 所示，而且提供了具体的网络广告报价，如图 1-6 所示。

图 1-5　搜狐网站广告图

图 1-6　搜狐网站广告报价

(2) 图 1-7 所示，为戴尔网络营销网站，这是典型的企业自建网站进行网络营销。

图 1-7　戴尔网站

(3) 让天下没有难做的生意，中国中小企业进行网上贸易的最大第三方平台——阿里巴巴(http://china.alibaba.com/)网站页面如图1-8所示。

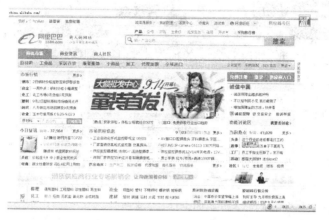

图1-8 阿里巴巴中文网站

(4) 论坛博客等也是网络营销的最常见的载体，西祠胡同(http://www.xici.net)是江苏比较有名的地方论坛网站图1-9、图1-10所示为西祠胡同首页广告和西祠论坛置顶广告。

图1-9 西祠胡同首页广告

图1-10 西祠论坛置顶广告

(5) 2010年团购在中国出现以来，服务网站数量增加迅速，拉手网(http://www.lashou.com/)团购产品种类繁多。如图1-11所示为拉手网首页。

图 1-11　拉手网

实训任务二

利用网络进行信息检索，把握网络营销应用现状和发展趋势。

(1) 自由组织小组，选出组长及给自己小组取名。

(2) 组长负责和小组成员协商及决定分工，围绕"网络营销应用现状和发展趋势"确定信息检索主题，小组成员要积极配合。

(3) 利用搜索引擎、专业网站、学校电子资源等多种方式，并比较这几种途径的各自特点。

(4) 形成 WORD 文档，要求内容合理、层次清晰、有自己的观点、排版规范。

回到学习情境

通过 1.1～1.4 节内容的学习，我们了解了网络营销市场现状和发展趋势，确认了网络营销人才必备的技能，下面我们回到学习情境中。小王针对公司目前网络营销计划，应该如何完成工作任务。

任务 1　确定公司所面对的网络营销环境

(1) 随着我国电子商务基础环境的日益成熟，服装业网络营销的商业模式已经由最初的构想转化成具有明确的盈利模式的商业形态。并且，在服装网络营销领域已出现了多家成功运营的典范企业。不管你是否感受得到，不管你是否承认，互联网正在影响或改变所有的商业模式，这种趋势谁也无法阻挡。相对于部分欧美国家服装零售领域超过 20%的市场份额属于网络营销的现状，我国服装业网络营销市场发展空间非常庞大。网络营销已经成为企业追捧的新型营销方式，公司应该抓住机会，利用网络营销为企业开辟新的生存空间。

(2) 传统营销和网络营销的有机结合，并不是颠覆或者取代原有的营销模式，而是作为一种强大的工具起到互补的作用。传统营销和网络营销优劣互补，构成公司的整体营销战略。

(3) 网络营销不仅是一种理念，仅仅在思想观念上更新是不够的，还要在具体实践中推陈出新，拿出新的措施。对于外销转内销的服装小企业来说，最难迈过去的坎，恐怕是营销网络渠道的建设。由于过去专做外单，对内销市场既不是很了解，又没有成熟的商业关系和营销网络渠道，一切都要从头开始，这不仅需要大量的财力物力投入，更需要较长的时间来经营和积累新的商业关系。

任务 2　确定网上经营如何与本公司特点相结合

(1) 从公司的资金实力看，一开始与其像些大企业那样花大钱到收视率高的电视台打广告、请代言人，不如多花点精力在互联网营销上寻求突围。由于市场定位决定了消费者大多是经验丰富的网民，而且面对日益严重扰乱市场秩序的网络低价销售，尽早实行网络营销是大势所趋，但由于互联网没有时间和地域的限制，要很好地控制并不容易，所以更需要充分发挥其优势的一面，就是"精准"和"互动"这两个功能。首先，要做到精准营销，必须明白目标消费者在哪里，他们通常会用什么互联网功能，基于此，我们在人气较高的直销论坛、直销门户还有部分白领的生活频道作了链接广告，链接的对象都是互动营销的活动主页，以此吸引更多眼球。

(2) 鼓励经销商以上级别的客户在淘宝等网站开网店，并且通过官方宣布专卖店和网店实行统一价格销售。当启动线上平台后，不可避免的会存在与线下实体店的价格、服务冲突等问题。那么企业就应该制定一套完整的产品定价、奖惩、服务制度来规范自己的渠道。很多时候企业没法去掌控代理的销售价格，这时候应该投入相当的人力物力去维护自己的销售网络，比如定期店铺巡视、设立客户举报等方式。揭露低价销售者经公司核实之后给予不同形式的奖励，而违规操作低价销售的业务员、经销商公司将被处以重罚，甚至取消销售资格，这样，网店和经销商们比拼的不再是价格，而是服务速度和质量。

(3) 互联网由于其传播速度快、范围广、应用技术复杂多变，所以公司需要有大量的人员去培训、指导，实时跟踪和及时反应，否则一旦形成舆论危机则很难控制。因为任何公司都不可能做到没有产品质量问题和服务投诉，而遇到这种问题的时候，快速、正确的引导是非常关键的。

(4) 增加执行力度。在长期进行网络营销的工作中，要根据计划每天完成任务，不能拖延，许多公司制定了完美的方案，但是在执行上不够果断，执行的力度不够，对于网络营销来说，要尽可能来执行，最快的来见效和收益。

(5) 完善的激励制度。要想网络营销取得更好的效果，必须激励士气，如果网络推广的效果明显，获得的收益大，就要给网络推广人员进行奖励，对于网络客服来说，要首先奖励最多的网络客服，当然这些奖励的钱都是通过他们自己来获取的。

任务 3　了解公司员工需要具备哪些网络营销职业技能

(1) 作为网络营销人员，要有营销的整体思维，不能够简单地将网络营销和线下营销割裂开来，而是将网络营销和线下营销进行整合，从而获得优势互补，自然就能够起到事半功倍的营销效果！具体来说，网络营销人才应该具备和培养下面一些能力：网络营销专业领域的市场分析能力、信息处理能力、文字表达能力、客户体验能力、网页设计能力、网站推广能力、搜索引擎营销能力、网络贸易能力、组织协调能力、评估调整能力，同时又掌握市场营销、客户管理等基本技能。

(2) 作为公司其他部门的员工，要熟悉网络营销的基本知识，配合公司网络营销计划进行工作。部分部门员工还需熟练操作一些网络营销流程，比如在线订单处理、客户关系维护。另外充分有效利用网络营销数据和企业原有管理系统整合，提高效率、节省成本、整合应用企业资源等。

☺ **任务拓展**

以小组为单位，寻找身边的一些企业，详细了解企业的经营管理状况，对企业在网络营销建设方面提出一些建议。

学习单元二

网络营销初识

能力目标

- ✎ 掌握网络营销理论基础；
- ✎ 熟悉网络营销实施环境；
- ✎ 会使用常见网络营销方法。

学时：4 学时

专业知识

- ✧ 网络营销理论基础；
- ✧ 网络营销环境；
- ✧ 网络营销方法。

学习情境

福建晋江的一家五金产品企业。成立于 1981 年。该公司成立近 30 年来从来没有参加过展销会，2000 年前的十年是利用各种关系做业务，2000 年后，有原来的关系客户维持发展，公司开始摸索利用网络来宣传公司，发信息是最主要的手段，到今天仍然是这家公司的主要网络营销手段，同时也购买过搜索引擎的关键词广告。今天的网络环境和几年前是有所区别的，今天的网络信息量是海量，今天的网络上的竞争对手是以前的上千倍，另一方面网络营销的方法和工具也是琳琅满目，企业的网络营销目标也已经有所提高。这家公司目前面临的问题就是，企业上了新产品想通过网络去推广，去打开市场，然而很难。该企业 04 年底加入了阿里的诚信通，很勤奋地发布信息，搜集信息反复的发送。但是，企业明显觉得网络营销不好做了，相对以前效果也不明显了，企业应用网络开展了多年业务，而在今天却找不到更好的方法。通过该企业的案例说明了什么？

任务分析

❖ 任务1：分析公司所处的网络环境。

❖ 任务2：制定网络整合营销规划。

❖ 任务3：选择适当的网络营销方法。

案例导入

7-Eleven 便利店的网络营销战略分析

当今世界经济正以势不可挡的趋势朝着全球市场一体化、商业竞争国际化的方向发展，以互联网、知识经济、高新技术为代表，以满足消费者的需求为核心的新经济迅速发展。新经济的发展要求营销手段必须满足市场发展的新需要，市场营销需要识别顾客的需求和欲望，确定某个组织所能提供最佳服务的目标市场，设计适当的产品、服务和计划方案以满足这些市场的需要，其目的是通过与重要的客户建立有特定价值倾向的关系，使顾客满意并获取利润。网络营销是借助联机网络、计算机通信和数字交互式媒体来实现营销目标的一系列市场行为，它的本质是排除或减少障碍，通过网络引导商品或服务从生产者转移到消费者的过程，它是新经济的必然产物。

1927 年创立于美国德州达拉斯的 7-Eleven，初名为南方公司，主要业务是零售冰品、牛奶、鸡蛋。到了 1964 年，推出了当时便利服务的"创举"，将营业时间延长为早上 7 点至晚上 11 点，自此，"7-Eleven"传奇性的名字诞生。1972 年 5 月，日本 7-Eleven 的第一家门店在东京开业。从此，日本的 7-Eleven 便进入了高速成长期，当年就开设了 15 家门店，而与此同时的美国 7-Eleven 却是处在命运的十字路口，首先是在都市市场开发的失败，接着失去理性的参与投机浪潮，最为关键的是 80 年代便利店竞争的白热化和郊外大型购物中心和折扣店的涌现，使之错误地采取价格折扣的形式仓促应战，结果必然是使便利店的竞争优势丧失殆尽。而作为"儿子"的日本 7-Eleven 在很短时间内迅速变得强大起来。1987 年生命垂危的美国 7-Eleven 为了走出困境，将特许契约抵押给租赁公司，1989 年又不得不恳请有偿转让夏威夷 7-Eleven 店铺给这个自己曾经不屑一顾的"儿子"——日本 7-Eleven 公司。1992 年，作为加盟者的日本 7-Eleven 正式当家作主，完全接手了其总部的一切工作。现在，它业务遍及四大洲二十多个国家及地区，共设立 23 000 多个零售点，每日为接近 3000 万的顾客服务，稳踞全球最大连锁便利店的宝座。

是什么原因使得日本 7-Eleven 公司取得如此骄人的成绩呢？其主要原因是 7-Eleven 能与客户进行电子沟通的 e 战略的应用。

一、迅捷易用的计算机网络

20 世纪 80 年代中期 7-Eleven 已经使用能够监控顾客购买行为的 POS 系统，取代了老式的现金出纳机。7-Eleven 自己开始建立这样一个系统时，硬件设备由 NEC 公司生产，由于创建这样一套复杂的软件系统是如此困难，最后，它求助于美国软件巨头微软公司，帮助它建立了一个基于 Windows 的定制系统。1996 年该软件安装到大约 6.1 万台计算机上，这些计算机分散在 7-Eleven 公司的商店、总部和供应商那里。1998 年耗资 600 亿日元(4.9

亿美元)的系统更新工作完成,一条直通微软公司西雅图办公室的专线为新系统提供实时技术支持,软件支持情况处于不间断的监控状况下,如果系统瘫痪就会自动修复,如果发生超过两次瘫痪状况就会及时通知当地的维修企业。若干年后分析,把软件开发交给微软来做,是一个英明之举,因为随着微软在全球 PC 机上成为必备之品,这使得 7-Eleven 的网络系统和顾客之间的联系变得轻而易举。7-Eleven 的网络平台充分地发挥了它的功能。

现在每一家 7-Eleven 商店都安装了一个卫星接收器,使用卫星接收不仅比使用地面光缆成本更便宜,而且对于郊区商店来说,这是唯一可行的选择,处于地震高发地带的日本,卫星接收器还为商店提供了两套有保障的电话线路,其主机分别在东京和大版。

这种能密切联系供应商、商店、员工和银行的内部网络系统,对许多零售企业来说,甚至在互联网技术已经降低了系统建设成本和复杂程度的今天仍然是个梦想,这一新系统与日本其他连锁零售商相比有着四大优势:

第一,可以监控顾客的需求情况。"我们认为,竞争的本质就是变化。企业要做的不是将商品推销给顾客,而是要让顾客的需求推动企业的发展。"7-Eleven 公司信息系统部门总监 MakotoUsui 如是说。

第二,7-Eleven 公司可以使用销售数据和软件改善企业的质量控制、产品定价和产品开发等工作。有了这个系统,7-Eleven 公司可以一天三次收集所有商店的销售信息,并在 20 分钟内分析完毕。这就使 7-Eleven 公司更快分辨出哪些商品或包装吸引顾客。"7-Eleven 的销售和产品开发的能力是令人生畏的。它感受新趋势并研制出高质量产品的能力远远高出其他的制造商。"现在 7-Eleven 公司正利用这些技能来增加有更高利润的自有品牌产品的开发。

第三,通过新系统可以帮助预测每年的市场趋势。顾客越来越善变,产品生命周期普遍缩短成为新的发展潮流。盒装午饭、饭团和三明治几乎构成了一家便利店一日销售额的一半曾是一种普遍的现象,但这种潮流持续的时间却非常短。7-Eleven 公司宣称它可以与潮流保持同步的部分原因在于它一直关心天气的变化。来自数百个私人气象中心的报告,每天 5 次到达所有的商店,每一个中心覆盖 20 公里半径内的地区,这在日本是非常有用的,因为相距 40 公里远的小镇,气温能够相差 5 度。每份报告都会将今天与昨天的气温进行比较。

第四,7-Eleven 公司的电子投资提高了公司供应链的效率。订单流动加快了,早上 10 点钟订货,下午 4 点取货,订单的电子处理过程不超过 7 分钟。这些货物被送往专为 7-Eleven 公司服务的 230 家配送中心。运货的卡车司机都携带着有条形码的卡片,当他们到达运货点就可以将卡放在商店的计算机扫描。如果某位司机总是迟到,调度员就会考察其行走的路线或者增加其他的卡车以减轻其运载数量,同样,7-Eleven 公司还帮助供应商和制造商控制他们的补货。

7-Eleven 不满足于这套基于企业网技术的系统,基于互联网技术的发展计划已在进行中,它正计划安装一个 Ariba 日本公司提供的电子商务软件用来进行办公用品等的大宗采购,以降低费用。这方面 7-Eleven 已尝到甜头,过去 10 年中 7-Eleven 致力于成为一家"无纸"公司,现在每年减少 700 亿日元的管理费用,互联网技术的应用将使公司节省更多。此外,在其庞大的连锁便利店基础上,7-Eleven 要把自己变成在线交易的支付点和提货点。E-shopbooks(一家公司)的许多顾客就选择在 7-Eleven 提货和支付。此应用还帮助吸引了客流,使得 7-Eleven 平均每天的销售是对手的 1.5 倍。

二、利用切合实际的支付方式，不断扩展自己的业务范围

1987 年安装了条形码识别系统后，7-Eleven 公司把它的商店变成了支付公用品(水、电、煤气等)账单的地方。差不多 15 年后，这一改变(只需要在软件系统方面增加很少的投资)使 7-Eleven 公司在这个巨大的市场上占有 3%的份额，而在这个市场的竞争对手中包括银行和邮局。

现在，公司正通过将商店改造为网络购买、取货点付账来增加其客流量。在一个消费者对互联网上使用信用卡心存疑虑、更愿意在商店支付现金的国家来说，这是一个聪明的举动。确实，就像 7-Eleven 公司所说，大约 75%的网上购物者，是从现实的由砖瓦构成的商店里提货付款的。7-Eleven 商店每日销售额大约比它最大的竞争对手要高出 50%。它的网站 7Dream.com 在 2001 年七月开通，网站的合作企业有另外七家，其中包括 NEC 公司和 Nomura 研究所，该网站提供范围极为广泛的商品和服务，包括书籍、CD、音乐会门票和旅游服务。

7-Eleven 南中国区总经理马世豪先生在总结这方面的管理经验时也谈到，在广州，7-Eleven 成为首家设立"好易"自助缴费终端的 24 小时零售店铺，该终端除了提供缴纳各种费用的功能以外，还可以为顾客购买保险及订购机票。而在深圳，7-Eleven 则通过一系列的市场调查发现，深圳顾客比较喜欢以现金缴付手机话费，鉴于此，7-Eleven 开辟另类缴费途径，积极在深圳拓展手机现金缴费服务平台，成为首家 24 小时"实时"代收中国移动话费的零售网络。顾客只需到深圳全线 7-Eleven 分店的收银台前说出所需缴费的电话号码，付款后即完成整个缴费手续。

为满足广大网民的需要，7-Eleven 利用现在的账单缴费服务平台，扩大了应用范围，为网站提供"e-currency"网点预付服务。而首个利用这项服务的是拥有庞大浏览量和注册会员的新浪网(sina.com)。新浪网自去年推出网上收费平台"SinaPlay(新浪乐元)"后，广受网民欢迎，注册用户不断提升，为使这项服务更为普及，新浪网透过 7-Eleven 的零售网络，整合这项崭新的网点预付服务，让用户更容易购买到"SinaPlay 新浪乐元"；与商务网上书店 CP1897.com 合作中学教科书订购及提取服务，目的主要为家长及中学生提供一站式书店的购物便利；与吉仕科技 gipex.com 组成策略联盟，为 7-Eleven 提供全新冲晒及数码影像服务。

近年来，7-Eleven 根据顾客要求不断补充服务内容，更利用 7-Eleven 店铺网络之便扩展八大项 24 小时便民服务，包括以下项目：

① 电讯有关服务，包括各类电话卡、手机充值卡、补换 SIM 卡及提供手机充电等；

② 互联网相关服务，包括上网卡、游戏点数卡及网站点数卡等；

③ 票务服务：包括体育彩票、彩票投注卡、各类演唱会门票、展览会门票及讲座门票，以及泊车卡等；

④ 代收报名服务，包括代办各类培训的报名手续；

⑤ 订购服务，包括代订考试教材、潮流用品、礼品等；

⑥ 送货上门服务，根据不同区域的顾客需要，提供送货上门服务；

⑦ 传统便民服务，出售邮票、复印、传真等；

⑧ 除了利用店铺网络优势之外，7-Eleven 还利用柜台处理交易的特点，成为首家在市场提供另类缴费途径的网络，发展缴费服务。

三、集中化的物流管理

典型的 7-Eleven 便利店非常小，场地面积平均仅 100 平方米左右，但就是这样的门店提供的日常生活用品达 3000 多种。虽然便利店供应的商品品种广泛，通常却没有储存场所，

为提高商品销量，售卖场地原则上应尽量大。这样，所有商品必须能通过配送中心得到及时补充。如果一个消费者光顾商店时不能买到本应有的商品，商店就会失去一次销售机会，并使便利店的形象受损。

第一，设立区域配送中心

为了保证有效率地供应商品，日本 7-Eleven 不得不对旧有分销渠道进行合理化改造。许多日本批发商过去常常把自己定性为某特定制造商的专门代理商，只允许经营一家制造商的产品。在这种体系下，零售商要经营一系列商品的话，就不得不和许多不同的批发商打交道，每个批发商都要单独用卡车向零售商送货，送货效率极低，而且送货时间不确定，但人们往往忽视了这种配送系统的低效率。7-Eleven 在整合及重组分销渠道上进行改革。在新的分销系统下，一个受委托的批发商被指定负责若干销售活动区域，授权经营来自不同制造商的产品。此外，7-Eleven 通过和批发商、制造商签署销售协议，能够开发有效率的分销渠道与所有门店连接。

7-Eleven 按照不同的地区和商品群划分，组成共同配送中心，由该中心统一集货，再向各店铺配送。地域划分一般是在中心城市商圈附近 35 公里，其他地方市场为方圆 60 公里，各地区设立一个共同配送中心，以实现高频度、多品种、小单位配送。实施共同物流后，其店铺每日接待的运输车辆从 70 多辆下降为 12 辆。另外，这种做法令共同配送中心充分反映了商品销售、在途和库存的信息，7-Eleven 逐渐掌握了整个产业链的主导权。在连锁业价格竞争日渐激烈的情况下，7-Eleven 通过降低成本费用，为整体利润的提升争取了相当大的空间。

第二，量身定造的物流体系

经营规模的扩大以及集中化物流体制的确立虽然由 7-Eleven 主导，但物流体系的建设却是由合作生产商和经销商根据 7-Eleven 的网点扩张，根据其独特的业务流程与技术而量身打造的。这些技术有订发货在线网络、数码分拣技术、进货车辆标准化系统及专用物流条形码技术等。

例如，在日本，7-Eleven 的点心配送都是由批发商 A 公司承担。起初，它们利用自己的一处闲置仓库为 7-Eleven 从事物流活动，并安排了专门的经营管理人员，但随着 7-Eleven 的急剧扩张，A 公司为了确保它的商品供应权，加大了物流中心的建设和发展，在关东地区建立了四大配送中心。每个配送中心为其临近的 500 家左右店铺配送所有点心，品种大概在 650～700 之间。每天早上，8 点至 10 点半从生产企业进货，所要进货的商品在中午之前入库。为了保证稳定供货，每个配送中心拥有 4 天的安全库存，在库水准根据销售和生产情况及时补充。中午 11 点半左右配送中心开始安排第二天的发货，配送路线、配送店铺、配送品种、发货通知书等及时地打印出来，交给各相关部门，同时通过计算机向备货部门发出数码备货要求。设置配送流程以分钟计算：从一个配送小组的物流活动时间看，一个店铺的备货时间大约要 65 秒，货运搬运时间大约花费 5～6 分钟；从点心分拣到结束需要 15 分钟，所有 170～180 个店铺要 4 个多小时，即整个物流活动时间大约为 4 个小时(不算货车在配送中心停留等待出发的时间)。货车一般在配送中心停留一晚，第二天早上 4 点半到 5 点半，根据从远到近的原则配送到各店；最早一个到店的货车时间应该是上午 6 点钟，运行无误的话，店铺之间的运行为 15 分钟，加上 15 分钟的休息时间，每个店铺商品配送需要的时间为半个小时，也就是最迟在早上 9 点半或 10 点半左右，完成所有店铺的商品配送任务。从每辆车的配送效率看，除了气候特殊原因，平均每辆车配送商品金额为 75 万日元，装载率能稳定达到 80%。配送中心每月平均商品供应为 50 亿日元，相当于为每个店铺供应 100 万元的商品。货车运行费用每天为 2.4 万日元，相当于供应额的 3.2%，于成本目标管理值 3.0%～3.5% 范围之内，为 7-Eleven 压缩了大量的物流成本。

现在，7-Eleven 已经实现一日三次配送制度。其中包括一次特别配送，即当预计到第二天会发生天气变化时，另对追加商品进行配送。使 7-Eleven 及时向其所有网点店铺提供高鲜度、高附加值的产品，从而为消费者提供了更便利、更新鲜的食品，实现了与其他便利店的经营优化，通过其集中化的物流管理系统，成功地削减了相当于商品原价 10% 的物流费用。

以信息为中心管理商品是 7-Eleven 公司最为自豪的一点。早在 1978 年，7-Eleven 就开始了信息系统的建设，此后历经 4 次信息系统的再建，目前，7-Eleven 已发展为日本零售业信息化、自动化程度最高的企业。通过其发达的信息系统，借助于卫星通讯，7-Eleven 可以对商品的订货情况进行细分，对店铺给予积极的指导，而且能分时段对商品进行管理。真正做到了单品管理。也正因为如此，7-Eleven 的物流效率非常高，它不仅拥有庞大的物流配送系统，而且其推行的共同配送、全球物流等做法作为行之有效的经营方式和策略被全世界所接受。

网络经济的破灭使得企业对网络营销的理解更为切合实际，互联网有着其独特的优势和特点，强大的通信能力和交互式信息传播有利于企业市场调研，有助于企业实现售前、售中、售后全程营销，同时在经营管理中尽可能地降低商品在从生产到销售的整个供应链上所占用的成本和费用比例，缩短运作周期；然而，互联网也有它的缺点，开放式结构能带来巨大的信息量，但同时也影响着网络安全，尤其是电子支付系统，在大多数人没有接受电子货币之前，利用柜台交易是一个非常切实可行的方法；同时，利用网络而建立起来的物流体系是非常高效的，特别是连锁商业，物流在它的地位相当于人体中的血液系统。

综上所述，日本 7-Eleven 公司的“鼠标”加“水泥”的网络营销模式，把网络与传统营销方式相整合，把从生产什么销售什么转变为顾客需要什么就生产什么的观念，把顾客的需求导向具体为以信息为中心的管理经营模式，在高技术的基础上建立企业的信息化网络营销战略，在瞬息万变的市场竞争中牢牢把握新潮流变换趋势来赢得市场，至今立于不败之地，对于试图在中国加入 WTO 之后进入中国市场的外国连锁商，或是对于中国本土的连锁商，都具有非常重要的启发和借鉴意义。

小组讨论：

1. 网络营销环境是如何影响企业经营的？
2. 我们目前的网络营销环境与案例中的网络营销环境有什么不同？
3. 7-Eleven 公司为改善网络营销环境做了哪些工作？

2.1 认识网络营销

2.1.1 网络营销核心概念

网络营销起源于美国，国内外许多专家在谈论网络营销时都给出了他们的定义，因网络营销还没有形成一门公认的学科，对它的理解国内外尚无统一的说法。

目前，关于网络营销的定义，主要有以下几种表述：

网络营销是基于虚拟的互联网，为目标顾客制造、提供产品或服务，与目标顾客进行网上沟通的一系列战略管理过程。

网络营销就是"网络+营销"，即利用互联网的功能从事营销活动的全新的、革命性的营销模式。

网络营销是企业整体营销战略的一个组成部分，是为实现企业总体经营目标所进行的，以互联网为基本手段营造网上经营环境的各种活动。其中，网上经营环境是指企业内部和外部与开展网上经营活动相关的环境，包括网站本身、顾客、网络服务商、合作伙伴、供应商、销售商、相关行业的网络环境等。

网络营销是以互联网为媒体，以新的方式、方法和理念开展营销活动，更有效地促成个人和组织交易活动的实现。

网络营销就是以互联网作为传播手段，通过对市场的循环营销传播，达到满足消费者需求和商家需求的过程。

由此可知，从狭义上来讲，网络营销(E-Marketing)是指以互联网为媒体从事的营销活动，强调互联网在整合营销中的商业价值；从广义上来看，网络营销是市场营销的一种新的营销方式，它是企业整体营销战略的一个组成部分，是企业为实现总体经营目标，利用互联网等信息通信技术手段开展产品服务等一系列营销活动的总称。

为了更加正确、全面地理解网络营销这一概念，下面再给出以下几点说明：

(1) 网络营销不能脱离传统的市场营销环境而孤立存在。网络营销不是孤立的。它是企业整体营销战略的一个组成部分，网络营销活动不可能脱离一般营销环境而独立存在，它是建立在传统营销理论基础之上的，不是简单的营销网络化，是传统营销理论在互联网环境中的应用和发展。应当说，网络营销永远也不会取代传统的营销，市场营销永远都会包含比网络营销更丰富的内容。

(2) 网络营销不等于网上销售。网络营销是为实现产品销售目的而进行的一项基本活动，但网络营销本身并不等于网上销售。这可以从以下四个方面来说明：

① 网络营销的效果表现在多个方面，如提升企业品牌价值、加强与客户之间的沟通、拓展对外信息发布的渠道、改善顾客服务水平等；网上销售是网络营销发展到一定阶段而产生的效果，但不是唯一效果。

② 网络营销的目的并不仅仅是为了促进网上销售，很多情况下，网络营销活动并不一定能实现网上直接销售的目的，但是可能会促进销售总额的增加，并且增强顾客的忠诚度。

③ 网上销售只是网络营销内容的一部分，而不是其必备的内容。许多企业网站并不具备网上销售产品的条件，主要是企业发布产品信息的一个渠道。

④ 网站的推广手段通常不仅仅靠网络营销，往往还要采取许多传统的方式，如在传统媒体上做广告、召开新闻发布会、印发宣传册等。

(3) 网络营销不等于电子商务。网络营销和电子商务是一对既紧密相关又具有明显区别的概念。网络营销是企业整体营销战略的一个组成部分，是借助互联网手段来实现一定目标的营销活动，强调如何利用互联网和企业网站做好与客户之间的信息交流；而电子商务是一个比较宽泛的概念，它主要是指利用互联网进行的各种商务活动的总和，强调的是电子化的交易行为和方式。可见，网络营销为电子商务的顺利开展做了前期的铺垫。

(4) 网络营销不是"虚拟营销"。网络营销不是独立于现实世界的"虚拟营销"，它是传统营销的一种扩展，即向互联网的延伸，所有的网络营销活动都是实实在在的。网络营销的手段也不仅仅限于网上，而是注重网上网下相结合。网上营销与网下营销并不是彼此独立的，而是一个相辅相成、互相促进的营销体系。

(5) 网络营销是手段而不是目的。网络营销具有明确的目的和手段，但其本身不是目的，而是营造网上经营环境的过程，是凭借网络媒介综合利用各种营销方法、工具并协调其间的相互关系，从而更加有效地实现企业营销目的的手段。网上经营环境的营造，主要是通过建立一个以营销为主要目的的网站，并以此为基础，通过一些具体策略对网站进行推广，从而建立并扩大与其他网站之间、用户之间的关系。其主要目的是为企业提升品牌形象、增进顾客关系、改善顾客服务水平、开拓网上销售渠道并最终扩大销售。

2.1.2 网络营销理论基础

1. 直复营销理论

根据美国直复营销协会(ADMA)为直复营销下的定义，直复营销是一种为了在任何地方产生可度量的反应和(或)达成交易而使用一种或多种广告媒体的相互作用的市场营销体系。网络作为一种交互式的可以双向沟通的渠道和媒体，它可以很方便为企业与顾客之间架起桥梁，顾客可以直接通过网络订货和付款，企业可以通过网络接收定单、安排生产，直接将产品送给顾客。基于互联网的直复营销将更加吻合直复营销的理念。这表现在以下四个方面：

首先，直复营销作为一种相互作用的体系，特别强调直复营销者与目标顾客之间的"双向信息交流"，以克服传统市场营销中的"单向信息交流"方式的营销者与顾客之间无法沟通的致命弱点。互联网作为开放、自由的双向式的信息沟通网络，企业与顾客之间可以实现直接的一对一的信息交流和直接沟通，企业可以根据目标顾客的需求进行生产和营销决策，在最大限度满足顾客需求的同时，提高营销决策的效率和效用。

其次，直复营销活动的关键是为每个目标顾客提供直接向营销人员反应的渠道，企业可以凭借顾客反应找出不足，为下一次直复营销活动做好准备。互联网的方便、快捷性使得顾客可以方便地通过互联网直接向企业提出建议和购买需求，也可以直接通过互联网获取售后服务。企业也可以从顾客的建议、需求和要求的服务中，找出自身的不足，按照顾客的需求进行经营管理，减少营销费。

第三，直复营销活动中，强调在任何时间、任何地点都可以实现企业与顾客的"信息双向交流"。互联网的全球性和持续性的特性，使得顾客可以在任何时间、任何地点直接向企业提出要求和反映问题，企业也可以利用互联网实现低成本地跨越空间和突破时间限制与顾客的双向交流，这是因为利用互联网可以自动地全天候提供网上信息沟通交流工具，顾客可以根据自己的时间安排任意上网获取信息。

第四，直复营销活动最重要的特性，就是直复营销活动的效果是可测定的。互联网作为最直接的简单沟通工具，可以很方便地为企业与顾客进行交易时提供沟通支持和交易实现平台，通过数据库技术和网络控制技术，企业可以很方便的处理每一个顾客的定单和需求，而不用管顾客的规模大小、购买量的多少，这是因为互联网的沟通费用和信息处理成本非常低廉。因此，通过互联网可以实现以最低的成本最大限度地满足顾客需求，同时了解顾客需求，细分目标市场，提高营销效率和效用。

网络营销作为一种有效的直复营销策略，说明网络营销的可测试性、可度量性、可评价性和可控制性。因此，利用网络营销这一特性，可以大大改进营销决策的效率和营销执行的效用。太平洋人寿保险股份有限公司上海分公司率先推出直复营销制就是一例。

随着国内寿险市场的日益成熟和市场化，各公司间的竞争手段越来越规范有序，传统的"人海战术"和价格竞争将被逐渐淘汰，取而代之的将是产品创新、服务创新、营销模式创新等方面的竞争。因此，太平洋寿险上海分公司在 2007 年 1 月率先在寿险业内推出了直复营销制。运用直复营销的模式，通过多种渠道和方式锁定目标准客户，从而提高获取客户资源的效率。这对新人的留存、绩优营销人员的提升和突破日常的活动量管理都提供了很有力的支持，也会吸引更多新人的加盟。直复营销的模式还能提高客户寻找的精准度，销售人员可省略大量无用拜访，直接面对投保意向强烈的客户，并根据客户的需求进行相应的推荐。而且通过电视广告的产品宣传内容以及公司指派的服务人员更易获得客户信任。这都给服务人员开展业务提供了良好的条件。

2. 整合营销理论

整合营销是网络营销理论中的一个新概念，是传统的市场营销理论为适应网络营销的发展而逐步转化形成的。互联网的特性使得顾客在整个营销活动中的地位得到提升。消费者不仅增强了参与的主动性，而且选择的主动性也得到增强。在这种形势下，就要求企业建立起以服务为主的经营理念，必须以顾客为中心，为顾客提供适时、适地、适情的服务，最大限度地满足顾客的需求。因此，网络营销要求把消费者整合到整个营销过程中来，从他们的需求出发开始整个营销过程。网络营销要求企业的分销体系以及各利益相关者要更紧密地整合在一起，把企业利益和顾客利益整合到一起。

在基于互联网的网络营销中，可以将传统营销的 4P's(产品/服务、价格、分销、促销)营销组合，与以顾客为中心的 4C's(顾客、成本、方便、沟通)组合相结合，逐步形成并完善网络营销中的整合理论。

1) 产品和服务以顾客为中心

由于互联网络具有很好的互动性和引导性，用户通过互联网络在企业的引导下对产品或服务进行选择或提出具体要求，企业可以根据顾客的选择和要求及时进行生产并提供及时服务，使得顾客跨时空得到所要求的产品和服务；另一方面，企业还可以及时了解顾客需求，并根据顾客要求组织及时生产和销售，提高企业的生产效益和营销效率。如美国 PC 销售公司 Dell 公司，在 1995 年还是亏损的，但在 1996 年，它们通过互联网络来销售电脑，业绩得到 100%增长，由于顾客通过互联网络可以在公司设计的主页上进行选择和组合电脑，公司的生产部门马上根据要求组织生产，并通过邮政公司寄送，因此公司可以实现零库存生产，特别是在电脑部件价格急剧下降的年代，零库存不但可以降低库存成本还可以避免因高价进货带来的损失。

2) 以顾客能接受的成本定价

传统的以生产成本为基准的定价在以市场为导向的营销中是必须摒弃的。新型的价格应是以顾客能接受的成本来定价，并依据该成本来组织生产和销售。企业以顾客为中心定价，必须测定市场中顾客的需求以及对价格认同的标准，否则以顾客接受成本来定价是空中楼阁。企业在互联网络上则可以很容易实现，顾客可以通过互联网络提出接受的成本，企业根据顾客的成本提供柔性的产品设计和生产方案供用户选择，直到顾客认同确认后再组织生产和销售，所有这一切都是顾客在公司的服务器程序的导引下完成的，并不需要专门的服务人员，因此成本也极其低廉。目前，美国的通用汽车公司允许顾客在互联网络上。通过公司的有关导引系统自己设计和组装满足自己需要的汽车，用户首先确定接受价格的标准，然后系统根据价格的限定从中显示满足要求式样的汽车，用户还可以进行适当的修改，公司最终生产的产品恰好能满足顾客对价格和性能的要求。

3) 产品的分销以方便顾客为主

网络销售是一对一的分销渠道，是跨时空进行销售的，顾客可以随时随地利用互联网络订货和购买产品。以法国钢铁制造商犹齐诺-洛林公司为例，因为采用了电子邮件和世界范围的订货系统，从而把加工时间从 15 天缩短到 24 小时。目前，该公司正在使用互联网络，以提供比对手更好、更快的服务。该公司通过内部网与汽车制造商建立联系，从而能在对方提出需求后及时把钢材送到对方的生产线上。

4) 压迫式促销转向加强与顾客沟通和联系

传统的促销是以企业为主体，不管顾客是否喜欢，通过一定的媒体或工具对顾客进行压迫式的促销，提高顾客对公司和产品的接受度和忠诚度。顾客是被动的接受，企业与顾客的沟通和联系比较缺乏，同时促销成本也很高。互联网络上的营销是一对一和交互式的，顾客可以参与到公司的营销活动中来，因此互联网络更能加强与顾客的沟通和联系，更能了解顾客和需求，更易引起顾客的认同。美国的新型明星公司雅虎(Yahoo！)公司开发了一种能在互联网络上对信息分类检索的工具，由于该产品具有很强交互性，用户可以将自己认为重要的分类信息提供给雅虎公司，雅虎公司马上将该分类信息加入产品中供其他用户使用，因此不用作宣传其产品就广为人知，并且在短短两年之内公司的股票市场价值达几十亿美元，增长几百倍之多。

3. 软营销理论

软营销理论是针对工业经济时代的以大规模生产为主要特征的"强式营销"提出的新理论，该理论认为顾客在购买产品时，不仅满足基本的生理需要，还满足高层的精神和心理需求。它强调企业进行市场营销活动的同时必须尊重消费者的感受和体验，让消费者能舒服的主动接收企业的营销活动。而传统营销活动中，企业通常依靠传统广告和人员推销两种促销手段，使得消费者很被动地接受广告信息的"轰炸"，厌烦各种形式的推销活动。因此，软营销和强势营销的根本区别在于：软营销的主动方是消费者，而强势营销的主动方是企业。网络的互动特性使得消费者成为主动方，并实现自身个性化的需求。

网络软营销是从消费者的体验和需求出发，采取拉式策略吸引消费者关注企业来达到营销效果。网络社区和网络礼仪是实施网络软营销的基本出发点。所谓网络社区是那些具有相同兴趣和目的、经常相互交流和互利互惠、能给每个成员以安全感和身份意识等特征的互联网上的单位或个人所组成的团体。例如，天涯社区以网民为中心，满足个人沟通、表达、创造等多重需求，并形成了全球华人范围内的线上线下信任交往文化，是最具影响力的全球华人网上家园。通过论坛、博客、微博等交流方式，提供个人空间、企业空间、购物街、无线客户端、分类信息、来吧、问答等一系列功能服务，构建了以人文情感为特色的综合性虚拟社区和大型网络社交平台。网络礼仪是互联网自诞生以来所逐步形成并不断完善的一套良好、不成文的网络行为规范，是网上一切行为都必须遵守的准则。网络软营销就是在遵循网络礼仪规则的基础上巧妙运用达到一种微妙的营销效果。

4. 关系营销理论

关系营销是 1990 年以来受到重视的营销理论，它主要包括两个基本点：首先，在宏观上认识到市场营销会对范围很广的一系列领域产生影响，包括顾客市场、劳动力市场、供应市场、内部市场、相关者市场，以及影响者市场(政府、金融市场)；在微观上，认识到企业与顾客的关系不断变化，市场营销的核心应从过去的简单的一次性交易关系转变到注重保持长期的关系上来。企业是社会经济大系统中的一个子系统，企业的营销目标要受到众多外在因素的影响，企业的营销活动是一个与消费者、竞争者、供应商、分销商、政府机构和社会组织发生相互作用的过程，正确理解这些个人与组织的关系是企业营销的核心，也是企业成败的关键。

关系营销的核心是保持顾客，为顾客提供高度满意的产品和服务价值，通过加强与顾客的联系，提供有效的顾客服务，保持与顾客的长期关系。并在与顾客保持长期关系的基础上开展营销活动，实现企业的营销目标。研究表明，争取一个新顾客的营销费用是保留一个老顾客费用的五倍，因此加强与顾客关系并建立顾客的忠诚度，是可以为企业带来长远的利益的，它提倡的是企业与顾客的双赢策略。

5. 长尾理论

长尾理论(The Long Tail)是网络时代兴起的一种新理论，由美国人克里斯·安德森提出。长尾理论认为，由于成本和效率的因素，当商品储存流通展示的场地和渠道足够宽广，商品生产成本急剧下降以至于个人都可以进行生产，并且商品的销售成本急剧降低时，几乎任何以前看似需求极低的产品，只要有卖，都会有人买。这些需求和销量不高的产品所占据的共同市场份额，可以和主流产品的市场份额相比，甚至更大。举例来说，一家大型书店通常可摆放 10 万本书，但亚马逊网络书店的图书销售额中，有四分之一来自排名 10 万以后的书籍。这些"冷门"书籍的销售比例正以高速成长，预估未来可占整个书市的一半。这意味着消费者在面对无限的选择时，真正想要的东西和想要取得的渠道都出现了重大的变化，一套崭新的商业模式也跟着崛起。简而言之，长尾所涉及的冷门产品涵盖了几乎更多人的需求，当有了需求后，会有更多的人意识到这种需求，从而使冷门不再冷门。

Google adwords、Amazon、Itune 都是长尾理论的优秀案例。其中，Google 是一个最典型的"长尾"公司，其成长历程就是把广告商和出版商的"长尾"商业化的过程。以占据了 Google 半壁江山的 AdSense 为例，它面向的客户是数以百万计的中小型网站和个人，对于普通的媒体和广告商而言，这个群体的价值微小得简直不值一提，但是 Google 通过为其提供个性化定制的广告服务，将这些数量众多的群体汇集起来，形成了非常可观的经济利润。目前，Google 的市值已超过 1200 亿美元，被认为是"最有价值的媒体公司"，远远超过了那些传统的老牌传媒。

【小资料】长尾理论利用秘诀

利用长尾理论繁荣长尾市场的三大秘诀：一是提供所有的产品，使客户的选择面更加大；二是现在就开始降低价格，比如在线者乐，通过公平的定价、方便的服务、稳定的质量，与提供免费产品的同行竞争；三是帮用户找到产品，有了大规模定制化系统，消费者就不必再屈就于千篇一律的大众化商品了。

2.2　熟悉网络营销实施环境

2.2.1　网络营销环境

网络营销环境是指网络营销活动所面临的各种外部条件的总称。从总体上看，网络营销环境包括宏观环境和微观环境两大部分：其中宏观环境主要是指政治法律、经济、科技、社会文化、人口、自然等六个方面；微观环境主要是指企业内部环境、供应商、营销中介、顾客、竞争者、社会公众。

1. 宏观环境

1) 政治法律环境

政治法律环境是指一个国家或地区的政治制度、体制、方针政策、法律法规等方面。这些因素常常制约、影响着企业的经营行为。政府作为政治和法律环境的制定和执行者，对企业而言主要起着两方面的作用：一是规范企业的经营，约束企业在国家法律法规和各种政策允许的范围内从事合法经营活动，保护劳动者、消费者和社区的利益，通过政策、法令积极干预和引导企业经营；二是调剂商品供给，即政府根据市场和产业结构目标，制定一系列的方针与政策刺激或抑制经济增长与扩张，以期实现国家产业结构优化，使国民经济获得持续、健康、稳步、快速发展。

政治环境是指影响企业营销活动的政治因素和条件，主要包括国家的政治制度、体制、国内国际的政治形势、国家政府的方针与政策等。

(1) 政治制度与政治体制。

各个国家的社会制度不同，所代表统治阶级的意志不同，所表现出的政治制度与体制也不同。不同的政治制度和政治体制影响和决定着各自不同的经济管理制度和经济体制。

(2) 政治形势。

政治形势也称为政局，是指一个国家或地区的政治稳定状况。一个国家的政局稳定与否会给企业营销活动带来重大的影响。一直以来，我国政局稳定，安定团结的政治局面不仅吸引了大量的国际投资，促进了我国改革开放和国际贸易的迅速发展，良好的政治环境为企业提供了有利、稳定和持续的营销机会。

(3) 方针和政策。

方针和政策是指一个国家为指导国民经济活动所制定并付诸实施的准则和措施，它是国家管理经济的职能体现。政府的方针、政策规定了国民经济的发展方向和速度，并直接关系到社会购买力和市场消费需求的增长变化。

　　法律环境是指影响企业营销活动的法律因素和条件，它是国家意志的强制性体现，是市场营销环境的重要组成部分。我国相继出台了如《中华人民共和国合同法》、《电子签名法》、《中华人民共和国计算机信息系统安全保护条例》、《信息网络传播权保护条例》、《关于加快电子商务发展的若干意见》、《互联网电子公告服务管理规定》、《关于网上交易的指导意见(暂行)》等一系列法律、行政法规，规范网络行为。除了上述法律、行政法律与规章外，其他规范性文件如《中国互联网信息中心域名争议解决程序规则》、《中国国际经济贸易仲裁委员会网上仲裁规则》等也对网上营销具有重要的指导意义。

　　2) 经济环境

　　所谓经济环境是指企业网络营销过程中所面临的各种经济因素和条件。它在影响企业网络营销的众多因素中，是最直接、最根本的因素。进行经济环境分析时，必须考虑该国家或地区的经济制度、消费者收入水平、人口状况、消费结构等。

　　(1) 经济制度。

　　经济制度是一个国家的经济体制，它影响和制约着该国或地区的市场体系，影响企业的各种营销活动。例如，在计划经济体制下，企业的一切经营活动只需要按计划办，企业生产、营销都不需要考虑市场需求，商品种类不丰富，人们的多样化需求也得不到满足。相反，现在市场经济体制的完善，给企业带来了无限的机遇。企业应学会适应环境，抓住各种营销机会，有效实现企业价值。

　　(2) 消费者收入水平。

　　消费者收入，是指从各种来源中所得的全部收入，包括个人工资、退休金、红利等。居民收入水平的高低直接影响着消费支出的多少，也影响着社会购买力水平。

　　(3) 人口状况。

　　人口的多少直接决定市场的潜在容量。人口的数量、年龄结构、地理分布、人口密度、流动性等都会对市场规模产生影响，企业营销必须密切关注人口发展动向，而网络营销更需要关注各层次网民数量与结构，这样才能有助于企业及时调整网络营销策略。

　　(4) 消费结构。

　　消费结构，是指一定时间内各类生产消费支出在总消费支出中所占有的比例，包括个人消费结构和社会消费结构。其中，个人消费结构是最基本的，是社会消费结构的基础。随着消费者收入的变化，消费者支出模式会发生相应变化，继而影响着个人消费结构的变化。它主要表现在：生活消费由温饱向小康变化，食物消费支出下降衣着装饰消费上升，旅游、住房、教育方面消费增加。消费需求在不断发展，无论是物质还是精神都在向新、高、雅的方向发展。

　　3) 科学技术环境

　　科学技术环境是影响企业网络营销活动的科技因素与条件。首先从科学技术环境而言，网络营销的先决条件就是以尖端的科技为基础。微电子制造技术、数字通信技术、远程通信服务、操作系统和数据库平台、各种应用软件等软硬件技术是开展网络营销的最基本的需求，它们的迅猛发展给网络营销的发展和日渐成熟提供了可能。其次，科学技术环境的变化给网络营销各项职能的开展带来了很大的便利，主要表现在以下三个方面：

　　(1) 科学技术环境制约或促进着企业产品的开发创新。

　　(2) 科学技术环境变化引起企业营销战略的变化。从产品战略看，由于科技迅速发展，产品生命周期大大缩短，更新换代加速，企业的产品战略是不断寻找新技术来源和新技术专利，开发更多的新产品；从销售渠道方式来看，科技发展大大改变了人们的生活观念和生活方式，这就使电子商务应运而生，物流分配与管理也快速化、多样化，运输的速度、容量、仓储与存货的管理都从新技术中得以发展；从促销策略上看，由于新技术的发展，使促销方式多样化，广告媒体多样化，网络成为全球范围内的信息沟通手段，电视、电话、传真成为企业与顾客直接联络的有效媒体；从价格策略的变化看，科技发展一方面降低了产品的生产成本使价格下降，另一方面，网络带来了大量的有效信息和廉价的营销方式，使价格策略有了灵活运用的空间。

(3) 科学技术还有利于改善经营管理和营销管理、提高工作效率。电脑、电话、传真的出现，大大便利了企业营销信息的收集和传递，同时促使营销人员提高素质、改善管理手法。

4) 社会文化环境

社会文化环境主要指人们的价值观念、道德风范、风俗习惯、宗教信仰、生活方式、受教育水平等方面。它决定消费者需求的差异性，购买心理的特殊性和多样性，最终决定消费者购买行为和方式。企业的网络营销活动会受到这些因素的影响。

对社会文化环境影响比较大的主要有以下几方面：

(1) 价值观念。价值观念是人们评价客观事物时所持有的观念、看法和信念，人们的价值观念差异很大，而消费者对商品的需求和购买行为深受其价值观念的影响。

(2) 风俗习惯。风俗习惯是人们根据自己的生活内容、生活方式和自然环境，在一定的社会物质生产条件下长期形成的，并世代相传，约束人们思想和行为的规范。不同的国家、不同的民族有不同的风俗习惯，它对消费者的消费嗜好、消费模式、消费行为等具有重要的影响。

(3) 受教育水平。受教育的人口增加，意味着符合企业现代化生产与经营要求的劳动力资源的增加，而越来越多的人有机会接受高等教育，更给企业网络营销提供了充裕的人才资源支持。此外，由于受教育程度的提升，消费者对产品质量、品牌的要求比较高，还要求突出个性，同时对图书、艺术、旅行、文化娱乐等产品的需求增大。

5) 人口环境

网络营销活动的直接和最终对象是人，网民的规模、年龄结构、性别结构、学历结构、职业、收入水平等对消费市场有着明显的影响。

中国互联网络信息中心(CNNIC)2011 年 7 月发布了《第 28 次中国互联网络发展状况统计报告》。报告显示，截至 2011 年 6 月，中国网民规模达到 4.85 亿，较 2010 年底增加 2770 万人；互联网普及率攀升至 36.2%，较 2010 年提高 1.9 个百分点。尽管网民规模仍然保持增长，但是增长速度明显减缓。2011 年上半年网民增长率为 6.1%，是近年来最低水平。新增网民为 2770 万，网民增长的绝对数量也小于去年同期(2010 年上半年)3600 万的水平。网民规模增长放缓，最主要的原因在于高龄群体和农村人口缺乏网络技能。政府对信息技术的普及和应用尤为重视，通过加强中西部地区基础网络设施建设，推进农村地区信息化，加强高龄和农村地区人群对电脑和网络的基础知识普及，进一步推动互联网向更广泛的群体渗透。

总体网民中，延续以往网民婚姻结构的特性，未婚网民比例占多数。影响这一特性的重要因素是网民的年龄结构，中国网民群体具有年轻化的特征，婚姻结构也相应地以未婚为主。从网民性别来看，男性群体占比有所下降，但是仍比女性群体占比高。

从教育程度来看，中国互联网网民学历结构正在变化，高学历网民的比例在逐步下降，网民中学历较低的人群正逐步增多。截止 2011 年上半年，初中及以下学历网民占比从 2010 年底的 41.2%攀升至 43.8%，而高中以上学历群体从 58.9%降低为 56.1%。但从另一个方面来看，网民中学生群体占比最高，达到 29.9%；其次是个体户/自由职业者占 14.6%，这些人员形成了网民的中间力量，这也是网络营销得以实现的主要客观环境之一。

从收入水平来看，网民的收入分布结构继续向两端扩展。与 2010 年底相比，无收入群体网民占比从 4.6%上升到 7.7%，月收入在 2001 元以上的网民占比也从 33.3%上升至 37.1%。

6) 自然环境

自然环境是指一个国家或地区的客观环境因素，主要包括自然资源、气候、地形地质、地理位置等。虽然随着科技进步和社会生产力的提高，自然状况对经济和市场的影响整体上是趋于下降的趋势，但自然环境制约经济和市场的内容、形式则在不断变化。

自然资源可以分为三大类：一是无限供给的资源，如空气等；二是有限但可再生的资源，如森林和农产品等；三是有限又不可再生的资源，如石油、煤和各种矿产品。随着工业的发展，自然资源的短缺、能源危机、工业污染、生态系统的失衡等一系列问题日益严重，这一切对企业既是威胁，又是新的网络营销机会。企业经营者要了解政府对资源使用的限制和对污染治理的措施，尽力寻求新的资源或替代品，力争做到既能减少环境污染，又能保证企业发展，提高经济效益。

地理环境是指一个国家或地区的地形、地貌和气候，这些地理特征对市场营销活动有一系列影响。比如，从经营成本上考虑，平原地区道路平坦，运输费用比较低，山区丘陵地带道路崎岖，运费自然比较高。因此，企业开展营销活动，必须使其营销策略能适应当地的地理环境。

2. 微观环境

1) 企业内部环境

企业内部环境包括企业内部各部门的关系及协调合作。企业内部环境包括市场营销部门之外的某些部门，如企业最高管理层、财务、会计、研究与开发、采购、生产、销售等部门，如图 2-1 所示。这些部门与市场营销部门密切配合、协调，构成了企业市场营销的完整过程。

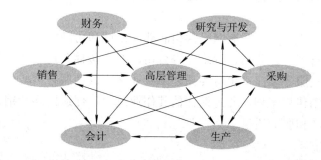

图 2-1　企业的内部环境

市场营销部门根据企业的最高决策层规定的企业的任务、目标、战略和政策，作出各项营销决策，并在得到上级领导的批准后执行。研究与开发、采购、生产、销售、财务等部门相互联系，为生产提供充足的原材料和能源供应，并对企业建立考核和激励机制，协调营销部门与其他各部门的关系，以保证企业营销活动的顺利开展。

2) 供应商

供应商是指向企业及其竞争者提供生产商所需资源的企业、个人或组织。这些资源包括原材料、零配件、设备、能源、技术、劳务及其他用品。企业与供应商之间既有合作又有竞争，这种关系既受宏观市场环境的影响，又制约着企业的网络营销活动。

3) 营销中介

营销中介是指在促销、销售以及把产品送到最终购买者手中给企业以帮助的机构，包括渠道中间商、物流公司、营销服务机构(调研公司、网络服务商、咨询公司等)、金融中介机构(银行、信托公司、保险公司等)。这些都是企业经营不可缺少的中间环节，大多数企业的营销活动都必须通过它们的协助才能顺利进行。

(1) 渠道中间商。

渠道中间商是指协助企业寻找顾客或把产品卖给顾客的公司、企业、个人。网络技术的运用给传统的分销渠道带来了很大的冲击。随着电子商务的日益成熟，消费者越来越多地选择网上购物，一部分生产商、批发商、零售商和网上销售商都建立自己的网站或依托一些如淘宝、京东网城等 B2C 平台销售商品，不再遵循传统的分销模式。但是，在网络营销发展的相当长时期内，网络营销企业还是与传统的渠道中间商保持密切的联系，采用线上、线下渠道并行的销售模式。

(2) 物流公司。

物流公司即实体分配机构，包括包装、运输、仓储、装卸、搬运、库存控制和订单处理等方面。物流是电子商务的生命线，同样网络营销的现在和未来的发展都离不开物流的支持。物流调节了生产和消费之间的矛盾，弥合了产销时空上的分离，延伸了商品的时间效用和空间效用，适时、适地和适量地将商品提供给消费者。

物流专业化既是市场营销的要求，也是网络营销的要求，更是电子商务的迫切要求。我国第三方物流处于发展初期，呈地域性集中分布，而且物流供应商功能单一、增值服务薄弱。但同时也面临着很多发展机遇，首先是跨国企业正在将更多的业务转向中国，并通过外包物流功能来降低供应链成本；其次是中国公司面临着降低成本而增加了物流外包的需求；最后是政府的激励措施，这些都说明未来第三方物流的市场潜力很大。

(3) 营销服务机构。

营销服务机构即协助企业开展网络营销活动，维持和协助拓展网上市场的企业营销服务机构，包括网络营销调查公司、网络广告公司、网络传播公司和网络营销咨询公司等。企业可自设网络营销服务部门，也可委托外部专业网络营销服务机构代理网络平台搭建、网络研究、网上营销传播策划，并定期评估其作业绩效，促进网络营销策划水准和网络营销执行力，优化产品和服务质量。

(4) 金融中介机构。

金融中介机构即协助网络营销企业融资和保障货物、商品购销、储运风险的专业中介机构，如银行、信托公司、保险公司等。在市场经济中，企业与金融机构有着不可分割的联系。随着网络营销的发展，电子商务的出现及不断成长，网上金融服务，如网上银行结算、电子支付等都会影响和制约着网络营销的进一步发展。

4）顾客

企业的一切营销活动都要以满足顾客的需求为中心，顾客是企业最终的环境因素。顾客可以从不同角度以不同的标准进行分类，如按照购买动机和类别分类，可以分为消费者市场、生产者市场、中间商市场、政府市场、国际市场。每一种市场都有其特定的顾客群。企业开展网络营销活动需要认真研究不同的顾客群，分析其类别、需求特点、购买动机等，使企业的营销活动能够有针对地为顾客提供服务，满足顾客的愿望。

5）竞争者

竞争是商品经济活动的必然规律。在开展网上营销的过程中，不可避免地要遇到业务与自己相同或相近的竞争对手，研究对手，取长补短，是克敌制胜的好方法。

从消费者需求角度来看，可以把企业的竞争分为愿望竞争者、普通竞争者、产品形式竞争者和品牌竞争者。

(1) 愿望竞争者：指满足消费者目前各种愿望的竞争者。

(2) 普通竞争者：指以不同的方法满足消费者同一需要的竞争者。

(3) 产品形式竞争者：指满足消费者某种愿望的同类商品在质量、价格上的竞争者。

(4) 品牌竞争者：指能满足消费者某种需要的同种产品的不同品牌的竞争者。

6）社会公众

社会公众是指对某一组织实现其目标的能力具有实际或潜在利害关系和影响力的一切团体和个人。现代企业在经营活动中，必须处理好与各方面公众的各种关系。同传统营销一样，企业开展网络营销所面对的公众主要有以下几类：

(1) 企业内部公众。

企业的股东、高层管理者、中层干部和基层操作者都属于企业内部公众。企业的网络营销计划需要全体员工的充分理解、支持和具体执行。企业内部要经常信息互通，关心员工福利、疾苦，鼓励员工献计献策，激发员工的积极性、主动性与创造性，增强企业凝聚力与战斗力。员工的责任感、满意感、忠诚和归属感既利于内部的稳定团结，又利于对外塑造良好的企业形象。

(2) 媒介公众。

媒介公众主要是报纸、杂志、广播、电视和互联网自身。企业既要与传统传播媒介建立良好的关系，更要与互联网上的媒介建立友善和广泛的合作关系，争取正面宣传，抑制和消除不利宣传，并将网上与网下营销宣传予以有机整合。

(3) 融资公众。

融资公众指影响企业融资能力的金融机构，如银行、投资公司、保险公司等。金融服务网络化对企业网络营销向高阶段发展提供了有力保障，企业必须以良好的资信在融资公众中树立信誉，争取合作和获得帮助。

(4) 政府公众。

政府公众指负责管理企业营销行为的有关政府机构。在政府的经济发展计划、产业政策、法律法规面前，企业的战略与营销计划必须与之保持方向一致，倡导遵纪守法。合法经营，同时，要勇于反映行业实情，争取立法有利于产业的发展。

(5) 社团公众。

社团公众包括保护消费者权益的组织、环保组织及其他群众性团体等。社团公众活动的触觉遍布互联网，企业必须密切关注来自社团的批评和意见，并积极回应和予以吸收、解决。

(6) 社区公众。

社区公众指企业所在地邻近的居民与社会组织。企业必须重视社区关系，支持社区公益活动，为社区的发展贡献力量，以争取社区公众对企业营销活动的理解和支持。

(7) 一般公众。

一般公众指上述关系公众以外的社会公众。这些公众比较分散，一般不对企业经营活动采取行动，但不当的企业行为会影响他们的惠顾和产品购买。

2.2.2 网络营销技术基础

网络营销作为网络环境下以网络为工具的营销活动，需要网络营销技术的支持。网络营销技术是以网络技术为基础的众多技术的总和。按照一般对技术类型的划分，可以将这些技术分为硬件技术和软件技术。硬件技术包括了计算机和网络硬件的技术，软件技术包含了系统软件技术、数据库技术和应用软件技术，其中硬件技术和系统软件技术是其他所有网络营销工具和方法直接依赖的具体技术项的基础。

1. 硬件技术基础

硬件技术基础主要由以下三个部分组成：

1) 服务器

服务器是指一个管理资源并为用户提供服务的计算机软件，通常分为文件服务器、数据库服务器和应用程序服务器。运行以上软件的计算机或计算机系统也被称为服务器。相当于普通 PC 来说，服务器在稳定性、安全性、性能等方面都要求更高，因此，CPU、芯片组、内存、磁盘系统、网络等硬件和普通 PC 有所不同。

2) 交换机

交换机是一种用于电信号转发的网络设备。它可以为接入交换机的任意两个网络节点提供独享的电信号通路。最常见的交换机是以太网交换机。其他常见的还有电话语音交换机、光纤交换机等。

3) 路由器

路由器是用来连接因特网中各局域网、广域网的一种设备，它会根据信道的情况自动选择和设定路由，以最佳路径，按前后顺序发送信号的设备。路由器的一个作用是连通不同的网络，另一个作用是选择信息传送的线路。选择通畅快捷的近路，能大大提高通信速度，减轻网络系统通信负荷，节约网络系统资源，提高网络系统畅通率，从而让网络系统发挥出更大的效益来。目前路由器已经广泛应用于各行各业，各种不同档次的产品已经成为实现各种骨干网内部连接、骨干网间互联和骨干网与互联网互联互通业务的主力军。

2. 系统软件技术基础

1) 网络操作系统

网络操作系统是网络的心脏和灵魂，是向网络计算机提供服务的特殊的操作系统。它在计算机操作系统下工作，使计算机操作系统增加了网络操作所需要的能力。目前应用较为广泛的网络操作系统有：Microsoft 公司的 Windows Server 系列、Unix、Linux、Novell 公司的 Netware 等。

2) Web 数据库

Web 数据库通常指在互联网中以 Web 查询接口方式访问的数据库资源，其结构是后台采用数据库管理系统存储数据信息，对外提供包含表单的 Web 页面作为访问接口，查询结果也以包含数据列表的 Web 页面形式返回给用户。目前主流的 Web 数据库均为关系数据库，主要有 Microsoft SQL Serve、Oracle、My SQL 和 Access。

3. 网络营销应用服务技术

基于网路媒体展开营销的具体应用技术不断涌现和完善，构成现阶段网络营销实施的基础。

1) E-mail 服务

E-mail 是 Internet 最早的主要应用之一。大多数用户使用互联网络，都是从使用电子邮件开始的。E-mail 有着广泛的应用，方便、经济、快捷。提供 E-mail 收发的邮件服务器是各类网站的一个重要组成部分，尤其对于一个独立的企业或机构来说，建立邮件服务器是十分必要的。

无论是在 Internet 的发展初期还是在目前，E-mail 都是网络中的一个热门的应用。它快速、安全地将各种信息传送到网上的各个节点，与世界上的任何人进行通信和交流。事实上，所有类型的信息(包括文本、图形、声音)及各种程序文件都可以作为 E-mail 的附件在网络中传输。用户除了可通过 E-mail 实现快速的信息交换外，还可通过 E-mail 进行项目管理，并根据快速的 E-mail 信息进行重要的决策。

2) FTP 服务

FTP(File Transfer Protocol)。是文件传输协议的简称，用于 Internet 上控制文件的双向传输。同时，它也是一个应用程序，用户可以通过它把自己的 PC 机与世界各地所有运行 FTP 协议的服务器相连，访问服务器上的大量程序和信息。它的主要作用是让用户连接上一个远程计算机(这些计算机上运行着 FTP 服务器程序)察看远程计算机有哪些文件，然后把文件从远程计算机上拷到本地计算机，或把本地计算机的文件送到远程计算机去。

3) 信息检索服务

信息检索(Information Retrieval)是指信息按一定的方式组织起来，并根据信息用户的需要找出有关的信息的过程和技术。狭义的信息检索就是信息检索过程的后半部分，即从信息集合中找出所需要的信息的过程，也就是我们常说的信息查寻。

4) BBS 服务

BBS 是电子公告板系统(Bulletin Board System)的英文缩写，它通过在计算机上运行服务软件，允许用户使用终端程序通过电话调制解调器拨号或者 Internet 来进行连接，执行下载数据或程序、上传数据、阅读新闻、与其他用户交换消息等功能。许多 BBS 由站长(通常被称为 SYSOP-Systems Operators)业余维护，而另一些则提供收费服务。

5) 流媒体服务

流媒体指以流方式在网络中传送音频、视频和多媒体文件的媒体形式。相对于下载后观看的网络播放形式而言，流媒体的典型特征是把连续的音频和视频信息压缩后放到网络服务器上，用户边下载边观看，而不必等待整个文件下载完毕。随着宽带技术的发展，流媒体技术被广泛地运用到网页中，成功地实现了网上点播、在线视听、网上直播等。

6) 网页制作

网页制作是指使用标识语言，通过一系列设计、建模和执行的过程将电子格式的信息通过互联网传输、浏览。网页制作是企业开展网络营销的基础设施和信息平台，是在互联网上宣传和反映企业形象和文化的重要窗口。

4. 其他网络营销支持技术

网络营销的发展是计算机技术、网络技术的发展以及商务应用需求驱动的必然结果。其他的支持技术如下:

1) 互联网接入技术

互联网接入是通过特定的信息采集与共享的传输通道，利用以下传输技术完成用户与 IP 广域网的高带宽、高速度的物理连接。

(1) 电话线拨号(PSTN)是普遍的窄带接入方式。即通过电话线，利用当地运营商提供的接入号码，拨号接入互联网，速率不超过 56 kb/s。特点是使用方便，只需有效的电话线及自带 Modem 的 PC 就可完成接入。

(2) ISDN 俗称"一线通"。它采用数字传输和数字交换技术，将电话、传真、数据、图像等多种业务综合在一个统一的数字网络中进行传输和处理。用户利用一条 ISDN 用户线路，可以在上网的同时拨打电话、收发传真，就像两条电话线一样。

(3) ADSL 接入主要是以 ADSL/ADSL2+接入方式为主，是目前运用最广泛的铜线接入方式。ADSL 可直接利用现有的电话线路，通过 ADSL Modem 后进行数字信息传输，理论速率可达到 8 Mb/s 的下行和 1 Mb/s 的上行，传输距离可达 4 km～5 km。ADSL2+速率可达 24 Mb/s 下行和 1 Mb/s 上行。另外，最新的 VDSL2 技术可以达到上下行各 100 Mb/s 的速率。

(4) HFC(Cable Modem)是一种基于有线电视网络铜线资源的接入方式。具有专线上网的连接特点，允许用户通过有线电视网实现高速接入互联网。适用于拥有有线电视网的家庭、个人或中小团体。

(5) 光纤宽带接入是通过光纤接入到小区节点或楼道，再由网线连接到各个共享点上(一般不超过 100 米)，提供一定区域的高速互联接入。

(6) 无源光网络(PON)技术是一种点对多点的光纤传输和接入技术，局端到用户端最大距离为 20 km，接入系统总的传输容量为上行和下行各 155 Mbps/622 M/1 Gbps，由各用户共享，每个用户使用的带宽可以以 64 kb/s 划分。

(7) 无线网络是一种有线接入的延伸技术，使用无线射频(RF)技术越空收发数据，减少使用电线连接，因此无线网络系统既可达到建设计算机网络系统的目的，又可让设备自由安排和搬动。

2) 网络营销支付技术

网络营销支付技术主要包括电子信用卡、电子支票、电子现金和网上银行等。

电子信用卡通过网络直接支付，客户可随时、随地完成在线安全支付操作，有关的个人信息、信用卡及密码信息经过加密后直接传送到银行进行支付结算。电子信用卡具有快捷、方便的特点，买方可以及时通过发卡机构了解持卡人的信用度，避免了欺诈行为的发生。由于使用电子信用卡需要通过公共 Internet 的网络进行卡传输，因此在技术上需要保证传输的安全性和可靠性。利用 SET 安全电子交易协议保证电子信用卡卡号和密码的安全传输，在信用卡进行支付的过程中，也需要认证客户、商家以及信用卡发放机构的身份，防止抵赖行为的发生。电子信用卡支付方式是目前比较普遍的一种支付方式，我国目前各大银行开通的就是此方式。

电子支票(Electronic Check)是客户向收款人签发的无条件的数字化支付指令。它可以通过因特网或无线接入设备来完成传统支票的所有功能。电子支票支付借鉴了纸质支票的特点，通过互联网络按照特定形式，利用数字传递的电子化支票进行转账支付。电子支票目前使用还不普遍，但具有很大的发展前途。

电子现金(Digital Cash)又称为数字现金，是一种以数据形式流通的、能被消费者和商家普遍接受的通过互联网购物时使用的数字化货币。用户可以随时通过互联网从银行账号上下载电子现金，从而保证了电子现金使用的便捷性。电子现金一般用于小额支付。

网上银行又称网络银行、在线银行，是指银行利用 Internet 技术，通过 Internet 向客户提供开户、销户、查询、对账、行内转账、跨行转账、信贷、网上证券、投资理财等传统服务项目，使客户可以足不出户就能够安全便捷地管理活期和定期存款、支票、信用卡及个人投资等。可以说，网上银行是在 Internet 上的虚拟银行柜台。

3) 网络营销通讯技术

网络营销通讯技术主要包括网络电话、网络传真和电视会议等。

网络电话又称为 VOIP 电话，是通过互联网直接拨打对方的固定电话和手机，包括国内长途和国际长途，而且资费是传统电话费用的 10%到 20%。宏观上讲网络电话可以分为软件电话和硬件电话。软件电话就是在电脑上下载软件，然后购买网络电话卡，通过耳麦实现和对方(固话或手机)进行通话；硬件电话比较适合公司、话吧等使用，首先要一个语音网关，网关一边接到路由器上，另一边接到普通的话机上，然后普通话机即可直接通过网络自由呼出。

网络传真是基于 PSTN(电话交换网)和互联网络的传真存储转发，也称电子传真。它整合了电话网、智能网和互联网技术。原理是通过互联网将文件传送到传真服务器上，由服务器转换成传真机接收的通用图形格式后，再通过 PSTN 发送到全球各地的普通传真机上。

电视会议是用电视和电话在两个或多个地点的用户之间举行会议，实时传送声音、图像的通信方式。它同时还可以附加静止图像、文件、传真等信号的传送。参加电视会议的人可以通过电视发表意见，同时观察对方的形象、动作、表情等，并能出示实物、图纸、文件等实拍的电视图像或者显示在黑板、白板上写的字和画的图，使在不同地点参加会议的人感到如同和对方进行"面对面"的交谈，在效果上可以代替现场举行的会议。

4) 网络营销安全技术

网络营销安全技术主要包括数字签名、数字时间戳、数字凭证等。

数字签名技术是将非对称密钥加密体系和数字指纹结合起来，实现数字签名的过程如下：

(1) 被发送的原文用 Hash 算法加密产生 128 位的数字摘要。

(2) 发送方用自己的私有密钥对摘要再加密，就形成了数字签名。

(3) 将原报文和加密的摘要同时发送给接收方。

(4) 接收方用发送方的公开密钥对摘要解密，同时对收到的用 HASH 算法再生成一个摘要。

(5) 比较两个摘要，如果一致，说明了报文确实来自发送者，并且在传输过程中没有被破坏或者修改过。

数字签名解决了发送者的身份认证问题，并且保证了原文没有被非法修改。

数字时间戳(digital time stamp)：用户将需要加上时间戳的文件用 Hash 编码加密形成摘要后，将摘要发送到数字时间戳服务商，由数字时间戳服务商在加入了收到文件摘要的日期和时间信息后，再对该文件加上数字时间戳服务商的私钥(数字签名)，然后发回给用户。数字时间戳服务商是以收到文件的时间作为确认依据的。

数字凭证也叫数字证书、数字标识，它含有持有者的有关信息，以标识他们的身份。证书包括：证书拥有者的姓名、证书拥有者的公钥、公钥的有效期、颁发数字证书的单位、颁发数字证书单位的数字签名、数字证书的序列号。

2.2.3　网络营销风险

在企业整个网络经营过程中都伴随着风险，主要的风险表现在以下五个方面：

1. 信息传递风险

企业网络营销信息在网上传递时要经过很多环节和渠道，由于计算机互联网信息技术发展迅猛，已有的病毒防范技术、加密技术、防火墙技术等始终存在着被新病毒和黑客攻击的可能性。计算机病毒和黑客的非法入侵、线路窃听都很容易使企业网络营销的数据在传递过程中泄密，这对企业网络营销交易安全的威胁是非常大的。另外，各种外界的物理干扰，通信线路质量不好等，都可能影响到数据的真实性和完整性。

2. 法律风险

法律风险主要表现在法律法规的建设和完善方面，具体表现在网上知识产权保护、网上消费者权益保护、网络广告引发的法律问题等方面。互联网是跨地域、跨国界的全球性信息网络，在这个网络上无法向现实空间那样规定国家和地区的界限，传统的地域管辖方法难以施展于网络空间。另外由于网络营销可以在不同国家和地区的企业个人之间交叉进行，但各国的法律不同，社会文化、风俗习惯又有很大的差异，因此，很有可能一方看来正当的交易，但在另一方却是不可接受的，从而导致交易的失败或受到限制。

3. 技术风险

技术风险是网络技术不成熟和与之相关的技术手段不稳定，而给交易双方带来的风险，如数据加密技术还不尽如人意，数据的传送、读取、反馈会因为软硬件设施的出错而发生错误，上网速度慢、网络易堵塞、密码被盗窃、网络病毒、网络黑客的恶意攻击，这些大大加深了网络交易的风险。在我国，网络发展水平不高，网络基础设施差、线路少、安全性不高，这些都会导致技术上的不稳定，从而造成上述混乱情况，技术原因形成的风险会对网络营销产生较大的负面影响。

4. 信用风险

信用风险是网络营销发展中的主要障碍，这是因为网络营销是以信用为发展基础的，即交易双方相互信任，信守诺言。买方假设卖方的商品合格没有缺陷，卖方假设买方有足够的支付能力，双方都会履行交易时达成的承诺。但在目前"假冒伪劣盛行，欠债不还有理"这样一种缺乏信任的经营环境中，如果没有任何信用保证，网络营销是难以开展的。信用风险将在很大程度上制约网络营销的发展。

5. 物权转移风险

物权转移中的风险是买卖双方都应十分注意防范的一种风险。尤其是在网络营销中，物权转移过程中的风险更大，更加应该提防和警惕。如款到无货或货到无款、无保障的定金交易等，都将加大买卖双方的风险。这主要是由于物流网络的不配套而引起，网络营销虽然缩小了企业之间信息虚拟市场上的竞争，但对企业的物流水平与能力提出更高的要求。而目前拥有全国物流能力的企业寥寥无几，特别是广大中小企业，物流能力不强，不能及时与网络用户实物交割，易产生物权转移的风险，这已经成为阻碍网络营销发展的主要原因。

为确保网络营销活动实施的安全性，减少网络营销企业的经营风险和机会成本，通过对企业网络营销风险的具体分析，可以考虑以下几种规避策略：

(1) 进行企业网络营销可行性分析和评估。

制定科学的营销战略，实施有效的营销管理，是网络营销的总体思路。企业网络营销发展的整体战略、市场潜力、发展方向预测以及风险和可能收益，必须进行事前分析和控制，特别要确信决策能给企业带来的最小利益和可能的最大损失。通常一个对自己竞争能力充满信心的公司未必能很好地应用新技术，决策时重点考虑的就是网络营销的风险问题，企业可能束手束脚；同理，另一个想通过使用网络营销手段来提高自己竞争实力的公司，实施网上营销步子大，可能过于冒险，因为考虑预期利润较多，风险估计不足。只有根据企业生产经营的环境因素和内部的经营状况进行综合评价和预测，才可能有科学、恰当的分析和评估结果，才有可能将企业引向成功避免风险。

(2) 加强网络基础设施建设。

要防范网络营销中可能存在的风险，必须加强网络技术研究，改善网络基础设施，加快宽带光缆的建设，全面提高网络的运行速度，保证信息传递的准确、及时与安全。同时，要尽量降低网络的使用费用，普及电脑及网络知识，吸引更多的企业和个人加入网络营销，以扩大网络营销的覆盖范围。

(3) 加强企业经营管理工作。

科学化、规范化和制度化是营销系统管理的方向，营销系统成员工作质量的好坏直接关系到企业的兴衰。为了有效规避网络营销风险，企业应加强以下方面的管理工作：首先，企业必须高度关注产品质量，做好营销体系的质量管理工作，包括总部与各分部的工作联系与沟通，也包括与经销商、代理商之间的各种业务来往等，还涉及到产品线与价格体系的规划、市场需求计划以及长期和实时营销策略的制定等；其次，要提升网络多媒体表现水平，让消费者真切地感知商品的质量，安全付款，合理选择物流公司并保证及时完好的把商品送到消费者手中；再次，要提高企业在风险决策、交易管理、危机应急等状况下提供规范的处理方法和操作机制的能力；最后，网络营销中最重要的因素是人的因素，企业要规范员工行为，各司其职、各负其责，从而不断提高员工的风险防范意识和能力。总之，加强企业的经营管理是有效防范各类风险、减少风险损失的重要手段。

(4) 加强对网络营销的立法监督及信用认证。

在网络商场的市场准入制度，网络交易的合同认证、执行和赔偿，反欺骗，知识产权保护，税收征管，广告管制，交易监督且以及网络有害信息过滤等方面制定规则，为网络营销健康、有序、快速发展提供一个公平规范的法律环境，最大程度地降低网络营销风险。

另外，国家应设立专门的信用认证机构，对网上企业的信用进行评估，合格者可以颁发证书并通过媒体或其他方式公布。工商、银行、税务等部门应加强交流与合作，为企业或个人提供信誉保障，也可以由保险公司设立专门的信用保险，把信用风险尽可能降到最低，促进网络营销的健康快速发展。

2.3   体验网络营销方法

网络营销的职能实现需要通过一种或多种网络营销手段，常用的网络营销方法除了搜索引擎注册之外，还有关键词搜索、网络广告、TMTW 来电付费广告、交换链接、信息发布、整合营销、博客营销、邮件列表、许可 E-mail 营销、个性化营销、会员制营销、病毒性营销等。网络营销公司的整合营销整体解决方案，下面简要介绍十种常用的网络营销方法及效果。

1. 搜索引擎营销

SEM 是 Search Engine Marketing 的缩写，中文意思是搜索引擎营销。SEM 是一种新的网络营销形式。SEM 所做的就是全面而有效的利用搜索引擎来进行网络营销和推广，即通过对网站结构(内部链接结构、网站物理结构、网站逻辑结构)、高质量的网站主题内容、丰富而有价值的相关性外部链接进行优化，而使网站对用户及搜索引擎更加友好，以获得在搜索引擎上的优势排名，为网站引入流量。

例如，在百度搜索上敲下“兰蔻”两个字，搜索结果页面最上方不再是普通的文字链接，而是图文并茂的兰蔻网上商城品牌专区，如图 2-2 所示。作为国内首家试水网上营销业务的化妆品品牌，通过百度品牌专区，兰蔻网上商城链接、促销公告、商品信息等以图文并茂的形式呈现。

2. 交换链接

交换链接或称互换链接，它具有一定的互补优势，是两个网站之间简单的合作方式，即分别在自己的网站首页或者内页放上对方网站的 LOGO 或关键词并设置对方网站的超级链接，使得用户可以从对方合作的网站中看到自己的网站，达到互相推广的目的。交换链接主要有几个作用，即可以获得访问量、增加用户浏览时的印象、在搜索引擎排名中增加优势、通过合作网站的推荐增加访问者的可信度等。更值得一提的是，交换链接的意义已经超出了是否可以增加访问量，比直接效果更重要的在于业内的认知和认可。例如，中国最大的友情链接交换平台——天空交换链，如图 2-3 所示。

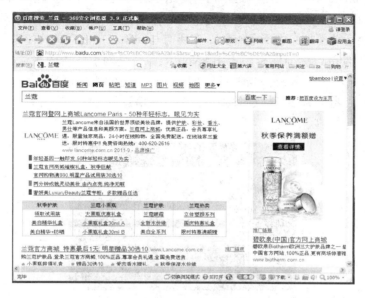

图 2-2　百度搜索兰蔻界面

图 2-3　天空交换链网站

3. 病毒性营销

病毒性营销并非真的以传播病毒的方式开展营销，而是通过用户的口碑宣传网络，信息像病毒一样传播和扩散，利用快速复制的方式传向数以千计、数以百万计的受众。现在几乎所有的免费电子邮件提供商都采取类似的推广方法。

说起病毒式营销，就绕不过一个话题——百度唐伯虎系列小电影广告，如图 2-4 所示，因为是中国首个真正意义上的互联网病毒营销案例，其零成本传播创造了一个近 2000 万人次的深度传播奇迹。

4. 网络广告

网络广告就是在网络上做的广告。利用网站上的广告横幅、文本链接、多媒体的方法，在互联网刊登或发布广告，通过网络传递到互联网用户的一种高科技广告运作方式。几乎所有的网络营销活动都与品牌形象有关，在所有与品牌推广有关的网络营销手段中，网络广告的作用最为直接。标准标志广告(BANNER)曾经是网上广告的主流(虽然不是唯一形式)，进入 2001 年之后，网络广告领域发起了一场轰轰烈烈的创新运动，新的广告形式不断出现，新型广告由于克服了标准条幅广告条承载信息量有限、交互性差等弱点，因此获得了相对比较高一些的点击率。

图 2-4 百度电视广告——唐伯虎篇

阿迪达斯在 2007 年末推出一辑广告，包括了足球、跳水、篮球、排球四个项目，如图 2-5 所示。打开网页，页面两边的对联第一时间进入用户眼帘，两名女排选手振臂扣球，你来我挡，趣味多多。鼠标轻轻滑过，对联中间主画面瞬间呈现，女排选手们争先跳起拦网，而身后是无数的手臂、无数的人。这样的场面只有一个词来形容，国人与运动员一起，众志成城，这样的防守有谁能突破呢？

广告主画面里有统一的"没有不可能，一起 2008"的广告语。在对联画面上有显眼的阿迪达斯 LOGO 与北京奥运 LOGO 并列的北京 2008 年的奥运会合作伙伴大标志。

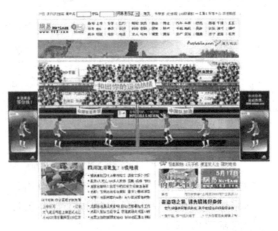

图 2-5 阿迪达斯网络广告

5. 信息发布

信息发布既是网络营销的基本职能，又是一种实用的操作手段，通过互联网，不仅可以浏览到大量商业信息，同时还可以自己发布信息。最重要的是将有价值的信息及时发布在自己的网站上，以充分发挥网站的功能，比如新产品信息、优惠促销信息等，如图 2-6 所示。

图 2-6　淘宝网国庆促销信息

6. 许可 E-mail 营销

基于用户许可的 Email 营销比传统的推广方式或未经许可的 Email 营销具有明显的优势，比如可以减少广告对用户的滋扰、增加潜在客户定位的准确度、增强与客户的关系、提高品牌忠诚度等。开展 Email 营销的前提是拥有潜在用户的 Email 地址，这些地址可以是企业从用户、潜在用户资料中自行收集整理，也可以利用第三方的潜在用户资源。

"新江南"是一家旅游公司，2004 年为了在"五一黄金周"之前进行公司旅游项目促销，公司营销人员计划将网络营销作为一项主要的促销手段，其中将 Email 营销作为重点策略之一。在多家可提供 Email 营销服务的网站中，"新江南"选择了新浪上海站，该网站有一份关于上海市白领生活的电子周刊，订户数量超过 300000 份，这份电子刊物作为那次 Email 营销的主要信息传递载体。为了确保活动取得理想的效果，将计划从 2004 年 3 月 26 日开始连续四周投放 Email 营销信息，发送时间定为每周三，前两次以企业形象宣传为主，后两次针对公司新增旅游路线进行推广。接下来该公司的市场人员的主要任务是设计 Email 广告的内容，针对内部列表和外部列表分别制作，并且每个星期的内容都有所不同。Email 营销活动结束后，当网络营销人员分析每个月的公司网站流量时吃惊地发现，在进行 Email 营销期间，公司网站的日平均访问量比上个月增加了 3 倍多，日均独立用户数量超过了 1000 人，而平时公司网站独立用户数量通常不到 300 人，尤其在发送邮件的次日和第三日，网站访问量的增加尤为明显，独立用户数量的最高记录达到了 1500 多人。

7. 邮件列表

邮件列表实际上也是一种 Email 营销形式，邮件列表也是基于用户许可的原则，用户自愿加入、自由退出。稍微不同的是，Email 营销直接向用户发送促销信息，而邮件列表是通过为用户提供有价值的信息，在邮件内容中加入适量促销信息，从而实现营销的目的。

例如，维基百科——邮件列表，如图 2-7 所示。

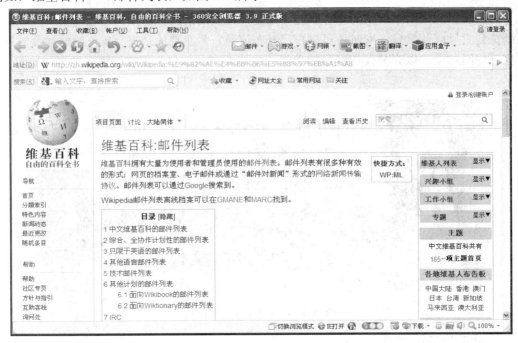

图 2-7　维基百科——邮件列表首页

8．个性化营销

个性化营销的主要内容包括：用户定制自己感兴趣的信息内容、选择自己喜欢的网页设计形式、根据自己的需要设置信息的接收方式和接受时间等。个性化服务在改善顾客关系、培养顾客忠诚以及增加网上销售方面具有明显的效果，据研究，为了获得某些个性化服务，在个人信息可以得到保护的情况下，用户才愿意提供有限的个人信息，这正是开展个性化营销的前提保证。例如，一家名叫聚友缘名茶的淘宝网店正是很好地体现了个性化营销，如图 2-8 所示。

图 2-8　聚友缘名茶店铺介绍

9. 会员制营销

会员制营销是通过利益关系和电脑程序将无数个网站连接起来，将商家的分销渠道扩展到地球的各个角落，同时为会员网站提供一个简易的赚钱途径。一个网络会员制营销程序应该包含一个提供这种程序的商业网站和若干个会员网站，商业网站通过各种协议和电脑程序与各会员网站联系起来。

最初的会员制营销是拓展网上销售渠道的一种方式，主要适用于有一定实力和品牌知名度的电子商务公司。会员制营销已经被证实为电子商务网站的有效营销手段，国外许多网上零售型网站都实施了会员制计划，几乎已经覆盖了所有行业。2000 年前后国内大型网络公司广泛应用会员制营销，不仅受到大型电子商务网站的重视，而且扩展到其他网络服务领域，如搜索引擎的竞价排名、竞价广告等。例如，上海客主商务服务有限公司是一家专业服务于酒店会员制网络化的公司，如图 2-9 所示

图 2-9　客主会员卡联盟首页

10. 网上商店

网上商店是建立在第三方提供的电子商务平台上、由商家自行经营的商店，如同在大型商场中租用场地开设商家的专卖店一样，是一种比较简单的电子商务形式。网上商店除了通过网络直接销售产品这一基本功能之外，还是一种有效的网络营销手段。从企业整体营销策略和顾客的角度考虑，网上商店的作用主要表现在两个方面：一方面，网上商店为企业扩展网上销售渠道提供了便利的条件；另一方面，建立在知名电子商务平台上的网上商店增加了顾客的信任度，从功能上来说，对不具备电子商务功能的企业网站也是一种有效的补充，对提升企业形象并直接增加销售具有良好效果，尤其是将企业网站与网上商店相结合，效果更为明显。

✍ 回到学习情境

通过 2.1～2.3 节内容的学习，了解了网络营销核心概念和相关理论基础，熟悉网络营销的实施环境，掌握一些网络营销方法。下面我们回到学习情境中，针对该公司目前开展网络营销起不到很好的效果的状况，应如何解决这一难题。

任务 1　分析公司所处的网络环境

1. 五金行业网络营销环境：随着 WTO 的加入，中国五金行业在世界范围内取得了重要的地位，中国五金在世界上已占有一席之地，正在向全球的五金龙头看齐，不少世界五金知名企业都已进入中国市场，这对于中国企业来说无疑形成了绝对的挑战与压力。五金企业如何适应国际间的贸易协作，特别是中小型企业如何面对错综复杂的国际形势开展国际市场的开拓就显的尤为重要。不少企业开始试水电子商务，依靠阿里巴巴诚信通拓宽销售渠道，取得了一定的效果。

2. 企业内部自身环境：公司一直以来是利用各种关系做业务，主要的客户群体都是关系户，利用人脉关系销售产品，在传统渠道上占有一定的份额。2000 年后，公司开始摸索利用网络进行宣传，采取的手段比较单一，主要是发信息。尽管也使用过搜索引擎的关键词广告，但是效果并不明显。

任务 2　制定网络整合营销规划

网络营销作为一种营销手段，是对传统营销的有力补充，两者之间相辅相成，优劣互补，形成网络整合营销理念，从而使企业得到更好的宣传和曝光，建立自己的品牌，增加自己的客户，获取更多的订单，达到更好的发展。

为了使网络营销取得很好的效果，该公司需要对下列四个方面进行调研，即产品特性、行业竞争状况、财务状况和人力资源。

首先，行业的特点和产品的特性决定了是否需要在网上开展营销活动。如果一个行业的特点决定了利用传统方法更加有效，那么可以暂时不必考虑网络营销。如果网络营销不能在短期内带来切实的收益，还是应该量力而行，根据本企业的特点慎重决定。

其次，利用互联网对同行业竞争者的网络营销情况进行查询，并作相关了解。如果竞争者尤其实力比较接近的竞争者已经开始了网络营销，甚至已经取得了明显收益，那么就需要认真规划自己的营销战略。

再次，用于网络营销的支出不是消费，而是一项投资，并且是长期投资，有时还需要不断地投入资金，网络营销不一定能取得立竿见影的成效。决策人员应该根据企业的财务状况制定适合自身条件的网络营销战略，如网站的功能和构建方式、网络营销组织结构、推广力度等。

最后，由于网络营销有其自身的特殊性，如互联网本身的互动性、信息发布的及时性以及网络营销的基本手段——网站建设和推广等，这就要求网络营销人员既有营销方面的知识，又有一定的互联网技术基础。公司内部是否拥有高水平的网络营销人才，对网络营销的效果有直接影响。

任务 3　选择适当的网络营销方法

该公司在实施网络营销时可采取以下方法：

(1) 免费发布信息。

根据企业产品或服务的特性将信息发布在相关类别，有时这种简单的方式也会取得意想不到的效果。

(2) 搜索引擎营销。

首先是确定关键词。要熟悉客户，了解他们是通过什么渠道找到我们的，他们的需要是什么，他们找我们做些什么，他们是用什么关键字通过搜索引擎找到我们的。该公司的实际情况是：

① 我们公司主要是从事五金生产与加工，来样生产，没有自己的固定的产品。

② 公司致力于钣金件、结构件的制作，其中不锈钢工程和钣金制作是公司的强项。确定关键字时必须掌握这些实际情况。其次，通过关键字来分析竞争对手。在这里说明一下人们常用的搜索引擎有两个：谷歌、百度。所以我们主要是在这两个搜索引擎上做优化和推广。一旦关键字确定了，后边的工作就可以自然展开。在百度中输入"五金加工"，搜索结果有 55 100 000，也就是伍仟伍佰一十万个，从数量上来说竞争是非常激烈的，再进一步查询找出相关的竞争对手。

此外，还可以利用搜索引擎和一些专业网站的企业数据库资料开展基本的市场调研。

(3) 交换链接。

采用交换链接的方式加入一些专业经贸信息网和行业信息网。行业信息网汇集了整个行业的资源，这种方式在某些方面类似于"免费发布供求信息"，为供应商和客户了解行业信息提供了巨大方便，形成了一个网上虚拟的专业市场。

(4) 建立公司网站。

建立企业网站，一方面可以让外界了解企业自身、树立良好企业形象，另一方面可以和直接销售结合起来，并且费用低廉，操作简单。公司的网站以基本信息型为主，主要面向客户、业界人士或者普通浏览者，以介绍企业的基本资料、帮助树立企业形象为主；也可以适当提供行业内的新闻或者知识信息。该网站要具备以下功能：服务器响应要快；产品分类比较清楚，便于用户查找和搜索，有良好的用户体验；对搜索引擎的友好性；便于进行数据收集。

☺ 任务拓展

以小组为单位寻找身边的一些企业，详细了解企业的网络营销现状及所面临的营销环境，并对企业所采取的网络营销方法提出适当的建议。

学习单元三

网络营销机会分析

能力目标

- 能够分析影响网络消费者购买的因素；
- 能够熟练运用多种网络调查方法进行网络市场调查；
- 能够撰写市场调研商情报告；
- 能够选择合适的目标市场并进行正确的市场定位。

学时：10 学时

专业知识

- ◇ 影响网络消费者购买的因素；
- ◇ 网络消费者购买过程；
- ◇ 网络市场调研方法；
- ◇ 网络营销商情报告；
- ◇ 网络目标市场选择；
- ◇ 网络市场定位。

学习情境

　　小于今年大学毕业后在北京一家汽车 4S 店找到工作,该公司经销的是一个合资汽车高端品牌。由于北京今年开始购车摇号,本地消费能力有限,所以不能只依靠传统的守株待兔的方式来经销,必须想办法拓宽市场,以获得更多的市场机会。因此小于一上岗,公司给他的工作任务便是利用网络开展营销业务。面对领导派下来的工作任务,小于感觉很迷茫,不知道如何开展工作。

　　小于的直接上司刘经理是一位经验丰富的营销高手,同时也是一位网络达人。她觉得对于小于这样刚走上工作岗位的大学毕业生来说,专业知识丰富,学习能力也强,只要把工作任务和流程介绍清楚,小于很快就能上手了。于是刘经理便把工作任务清晰化、工作流程系统化,加之小于平常专业知识过硬,在刘经理的点拨下,很快就明白应该如何开展工作了。

任务分析

❖ 任务 1：确定目标车主的购买行为特征。

❖ 任务 2：选择合适的网络目标车主进行营销。

案例导入

红孩子母婴商城的成功

儿童是祖国的未来，现在很多产品专门针对儿童，同样质量的衣服，有时候儿童反而比成人服装的销售价格高，不是因为儿童的产品有多好，而是大人更舍得在小孩子身上投资，或许，中国人特有的家庭观念注定成就一个品牌的成功——红孩子母婴商城。

红孩子于 2004 年 3 月上线，7 年以来，构建了 B2C 网站、直投 DM 商品目录、呼叫服务中心、社区网站、特别渠道联盟等多个平台，以及分布在 9 个省市的分公司，为全中国的消费者提供随时随地、方便快捷的购物服务。该网络始终坚持以消费者为导向，以数据库营销为特色，以母婴、化妆、食品、家居、保健、厨电等品类为主，围绕着女性安心、快乐购物的需求，红孩子公司组织着 5 万多种商品，支持货到付款、信用卡、现金、支付宝、分期等多种结算方式，利用简便即可注册的会员制，为全国 300 余万消费者提供着足不出户即可享受现代购物的体验。

红孩子凭借独特的业务模式、良好的发展势头和优秀的核心团队顺利吸引到美国著名风险投资公司 NEA 和 Northern Light 的两轮融资。融资后红孩子着手搭建全国构架，公司已拥有北京、天津、沈阳、上海、南京、武汉、苏州、无锡、大连、杭州 10 家分支机构，并将继续增加。

通过对年轻父母的调研发现，现在城市中的年轻父母由于工作忙，没有时间经常出去替孩子购物，而婴幼儿用品是快速消费品，购买的频率高且单价贵。家长希望能快速购买到物美价廉的商品，把孩子的生活起居照顾得妥善周到。目前的一些婴幼儿实体店商品价格偏高，且折扣活动较少。而网络婴幼儿用品店大多还经营其他商品，要么是质量没有保证，要么是品种少选择余地小，像红孩子网店这样专门经营母婴用品且信誉好、质量有保证、价格实惠的网店较少。

红孩子的供应商全部是厂商和厂商指定的代理商和经销商，所售出的产品都是通过正规进货渠道购进的正牌商品，与亲临商场选购的商品享受同样的质量保证。配送服务承诺客户购物不设起订，免费送货，并在订单确认 24 小时～96 小时之内即可收到货物。每一位配送专员穿着红孩子统一的工作制服并佩戴胸卡。

红孩子实施低价策略，从一开始就将利润率定在 15%，这比龙头老大丽家宝贝 26% 的利润率要低不少，低廉的价格自然赢得了用户的欢心。

红孩子最著名的营销方式是目录销售，支撑红孩子目录销售的是其在全国发行的 98 万份母婴产品目录、近 30 万份化妆品目录以及超过 20 万份的家居和健康目录。红孩子一本产品目录的成本大约在 7 元人民币左右。不过由于发行量较大，产品供应商的广告不仅覆盖了红孩子的目录成本，而且还给红孩子带来了不菲的利润。

红孩子目前已成为 Alexa 全球排名第一的中文婴幼购物网站，是最大的中文妈妈社区，拥有自有品牌——redbaby 系列婴幼用品。2011 年销售额达 20 亿元。

小组讨论：

1. 红孩子母婴网上商城的目标消费者群体是谁？
2. 红孩子母婴网上商城抓住了消费者的哪些行为特征？
3. 红孩子母婴网上商城为什么能够成功？

3.1　分析网络消费者和购买行为

3.1.1　网络消费者结构动态剖析

网络公司与传统公司在营销上的核心都在于要从消费者的需求出发，去制定令消费者满意的营销组合策略，通过满足消费者需求从而获得持续的利润。因此，对分析于网络营销机会而言，研究网络消费者行为就显得尤为关键和必要。

1. 网民的构成

根据 CNNIC 2009 年 5 月发布的我国网民上网行为调查报告显示，我国网民在构成上呈现出如下特征：

(1) 网民数量居世界第一且呈现增长势头。

2008 年，中国互联网继续呈现持续快速发展的趋势，网民总体规模和互联网普及率相继实现飞跃式发展。2008 年 6 月，中国网民数量达到 2.53 亿人，网民规模超过美国跃居世界第一位；2011 年中国网民继续增长，规模达到 4.85 亿，可见网络市场潜在客户数量之庞大，网络营销大有作为。

(2) 未成年网民为主体，新网民未成年人数最多。

从 2008 年新网民的年龄分布来看，10 岁～19 岁的网民群体发展快速，该群体在新网民中所占的比例达 48.8%，是新网民构成的主体。其次所占比例较高的是 20 岁～29 岁年龄段的网民，占 20.2%。具体情况如图 3-1 所示。

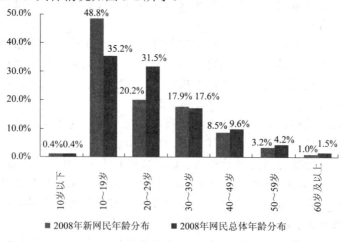

图 3-1　网民年龄分布

(3) 男女网民基本持平，女网民增长迅速。

截至 2008 年底，中国网民总体的男女性别比例为 52.5∶47.5。与 2007 年相比，网民总体中女性所占比例上升，网民中男女性别比例日趋均衡，网民总体的性别结构进一步优化。

据 CNNIC2009 年 5 月发布的我国网民上网行为调查报告中显示：2008 年新增网民中，男女性别比例为 47.4∶52.6，表明女性网民增长快速。新网民中女性网民所占比例的增加将会促进网络购物、网上支付等女性群体较为青睐的网络应用价值的提升，对带动服装、珠宝首饰、化妆品、娱乐产品等网络产品的需求起积极促进作用。

(4) 低学历网民居主导地位，初中生网民增长迅速。

根据资料显示，截至到 2008 年底，网民中绝大部分人是高中(中专)学历，占网民总数的 39.4%，但新增网民主要是初中学历，占 44.5%，且新增网民中又以学生为主。网民受教育程度及新网民受教育程度具体情况如图 3-2 所示。

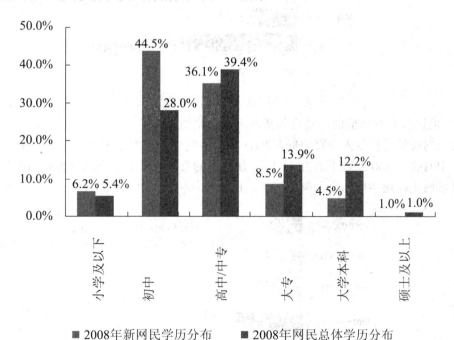

图 3-2　网民学历分布

由此可见，在未来几年内，初中学历的网民可能占主导地位。越来越多的网络公司已经预见了此趋势，正准备或已经将这部分人群作为目标消费群体来培养。

(5) 学生网民是主力军，农村及个体户网民发展为新生力量。

学生仍然是 2008 年新网民的主体和主要动力，占网民总数的 33.2%，较之 2007 年的 36.7% 有些许下降趋势，但仍可预见他们是未来网络消费的主力军。随着手机上网的普及，农村中的外出务工人员、农村的生产劳动者以及个体户逐渐开始熟悉手机网络，发展成中国互联网的新生力量，他们分别代表了互联网在中国农村和商业活动领域内的需求。中国网民及新网民职业分布具体情况如图 3-3 所示。

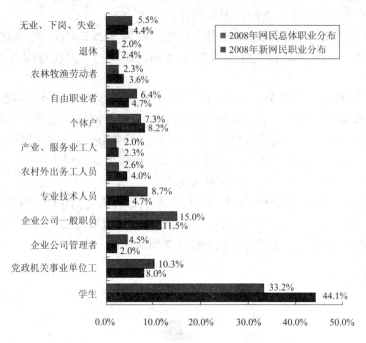

图 3-3　网民职业分布

(6) 网民收入整体偏低，低收入新网民人数剧增。

我国网民的总体收入一直偏低，2008 年也不例外，月收入在 2000 元以下的占 85.7%，新网民中月收入 500 元以下的占 41.3%。新网民的收入水平低于全国网民总体的收入水平，表明互联网正在逐步向低收入群体渗透。网民收入情况具体如图 3-4 所示。

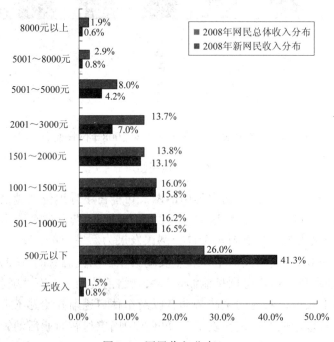

图 3-4　网民收入分布

2. 网民的上网目的

根据中国互联网络信息中心(CNNIC)对互联网各种应用所做的分类，将网民上网的目的分为如下几类：网络媒体、互联网信息检索、网络通讯、网络社区、网络娱乐、电子商务、网络金融和网络教育等。而新网民上网往往更多的是为了进行信息检索和娱乐等简单的互联网操作和应用，涉及到电子商务和网络金融的较少。

3. 上网接入方式

从网民总体来看，使用宽带接入互联网的网民已经占到总体网民的 90% 以上，宽带上网已经成为绝对主流。与网民总体的网络接入不同，新网民中使用宽带接入的比例为 76.4%，而使用过窄带接入的新网民所占比例为 47.7%，高于网民总体中窄带的使用率。

根据 CNNIC 的研究，窄带接入更多的是手机等移动互联网的无线接入。从只使用窄带接入的新网民用户的上网设备来看，窄带新网民比全国窄带网民总体使用的上网设备更为集中，手机的使用率高达 80.9%，成为该群体最经常使用的上网设备。随着手机的普及，3G 应用的发展，使用手机等终端设备上网的新网民将会成为未来互联网发展的主要动力之一。

4. 上网设备

网民的上网设备主要包括：台式电脑、笔记本电脑和 PDA 等设备以及手机。就网民总体而言，上网的主要设备还是台式电脑。据 2008 年统计，我国使用台式电脑上网的网民占 89.4%。而新网民与网民总体相比，使用手机上网比例已增至 42.2%。随着手机的快速普及，3G 应用的迅速发展，手机上网和中国互联网已经紧密地联系在一起，相互促进，共同发展。

5. 上网场所

网民上网的场所包含家庭、网吧、单位、学校和其他公共场所。据统计，家庭和网吧是网民上网的最主要场所。随着个人电脑的普及和上网的方便快捷，在家上网的网民已占到 78.4%。另外通过对新网民和网民总体上网场所的对比发现，新网民对各种上网场所的使用率均低于网民总体，其上网场所的选择空间较小。网民上网场所情况如图 3-5 所示。

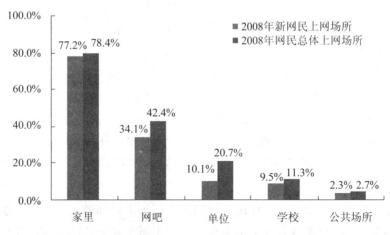

图 3-5　网民上网场所分布

6. 上网时间

CNNIC 研究发现,网民在网上花费的时间与网龄之间存在密切关系;网龄越长,在网上花费的时间越长。

上网时间是各种网络应用的基础和使用程度的客观反映。由于新网民上网时间较短,使用的网络应用数量相对也较少,因此从新网民的互联网使用技能层面分析,其网络行为成熟度较低。关于此观点,将会在新网民的网络应用和网络生活形态中进一步得到验证。网民上网时间如图 3-6 所示。

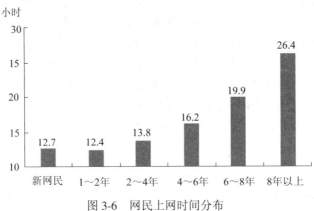

图 3-6 网民上网时间分布

3.1.2 判定网络消费者购买行为动机

网络消费者之所以选择网络消费,其动机归纳起来不外乎以下几方面:求廉动机、求便动机、求全动机、模仿或从众动机、偏爱动机和好胜动机。

1. 求廉动机

虽说从网络消费者的角度来讲,价格不是决定他们上网购买的唯一因素,但却是网络消费者购买商品时必须要考虑的因素。对于价格敏感型的消费者而言,网络购物有极大的诱惑力是因为网上销售的商品价格普遍偏低。由于网络虚拟店铺的经营比同类实体店铺的经营有低成本优势,因此体现在同一商品网络价格会比实体店价格实惠得多。网络消费的低价优势对于很大一部分求廉的网络消费者而言确实极具杀伤力。

2. 求便动机

随着社会生活水平的提高,消费者对购物环境和购物便利性有越来越高的要求。在大城市,消费者出门购物挤公交车难,在商场超市停车也难,带上购买的商品出行更是难上加难。而网络购物往往有配套完善的快递服务,可以让消费者在家不出门就能接收商品,非常便利。为了追求时间和劳动成本的尽量节省,希望购物能用较少的时间获得更高的价值,希望少点麻烦多些选择,特别是对需求和品牌都相对稳定的日常消费者,网络消费是个不错的选择。

3. 求全动机

随着人们生活节奏的加快,工作压力逐渐加大,加班时间越来越多,上街购物时间越来越少,消费者苦于没有太多时间上街消费。再加上城市化进程的加快,使得城市的范围不断扩大,繁华的商业中心如雨后春笋般迅速增加。即便有时间上街,面对琳琅满目的商铺和商品，一间间的全部比较下来，在时间和体力上都是不可能完成的事。因此经常出现这样的情形：有女性消费者在路过某个商铺时看见某件衣服比较喜欢，在销售人员的劝说下一冲动就买下了。可是还没走出商场却看见有更喜欢的款式而且物美价廉，后悔不已。如果选择网上购物，这样的情形都可以避免。消费者只需要坐在温馨的家中，鼠标轻轻一动，商品的种类、价格全部尽收眼底，可以轻松、惬意、理性的选择自己满意的商品。

4. 模仿或从众动机

现在的年轻消费者多会上网，喜欢朋友聚会。在社交场所，股票、汽车、房产和网购是交流最多的话题。如果自己没有网上购物体验，整个聚会期间都插不上话，会给人落伍的感觉，显得格格不入。因此有一部分年轻消费者刚开始是基于模仿或从众动机选择网上购物，一旦发现网络购物的优点后，便会乐此不疲。

5. 偏爱动机

随着 IT 业的发展，整日以电脑和网络为工作手段的人越来越多，他们习惯与网络打交道，觉得便捷而轻松。他们不习惯去商场购物被促销人员步步为营的紧逼或是热情的推荐，他们不喜欢但不善于拒绝。他们喜欢在电脑前自在宽松的环境下凭心境选择自己所偏爱的商品，喜欢在网络社区晒自己精心筛选出来的宝贝，喜欢跟网友分享自己的真实心得。网络消费对他们而言是习惯、是偏好。

6. 好胜动机

在诸多的网络消费者中，还有这样一群特殊的消费者。他们年龄偏大，上学时没有接触过或很少接触电脑，更不擅长使用网络。但在网络浪潮冲击的今天，由于工作和生活上的需要，他们有很多忧虑。他们并不在乎网络消费物美价廉货全，只担心不会网络购物会被时代淘汰，会跟孩子有交流障碍，好胜心让他们成为了网络消费者的一员。

【小组讨论：网络消费购买动机】

小组成员之间展开讨论，回答以下网络消费分别属于何种购买动机：

(1) 老张原来喜欢电视购物，后来周围朋友都开始喜欢上网购物，老张也学着开始在网上买东西。

(2) 小胡是传说中的宅女，不太愿意出门大街小巷地逛，更不愿受累大包小包地拎着一大堆买的东西回家。她喜欢在网上买东西，因为可以不用出门快递就能送货上门。

(3) 王阿姨是个要强的人，儿子经常跟她开玩笑说她 out 了，跟不上社会潮流，王阿姨背着儿子向邻居小刘学会了网上购物证明自己还很潮。

(4) 李阿姨原来买家电喜欢去各个家电卖场比较，发现各个卖场的品牌和款式不完全相同，没有可比性。后来经人介绍在某网站上看到各个家电品牌款式、价位都很齐全，就开始喜欢在网上买家电。

(5) 小刘是个精打细算会过日子的人，她觉得网店商品由于店铺和人工成本低于实体店，商品价格应该会更实惠，所以她更亲睐网上购物。

3.1.3　确定网络消费者购买行为类型

网络消费者可以根据不同的标准被划分为不同的类别。对于网络公司而言，较为关注的是网络消费者基于什么原因网上消费以及在网络消费时呈现何种消费特征。一般而言，可以根据行为目的与特点将网络消费者划分为：直接寻求型、间接寻求型、免费品寻求型、享乐型和购买者。前四种类型对于网络公司市场贡献额相对较小，研究网络购买者的行为就成为网络营销人员的重点。根据网络购买者的消费特点，可以将其又分为简单型、冲浪型、接入型、议价型、定期型和运动型六种。

1. 简单型

简单型顾客需要的是方便直接的网上购物，他们进行网上交易的时间占了他们上网时间的一半。零售商们必须为这一类型的消费者提供真正的便利，让他们感觉到在网站上购买商品会节约更多的时间。

简单型购买的产品大多是书籍、音像制品等类的标准化产品。消费者对它们的个性化需求不大，基本上属于同质市场。消费者购买这类产品通常以传统购买习惯为依据，不需要复杂的购买过程，购买前一般不会进行慎重的分析、筛选，主要以方便购买作为首要条件。因此网络营销者要开发和维持这类顾客最重要的一点是在给消费者提供便利的同时要保证产品的质量。不能因为网络产品价低就给消费者提供盗版的书籍和音像制品，或者因为是免费送货上门就不关注物流途中商品的磨损和其他安全事项。

2. 冲浪型

冲浪型顾客虽然只占网民总数的 8%，但他们在网上花费的时间却占了所有网民上网总时间的 32%，并且他们访问的网页数是其他网民的 4 倍。冲浪型网民对时常更新的、具有创新设计特征的网站很感兴趣。因此，网络营销者应将其网页设计得新颖独特，能引起冲浪型人群足够的关注。

3. 接入型

接入型顾客是刚触网的新手，占网民总数的 36%。他们很少购物，但喜欢上网聊天和发送免费贺卡，也更愿意相信生活中他们所熟悉的品牌。那些拥有著名传统品牌的公司应对这群人保持足够的重视，因为该消费群体数量庞大，一旦被争取成为本公司的网络消费者，市场前景非常可观。这些公司的网络营销人员应该制定更具亲和力的市场策划方案鼓励该购买者群体打消对网络的顾虑，加强对网络消费的信任，在降低销售成本的前提下发展更多的网络消费者，拓展市场份额。

4. 议价型

议价型顾客有一种趋向购买便宜商品的本能，他们占网民总数的 8%。ebay 网站里有一半以上的顾客属于这一类，他们喜欢讨价还价，并有在交易中获胜的强烈愿望。因此网络营销者应该在不增加成本的前提下多推荐物美价廉的商品，为本网站聚集更旺的人气，提高知名度和美誉度。

5. 定期型

定期型网络使用者是潜在的网络消费者，他们通常都是被网站的内容吸引而上网的，他们在网上买东西的时间较少，常常访问新闻和商务网站。要争取该类消费群体可以通过以下途径和方法：网络营销者应该抓住该消费群体的心理需求，加强和权威新闻及商务网站的链接；加快对本网站新闻的更新；加强对重大商务事件的深入报道和分析；积极争取商务各领域权威专家的认可和推荐；增加一些在理论和实践方面的重量级经济管理专家的视频、讲座等；增加经典商务书籍或时下畅销书籍的网络购买等。

6. 运动型

运动型网络使用者也是潜在的网络消费者，他们通常都是被网站的内容吸引而上网的，常常访问运动和娱乐网站。网络营销者应有针对性地迎合此类消费者的需求，收集并整理国内外体育及运动最新资讯，在不侵害当事人权益的前提下深入报道时下关注度最高的娱乐明星演艺生活动态等，并将户外运动产品或一些娱乐音像制品的网络销售等结合在一起，不断优化该公司的盈利模式。

由此可见，网络消费者有多种类型，在购买时呈现出各种不同的特征。网络营销策划和服务人员的任务是在了解目标消费者群体的特征和需求的基础上，结合本企业的资源优势和核心竞争力进行准确的消费者选择和定位，有的放矢地满足消费者的关注点，才能获取持续增长的利润。

3.1.4 影响网络消费者购买行为因素

传统市场营销理论认为消费者的购买决策是受人口、政治、经济、技术、社会文化等宏观因素以及公司内部、供应商、营销中介机构、顾客和竞争者等微观因素的综合作用的结果。同样，网上消费者的购买行为也受宏观和微观因素的共同影响和制约。但是，由于网络消费是一种特殊的市场消费，必须借助网络为平台，是一种新的商业模式。因而影响网络消费者购买的因素与传统市场营销影响消费者购买的因素并不完全等同，有其独特之处。影响网上消费者购买的主要因素包括法律规范因素、媒介平台因素、产品因素、个人因素、便捷性因素与安全可靠性因素。

1. 法律规范因素

随着电子商务的不断发展和网络交易的快速增加，相关的法律亟待规范和完善。我国目前还没有正式成文的电子商务法，只有《中华人民共和国电子签名法》和《关于促进电子商务发展的若干意见》约束网络交易双方尤其是网络商家。因此，部分消费者担心由于网络的虚拟性和电子商务法规的不完善性会导致自身在网络交易中难以维权而放弃网络消费。

2. 媒介平台因素

1) 网站知名度

在网络消费中，商品实体和商品的说明介绍以及其他资料是分离的，消费者在网络购买时无法像在传统购物那样，通过与商品实体的直接观察和接触来了解商品的质量和适用性。例如在传统的服装店，消费者可以通过实地观察来发现颜色艳丽程度，通过抚摸来了解服装的质地，通过试穿以了解衣服是否合身等等。由于网上的交易活动具有距离性、风险性和不确定性，网络消费者担心自己购买的商品送达以后会出现货不对板等质量问题和售后服务问题，为减低交易的风险性和不确定性，不得不依靠网站的形象和承诺来做出购买选择。作为消费者，在网上购买时自然会选择那些信誉好、网站知名度高的企业的产品。因此，企业要建立自己的网上顾客群，必须努力推广网站，提高网站的知名度，采取一切手段把目标顾客吸引过来，同时向他们提供最优质的产品和服务，树立起商家信誉，培养出最满意、最忠诚的网上顾客。

2) 网站设计

网络消费者与商家之间的联系是在消费者计算机终端上所显示的万维网页，网页是商家与网上消费者相互交换信息的桥梁和界面。网站设计的友好与否将直接影响消费者是否愿意继续浏览和购物。如果网站界面设计与主流消费者的审美观发生意见相左甚至严重分歧，消费者浏览搜索起来觉得费时费劲，会选择离开。

如果网站设计引起了消费者一定的兴趣，那么消费者通常会有如下的行为：第一，仅仅浏览商品而不购买；第二，浏览后导致延迟的购买行为，即消费者在浏览了后继的其他网站后重回到该网站购买商品；第三，受到网站设计的刺激产生需求并引起相应的购买行为。由此可见，一个有效率的网站，其设计应当能够促使网上消费者产生浏览并购买的欲望。要达到这一目的，企业可以充分利用现有的信息技术，比如设计出三维图形界面，以模拟实际的购物环境，使网上消费者有身临其境的感觉。

【小资料："我爱我妻月嫂公司"的网站设计】

"我爱我妻月嫂公司"的网站设计全面而独特，给该公司赢得了大量的网络订单。目前大城市的新妈妈们担心自己照顾不好新出生的宝宝，希望让宝宝从一出生就能得到科学的指导，以便养成良好的进餐、睡眠和生活习惯，所以大多都市妈妈都愿意给新生儿宝宝请月嫂。但是目前家政市场鱼龙混杂，很多家政公司对自己的月嫂从业人员管理不善，造成月嫂质量参差不齐，要能请到合适的月嫂异常困难。很多新妈妈都习惯通过网络来寻找月嫂，此时月嫂公司的网站设计就显得比较重要。首先打开该公司的网站，页面上赫然写着"中国月嫂第一品牌"，给消费者留下了深刻的第一印象。其次给消费者提供了关键词搜索服务，可以按照婴儿的出生日期在网站上查询到符合该日期要求的月嫂的所有个人详细资料，还可以查到该月嫂在该城市具体服务过的客户的服务评价，增加了消费者的信任感。如果消费者在网上了解了某个月嫂的详细情况后有初步预订意向，可以向公司要求上门面试或视频面试，极大的方便了消费者。同时，公司网站上还会提供正规的合同文本样稿，进一步增加消费者对其服务的信任感。另外，公司网站上还设置了企业使命、企业文化及育婴常识等内容，让消费者越发感觉其专业性和正规性，坚定在该公司预订月嫂的信念。可以说，正是由于公司出色的网站设计为该公司赢得了大量的订单，实现了网络营销。

3. 产品因素

1) 产品的质量

由于网络消费者在购买时无法观察、触摸和体验真实的产品，产品质量成了最困扰消费者决策的因素。商家可以通过客观叙述产品特征、消费者购后评价、货到付款及无条件退货等方式来赢得消费者的信任，促使其产生购买欲望。

2) 产品的新颖性

网上消费者以年轻人为主，他们重视商品新的款式、格调和社会流行趋势，追求时尚和新颖。因而网上销售的产品首先要考虑其新颖性，以引起消费者的注意，同时还要提供给消费者最直接的购买渠道，加上最新产品全方位的介绍，从而使这类追求产品时尚和新颖的消费者产生强烈的购买欲望。

3) 产品的行业属性

首先，由于网上市场不同于传统市场，网上消费者有着区别于传统市场的消费需求特征，因此并不是所有的产品都适合在网上销售和开展网上销售活动的。根据网上消费者的特征，网上销售的产品一般要考虑产品的新颖性，即产品是新产品或者是时尚类产品，比较能吸引人的注意。追求商品的时尚和新颖是许多消费者，特别是青年消费者重要的购买动机。

其次，考虑产品的购买参与程度，一些产品要求消费者参与程度比较高，消费者一般需要现场购物体验，而且需要很多人提供参考意见，对于这些产品不太适合网上销售。对于消费者需要购买体验的产品，可以采用网络营销推广功能，辅助传统营销活动进行，或者将网络营销与传统营销进行整合。可以通过网上来宣传和展示产品，消费者在充分了解产品的性能后，可以到相关商场再进行选购。

实际上，产品的这种特性是影响消费者确定在线产品质量能力的重要因素，这影响到他们对信用的依赖，进而影响到他们的购物决策。按照传统经济学理论，产品可以被分为"搜寻产品"、"体验产品"和"可信赖产品"。对于搜寻产品，产品的质量可以在购买前被消费者确定；对于体验产品，产品的质量(如罐装食品的味道)只有在购买产品以后才能了解；而可信赖产品则是指产品的质量是可信赖的。但是，大部分电子市场的产品不能被归入上述各类。为了研究这种特性对消费者决策的影响，有学者提出了一种电子商务产品分为"便利产品"、"准便利产品"、"看和感觉"产品(如套装等)以及质量多变的"看和感觉"产品(如艺术等)。

在网上，便利产品的质量是最容易判断的，而大部分质量多变的"看和感觉"产品的质量是最难判断的。为了便于研究，根据上述分类，我们将便利产品和准便利产品统称为在线便利产品，将"看和感觉"产品和质量多变的"看和感觉"产品统称为在线"看和感觉"产品。

如果消费在线便利产品，消费者可以确定其质量，一般愿意购买。例如，如果消费者决定买一本书，任何一个在线书店书的质量是基本相同的；而在线"看和感觉"产品的质量则存在较高的不确定性，其质量难以评估，需要消费者去实地观察、接触、感觉甚至试用，因此，消费者购买时总是犹豫不决。

4) 产品价格

对一般商品来讲，价格与需求量之间经常表现为反比关系。同样的商品，价格越低，销售量越大。网上销售的商品价格普遍较低，从而很好地促进了网上消费者的购买行为。此外，消费者对互联网的免费心理预期也影响着网上消费行为。互联网在起步与发展阶段运用了免费策略，导致消费者已习惯免费待遇。目前，诸如信息查询等产品与服务都是免费的，其他一些不能免费的产品其价格也应较传统渠道低，否则消费者就不易接受。

4. 个人因素

1) 性别

在网络市场中，网上消费者性别的不同会对其购物行为产生不同的影响，比如男性在购物时理性成分居多，往往在深思熟虑之后才进行购买，而女性购物时感性成分居多，往往在浏览到自己喜欢的商品时就会购买。另外男性自主性较强，他们在购买过程中往往会自己去寻找关于商品各方面的信息并做出判断，而女性网上消费者的依赖性则较强，当她们做出购买决策时往往会比较在意其他人的意见或评价。

2) 年龄

互联网用户的主体是年轻人，处于这一年龄阶段的消费者思想活跃、好奇、好动、乐于表现自己，既喜欢追逐流行时尚，又喜欢展现独特的个性，这些特征在购买行为上表现为时尚性消费和个性化消费更受网上消费者的欢迎。

3) 受教育程度

教育加强了支持互联网使用的能力，激励互联网使用的兴趣。网上消费者的受教育程度越高，在了解和掌握互联网知识方面的困难就越小，也就越容易接受网络购物的观念和方式。因此，越是受过良好的教育，网络购物的频率也就越高。

4) 经济收入

网络消费的经济实惠，是吸引价格敏感型消费者的主要诱因，中低收入的消费者已然成为网络消费的主力军。高收入消费群体青睐网络消费更看重网上购物的方便快捷。因此，对不同收入群体的消费者，网络营销的重点要有所侧重。

5) 网络操作经验

网上消费者对互联网的使用熟练程度同样也会影响其行为。当消费者刚刚接触网络时，没有什么操作经验，这时的消费者对互联网充满兴趣和好奇，但由于对互联网还存在比较强的恐惧心理，因此网络购物行为发生的比率较低。随着消费者对互联网越来越熟悉，操作也会越来越熟练，而消费者对互联网的恐惧心理也逐渐减少，这时的消费者把互联网看成一种日常事物，并开始进行各种各样的网络购物活动。当消费者网络操作非常熟练时，一部分消费者会在互联网上花费大量的时间进行学习、交流、消费购物、娱乐等，把互联网当做现实世界，而另一部分消费者随着对互联网的新奇感和神秘感逐渐消退，就会逐渐削减上网时间，只在必要时才会上网，并且形成固定的浏览网站(网络商店)时间和消费习惯。

6) 消费者特性

美国学者玛丽等人发现，网上消费者可分为目标导向型和体验型两种。这两种不同类型的消费者购买行为也呈现出不同的特点。目标导向型消费者在网上购物时觉得自己更加自由和拥有更多的控制权。在网络环境中，他们不再是企业营销和销售的被动接受者，而成为拥有控制权的主角。他们在购买过程中通常追求购物的方便性、商品选择的丰富性和获取信息的方便性，同时尽量减少不必要的社交性活动。这部分消费者以性格相对内向的男性消费者为主，他们讨厌在实体店购物时被销售人员步步紧跟、无休止的推荐所带来的烦躁感和无奈感，喜欢享受网络购物带来的轻松自由和无拘无束，喜欢输入关键词一点鼠标就能获取到所有商品的信息，方便快捷。体验型消费者希望购物活动能给他们带来娱乐和乐趣，能使他们得到诸如惊奇、独特性、激动、主动的社交等体验，并且非常乐于沉浸在这种体验中。体验型消费者经常根据他们个人的特殊爱好访问相关的网站，寻找新的信息或新的商品。他们经常主动地与有相同爱好的人交往，并参与到相关的网上群体中。

5. 便捷性因素

1) 时间上的便捷性

时间上的便捷性包含两方面的内容：购物时间不受限制和购物时间的节约。一方面，顾客可以不像在传统模式下受到商店营业时间的限制。网络虚拟商店二十四小时开业，随时准备接待客人，没有任何时间的限制，为顾客在一天任一时间购物提供了极大的方便。另一方面，现代社会大大加快了人们的生活节奏，时间对于每一个人来说都变得十分宝贵。

通过网络购物，人们足不出户就可以与商家及时沟通，获得购买的商品，与外出购物相比，大大节约了购物时间。

2) 产品挑选上的便捷性

在网络环境下，产品挑选的范围大大扩展，这在一定程度上促进了网上消费者的购买行为。网络为消费者提供了众多的检索途径，消费者可以通过网络方便、快速地查找并挑选满意的产品。此外，消费者也可以通过公告板告诉商家自己所需要的产品，吸引众多商家与自己联系，从中多方比较，筛选出符合自己需要的产品。在这样大的选择余地下，消费者自然倾向于在网上购买。

6. 安全可靠性因素

影响消费者进行网络购物的另一个重要因素，就是安全性和可靠性问题。这种安全可靠性包括支付的安全可靠性、消费者个人隐私的保护、配送的可靠性、产品信息的可靠性与售后服务的保障程度。这些环节如果得不到较好的解决，将极大地影响人们上网消费的积极性。目前在我国，安全可靠性问题还没有得到完满解决：第一，消费者的私人资料如信用卡资料在传输过程中可能被截取或被盗用，现实的加密技术仍不能完全解决这一问题。第二，有时网络还会受到病毒的攻击，一旦病毒在网上发作，会带来极大的破坏，这就更降低了网上交易的安全性。第三，互联网是一个自由开放的系统，目前仍缺乏完善的法律进行规范，如果网上购物发生纠纷，网上消费者的消费权益难以保障。第四，网络营销的商流和物流通常并不是同步完成的，消费者和企业先在网上完成商流过程，再由相应的配送中心完成物流过程。但是在现实生活中经常发现消费者付了款之后，或者是产品不能及时送到甚至根本没送，或者是好不容易送来了却不是自己要买的产品的情况，这种配送的滞后使得网上购物难以令消费者满意。因此，要留住顾客，就必须努力为他们提供一个安全的网络环境。首先，必须具备一个安全、可靠的通信网络，以保证交易信息安全、迅速地传递；其次，必须保证数据库服务器绝对安全，防止黑客闯入网络盗取信息；再次，企业要保证顾客的个人隐私在未经其同意之前不向第三者公开；最后，企业还应将其网上业务与网下的后勤、服务系统相结合，认真履行实体商品的配送或服务合同。

3.1.5　网络消费者购买决策过程

网络消费者的购买决策过程，实际上是一个搜集相关信息与分析评价、实施行动的过程。网络消费者的购买过程可以粗略地分为五个阶段：唤起并确认购买需求、收集信息、比较选择、实施购买和购后评价等五个阶段。

1. 唤起并确认购买需求

网络购买过程的起点是诱发需求。消费者的需求是在内外因素的刺激下产生的。当消费者对网络市场中出现的某种商品或服务产生兴趣后，才可能产生购买欲望。确认网络购买需求是网络消费者购买行为中的基本前提。

对于网络营销而言，诱发需求的动因只局限于视觉和听觉。文字的表述、图片的设计、声音的配置是网络营销诱发消费者购买的直接动因。从这方面讲，网络营销对消费者的吸引具有相当的难度。但是，当某一网站已经具有相当的知名度和公信力时，价格、送货的速度以及快递费用的收取对网络消费者购买需求的刺激也起到极其关键的作用。

2. 收集信息

在购买过程中，收集信息的渠道主要来自于内部渠道和外部渠道两种途径。内部渠道是指消费者个人所存储、保留的市场信息，包括购买商品的实际经验、对市场的观察以及个人购买经验的记忆等；外部渠道是指消费者可以从外界收集信息的通道，包括个人渠道和商业渠道等。

一般个人渠道主要是来自于消费者的亲戚、朋友和同事的购买信息和体会。这种信息和体会在某种情况下对购买者的购买决策起着决定性的作用。商业渠道主要是厂商通过展览推销、上门推销、中介推销、各类广告宣传等方式把商品信息传播给消费者。网络营销的信息传递主要依靠网络广告和检索系统中的产品介绍，包括在信息服务商网页上所做的广告、中介商检索系统上的条目以及自己主页上的广告和产品介绍。与传统的购买过程中消费者对于信息的收集处于被动情况不同，网络购买的信息带有较大的主动性。在网络购买中，商品信息的收集主要通过互联网进行。一方面，网络消费者可以根据已经了解的信息，通过互联网跟踪查询；另一方面，网络消费者又不断地在网上浏览，寻找新的购买机会。网络消费者面对的网上信息来源越来越多、信息数量越来越大、信息内容更加详细具体。

3. 比较选择

网络消费者为了使自己的需求与购买能力相匹配，就要对各种渠道收集来的信息进行比较、分析和研究，根据产品的功能、可靠性、性能、模式、价格和售后服务等，从中选择出一种或几种与自己需求符合度最高的产品作为备选产品。

由于网络消费者并不接触商品实物，因此在作出消费选择时主要依靠的是厂商对商品的描述和网络消费者对于已购商品的评价。消费者一旦发现厂商的商品描述过分夸张或者是已购商品的网络消费者评价并不属实时，消费者将放弃购买选择。

4. 实施购买

网络消费者在完成对商品的比较选择后，便进入到购买决策阶段。与传统的购买相比，网络消费者的购买表现出如下特点：第一，网络消费者比传统消费者更加理性而受感情影响比重较小；第二，网络消费者的购买更多是自己或是与家人商量后做出的，受外界影响较小；第三，网络实施购买比传统的购买决策速度快，其比较是通过点击鼠标浏览网站而不是逐个厂商的实地考察完成。网络消费者在实施购买某种商品时，主要考虑以下几个因素：厂商的信誉度、支付安全性和邮递费用。因此，树立企业形象、改进货款支付办法和商品邮寄办法、全面提高产品质量，是每一个参与网络营销的厂商必须要重点抓好的工作。

5. 购后评价

网络消费者购买商品后，往往通过使用，对自己的购买选择进行检验后反省，重新考虑这种购买是否正确、效用是否理想，以及服务是否周到等问题。这种购后评价往往决定了消费者今后的购买动机。

3.2　开展网络市场调查

网络市场调查是指在 Internet 上针对特定营销环境进行简单调查设计、收集资料和初步分析的活动。

3.2.1　确定网络市场调查内容及对象

网络市场调查所涉及的内容很广，包括对消费者行为调查、营销宏观环境调查、营销组合调查和竞争对手调查等。

1. 消费者行为调查

消费者行为调查包括对消费者的年龄、性别、收入水平、受教育程度、家庭人口及年龄阶段、购买动机、购买习惯、消费偏好及满意度等方面进行调查，目的在于更好地了解消费者的需求，以便有针对性地制定市场营销策略。

2. 营销宏观环境调查

营销宏观环境调查主要是调查企业所处的国家或地区的大环境，包括政治环境、法律环境、经济环境、人口环境、自然地理环境、科学技术环境和社会文化环境等因素的影响，特别是企业在拓展新市场尤其是国际市场时，开展此项调查非常重要。

3. 营销组合调查

营销组合调查是指包括产品调查、价格调查、渠道调查和促销调查。

1) 产品调查

产品调查包括调查企业现有产品处于生命周期的哪个阶段，应采取何种产品策略；调查新产品开发的整个过程；调查产品的设计与包装；调查产品应采用的原料、制造技术及产品售后的服务等。

2) 价格调查

价格调查是指企业调查影响产品价格的因素、竞争对手同类产品的价格、价格策略的调整影响以及消费者对产品价格的接受度等。

3) 渠道调查

渠道调查包括调查现有的销售力量是否适应需要，如何进一步培训和增强销售力量；现有的销售渠道是否合理，如何正确地选择和扩大销售渠道，减少中间环节，以利于扩大销售，提高经济效益等。

4) 促销调查

促销调查的内容包括如何正确地运用促销手段，以达到刺激消费、创造需求、吸引用户竞相购买；对企业促销的目标市场进行选择研究；企业促销策略是否合理、效果如何，是否被广大用户接受等。

4. 竞争对手调查

竞争对手调查包括对竞争者的企业战略、经营规模(设备先进程度、生产规模、劳动效率等)、技术设备(技术队伍、新产品研发、实验室建设等)、产品特点(包装、质量、价格水平等)、服务特色(售前、售中、售后服务等)、渠道建设(渠道规模、渠道层级、渠道管理等)、促销水平(促销时点选择、促销方式运用、促销成本控制等)和应变能力(对市场反应速度、适应市场需求能力、危机公关水平等)等方面全面深刻了解和掌握竞争对手的动向，以便制定恰当的竞争战略和策略。

3.2.2 选择网络市场调查方法

根据调查收集到的信息是否为原始资料，网络市场调查方法可以分为网络市场直接调查和网络市场间接调查。

1. 网络市场直接调查

网络市场直接调查指的是通过网络来直接收集所需的原始商业信息资料。

1) 按照调查者组织调查样本的行为划分

网络市场调查按照调查者组织调查样本的行为不同分为主动调查法和被动调查法。主动调查法，即调查者主动组织调查样本，完成统计调查的方法。被动调查法，即调查者被动地等待调查样本造访，完成统计调查的方法，被动调查法的出现是统计调查的一种新情况。

2) 按网上调查采用的技术不同划分

按网上调查采用的技术不同分为站点法、电子邮件法、随机 IP 法和视讯会议法。

(1) 站点法。站点法是将调查问卷的 HTML 文件附加在一个或几个网络站点的 Web 上，由浏览这些站点的网上用户在此 Web 上回答调查问题的方法。站点法属于被动调查法，这是目前出现的网上调查的基本方法，也将成为近期网上调查的主要方法。

(2) 电子邮件法。电子邮件法是通过给被调查者发送电子邮件的形式将调查问卷发给一些特定的网上用户，由用户填写后以电子邮件的形式再反馈给调查者的调查方法。电子邮件法属于主动调查法。

(3) 随机 IP 法。随机 IP 法是以产生一批随机 IP 地址作为抽样样本的调查方法。随机 IP 法属于主动调查法，其理论基础是随机抽样。

(4) 视讯会议法。视讯会议法是基于 Web 的计算机辅助访问，是将分散在不同地域的被调查者通过互联网视讯会议功能虚拟地组织起来，在主持人的引导下讨论调查问题的调查方法。这种调查方法属于主动调查法。

3) 按照采用调查方法不同划分

市场调查可以按照采用调查方法不同分为网上问卷调查法、网上实验法和网上观察法。其中常用的是网上问卷调查法，要做好网上问卷调查最关键的是需要设计好调查问卷。

(1) 调查问卷设计的原则。调查问卷设计的完善与否直接影响到调查结果的质量，在设计调查问卷时应注意遵循以下原则：

第一，必要性原则。调查问卷必须紧紧围绕着调查目的展开，设计的问题应该精要、有针对性，不能长篇累牍，拖沓冗长。

第二，准确性原则。调查问卷中应该用词准确，避免含糊不清，似是而非，让被调查者产生误解和疑问。同时，尽量用通俗的易于理解的语言进行表述，少用晦涩的专业词语以免引起调查者的不解和不快。

第三，客观性原则。调查问卷中的问题要客观，不能有引导性和倾向性的问题，不能有提示或暗示被调查者的意图，以保证资料收集的客观真实性。

第四，可行性原则。调查问卷的填写需要被调查者的配合，所以调查问卷设计的内容要符合被调查者的习惯和认知，使被调查者愿意回答和方便回答。这就要求调查者在提问时要简洁、清楚、明了，注意使用礼貌用语，尽可能设计选择题，问题设计遵循由简到难的顺序。

第五，数量化原则。如果能够量化的问题，尽可能量化，以便于数据整理。

(2) 调查问卷设计的步骤。问卷设计没有统一、固定的格式和程序，一般说来有以下几个步骤：

第一步，根据调查目的拟定调查内容提纲，列出调查所需资料范畴，并征求专家和实际业务人员的意见。

第二步，根据专家和业务人员的意见编写问卷。在编写问卷时，注意结合调查问卷设计的原则，将问题和答案按照顺序依次列入调查问卷表中。

第三步，测试并修改完善问卷。将初步设计出来的调查问卷在小范围内作测试，根据测试结果对调查问卷作必要的修改，使问卷设计渐趋完善。

(3) 调查问卷的内容。一份完整的调查问卷一般是由题目、说明、筛选、问卷主体、调研证明记载、结束语等几个部分组成。

a. 题目。每份调查问卷都有一个主题。调查者应开宗明义确定主题，使人一目了然，增强被调查者的兴趣。

b. 说明。说明一般在问卷的开头，是问卷的导言或介绍词，主要包括调查人代表的单位、调查的目的、恳请被调查人合作等。说明一方面是为了激发被调查者的兴趣，另一方面则使被调查人做到心中有数，回答问题能够有的放矢，便于提高调查的效率和质量。所以说明词要通俗易懂、简明扼要。问卷的说明是十分必要的，对以电子邮件的方式寄回的问卷尤其不可缺少。

c. 筛选。筛选主要是为选择符合调查要求的被调查者而设立的。例如在对某品牌热水器的调查中，就需要在调查主体介绍前先提出过滤题，否则，后续的问句将很难进行。因此，首先要筛选被调查者是否购买过热水器，如果是，则可继续提问，否则就终止提问。

d. 问卷主体。这是问卷的核心部分，它涉及搜集市场信息的具体内容，主要涉及到被调查者的兴趣、爱好以及行为习惯等方面。问卷主体围绕着调查者的主题展开，调查者在这部分应该充分考虑到被调查者的填写习惯，由简到难，以封闭式选择题为主，准确、简练地设计所有的问题，避免重复累赘。

e. 调查证明记载。该部分主要包括调查人的姓名、调查地点、调查方式和调查时间，被调查者的姓名或单位名称、地址。采用匿名调查者则不填写被调查者姓名、被调查者年龄、收入等与调查主题不太相关的敏感话题，则无需被调查者填写，以免引起被调查者的反感。

f. 结束语。结束语的任务就是要告诉被调查者调查结束了。不同问卷的结束语会略有不同，如以电子邮件寄回问卷的结束语可能是"再次感谢您参与访问，麻烦您检查一下是否还有尚未回答的问题，随后请将问卷发回到指定的邮箱。"

【小资料：某汽车公司用户购车心理与购买行为网络问卷调查】

填写说明：此表是我公司为了提高服务质量和水平对消费者所作的一次网络问卷调查。请填写者按实际情况回答，并按照收件人地址将问卷发回，我公司将赠送礼品，并对有效的问卷进行抽奖，谢谢您的合作。

填写要求：凡未特别注明的均为单选，请在相应的空格内打"∨"

1. 请问您家是否有汽车？

□有　　　　　　□没有

如有，请问您家汽车购买时间有多长？

□不到 1 年　　□1 年以上，3 年以下　　　□3 到 5 年　　□5 年以上

2. 您家的车的牌子是(　　　　　　　)(如果没有车，此题可略过)

3. 您喜欢的购车场所是：

□汽车交易市场　□4S 店　□汽车综合展厅　□网上购买　　□其他(　　　　　　　)

4. 您选择在该场所购买汽车的最主要原因是：

□购车方便　　□价格便宜　　□服务热情　　□信誉好有保障

□有档次　　　□品种齐全，便于选择　　□专业品质　　　□其他(　　　　　　　)

5. 您家的车购买时的价位是：(如果没有车，此题可略过)

□5 万～6 万　　□7～10 万　　　□11～15 万　　　□16～20 万

□21～30 万　　□30～50 万　　□50 万～100 万　　□100 万以上

6. 您是否有购置新车的计划？

□有　　　　　　　　　　　　　　□没有

如有，您准备何时购置新车？

□今年　　　　　□两年内　　　　□三年内

□五年内　　　　□五年后

7. 您能够接受的价位是：

□5 万～6 万　　□7～10 万　　　□11～15 万　　　□16～20 万

□21～30 万　　□30～50 万　　□50 万～100 万　　□100 万以上

8. 影响您马上购车的原因是：

□经济收入　□汽车价格　□没有车位　□交通堵塞　□摇不上号

□油价太贵　□出门停车费用太高　　□城市车辆限行　□其他(　　　　　　)

9. 您购车的主要目的是：

□交通工具　□经营工具　□二者兼有

10. 请给您认为影响您买车的因素重要性进行排序(1 表示首选考虑，7 表示最后考虑)

□价格　□品牌　□售后服务　□汽车性能

□经销商服务　□实用性　□购买方式

11. 您最看重经销商提供的哪项服务？

□售前咨询　　　　　□代办手续　　　□保养维修

□技术咨询　　　　　□汽车救援

12. 您是否愿意接受贷款方式购车？

□愿意　　　　　　　　　　□不愿意

13. 目前的车贷方式您是否满意？

□满意　　　　　　　　　　□不满意

如果不满意，原因是：(可多选)

□手续繁琐，耗时较长　　□利息费用过高　　□月还款额高

□贷款时间短　　□需要担保且担保方式较少　□其他(　　　　　　)

14. 如果贷款买车,您认为哪种担保方式可行:

□固定资产　　□车　　□有价证券　□第三方担保　　　　□其他(　　　　　　　)

15. 您认为信贷期限多少年较合适?

□1 年　　　　□2 年　　　　□3 年　　　　□4 年

□5 年　　　　□5 年以上

16. 如果您打算贷款买车,月供多少您认为可以接受?

□500 元以内　　　　□500～1000 元　　　　□1000～1500 元

□1500～2500 元　　□2500～3000 元　　□3000～5000 元　　□5000 元以上

17. 您认为每年为车位支付多少费用您可以接受?

□1000 元以下　　　　□1000 元～2000 元　　　　□2000 元～3000 元

□3000 元～5000 元　□5000 元～10000 元　　□10000 元以上

18. 您认为汽车的性能中哪个对您最重要? (1 表示最重要,6 表示最不重要)

□经济性　　□操控性　　□舒适性　　□安全性　　□动力性　　□可靠性

19. 您购车时会优先考虑的三个企业品牌是: (可多选)

□奇瑞　□吉利　□力帆　□红旗　□现代　□本田

□丰田　□江淮　□大众　□宝马　□奔驰　□通用

□雪铁龙　□福特　□克莱斯勒　□沃尔沃　□其他(　　　　　　　)

20. 您在决定购车时,谁的建议对您的购买决策影响最大?

□广告宣传　□熟人介绍　□媒体及网络评价　□经销商推荐　□其他(　　　　　　)

21. 您获得汽车相关信息的主要途径是: (可多选)

□电视　□报刊　□杂志　□专业书籍　□电台　□网络　□他人介绍　□其他(　　　　　　　)

22. 您在决定购买汽车前,会向多少家汽车经销商进行比价洽谈?

□2 家以下　　　　□3～5 家　　　　□5～8 家　　　　□更多

23. 您在购车后会选择加入车友会一类的汽车俱乐部团体吗?

□会　　　　□不会

24. 您首选的汽车维修保养场所是:

□厂家指定的维修保养店　　□购买汽车品牌的 4S 店

□居住地附近的维修保养店　□自己熟悉的维修保养店　　□其他(　　　　　　)

25. 您在选择维修保养店时首要考虑的因素是:

□方便　　□价格　　□质量　□服务态度　□商家信誉　　□其他(　　　　　　)

家庭人口数量:　　　　　　　　　　　家庭月收入:

最后,再次感谢您的热心参与,请您按指定邮件地址发回,祝您工作愉快,生活幸福,谢谢!

调查地点:　　　　　　　　　　　　　　　　　　　调查者签名:

2. 网络市场间接调查

网络市场间接调查指的是网上二手资料的收集。二手资料的来源有很多,如政府出版物、公共图书馆、大学图书馆、贸易协会、市场调查公司、广告代理公司和媒体、专业团体、企业情报室等。其中许多单位和机构都已在互联网上建立了自己的网站,各种各样的信息都可通过访问其网站获得。再加上众多综合型 ICP(互联网内容提供商)、专业型 ICP,

以及成千上万个搜索引擎网站，使得互联网上的二手资料的收集非常方便。互联网上虽有大量的二手资料，但要找到自己需要的商业信息，首先必须熟悉搜索引擎的使用，其次要掌握专题型网络信息资源的分布。归纳起来网上查找资料主要通过三种方法：利用搜索引擎；访问相关的网站，如各种专题性或综合性网站；利用相关的网上数据库。

1) 利用搜索引擎查找资料

搜索引擎是互联网上的一种网站，其功能是在网上主动搜索 Web 服务器的信息，并将其自动索引，其索引内容存储于可供查询的大型数据库中。每个搜索引擎都提供了一个良好的界面，当用户在查询栏中输入所需查找信息的关键字，并按下搜索按钮时，搜索引擎将在索引数据库中查找包含该关键字的所有信息，最后给出查询的结果，并提供该信息的超级链接。

常用的搜索引擎如下：

(1) 百度(http://www.baidu.com)。

百度是中国互联网用户最常用的搜索引擎，每天完成上亿次搜索；也是全球最大的中文搜索引擎，可查询数十亿中文网页。

(2) Google 谷歌(http://www.google.com.hk)。

Google 目前被公认为是全球规模最大的搜索引擎，它提供了简单易用的免费服务。Google 的使命是整合全球范围的信息，使人人皆可访问并从中受益。

(3) 搜狗(http://www.sogou.com)。

搜狗是搜狐公司于 2004 年 8 月 3 日推出的全球首个第三代互动式中文搜索引擎。搜狗以搜索技术为核心，致力于中文互联网信息的深度挖掘，帮助中国上亿网民加快信息获取速度，为用户创造价值。

(4) Bing 必应(http://bing.com.cn)。

2009 年 6 月 1 日，微软新搜索引擎 Bing (必应)中文版上线。必应测试版提供了六个功能：页面搜索、图片搜索、资讯搜索、视频搜索、地图搜索以及排行榜。

(5) 雅虎全能搜索(http://www.yahoo.cn)。

雅虎全能搜索是一个涵盖全球 120 多亿网页(其中雅虎中国为 12 亿)的强大数据库，拥有数十项技术专利、精准运算能力，支持 38 种语言，近 10 000 台服务器，服务全球 50%以上互联网用户的搜索需求。

(6) SOSO 搜搜(http://www.soso.com)。

SOSO 搜搜是 QQ 推出的独立搜索网站，提供综合、网页、图片、论坛、音乐、搜吧等搜索服务。

(7) 有道(http://www.yodao.com)。

有道是网易自主研发的搜索引擎。目前有道搜索已推出的产品包括网页搜索、博客搜索、图片搜索、新闻搜索、海量词典、桌面词典、工具栏和有道阅读。

(8) 即刻搜索(http://www.jike.com)。

即刻搜索是由人民搜索网络股份公司于 2011 年 6 月 20 日推出的通用搜索引擎平台，致力于成为大众探索求知的工具、工作生活的助手和文化交流的平台。

(9) 盘古搜索(http://www.panguso.com)。

由新华通讯社和中国移动通信集团公司联手打造的搜索引擎——盘古搜索覆盖了新闻搜索、网页搜索、图片搜索、视频搜索、音乐搜索、时评搜索以及一系列实用的生活资讯搜索。其中"网页搜索"采用了将桌面搜索结果"直达"手机短信的服务方式。

(10) 爱问搜索引擎(http://iask.com)。

"爱问"搜索引擎产品由全球最大的中文网络门户新浪汇集技术精英耗时一年多、完全自主研发完成，采用了目前最为领先的智慧型互动搜索技术，充分体现了人性化应用理念，给网络搜索市场带来前所未有的挑战。

2) 访问相关的网站收集资料

如果知道某一专题的信息主要集中在哪些网站，可直接访问这些网站，获得所需的资料。

3) 利用相关的网上数据库查找资料

网上数据库有付费和免费两种。在国外，市场调查用的数据库一般都是付费的。我国的数据库业近十年有较大的发展，近几年也出现了几个 Web 版的数据库，但它们都是文献信息型的数据库。

4) 利用电子公告栏收集资料

电子公告栏是一种发布并交换信息的在线服务系统，它提供一块公共电子白板，每个用户都可以在上面书写，可以发布信息或提出看法。电子公告栏可以为其会员提供网上交谈、发布消息、讨论问题、传送文件、学习交流和游戏等的机会和空间。目前许多信息服务商都提供有免费的公告栏，只需要申请使用即可。

5) 利用新闻组收集资料

使用新闻组的人主要是为了从中获得免费的信息，或相互交换免费的信息。使用者对其新闻中的内容非常敏感，通常不愿透露过多的个人信息，因此，利用新闻组收集信息要遵守新闻组中的网络礼仪，尽可能地了解它的使用规则，避免一切可能引起别人反感的行为，收集资料时可以选择相关的信息。

3.2.3　确定网络市场调查步骤

1. 确定网络调查目标

Internet 作为企业与顾客有效的沟通渠道，企业可以充分利用该渠道与顾客进行沟通，了解企业的产品和服务是否满足顾客的需求，同时了解顾客对企业潜在的期望和改进的建议。在确定网络调查目标时，需要考虑以下问题：

(1) 谁有可能在网上使用你的产品或服务，他们的规模有多大？

(2) 谁是最有可能买你提供的产品或服务的客户？

(3) 在你这个行业，哪些企业开通网络平台？

(4) 你的客户对你的竞争对手印象如何？

(5) 在公司日常运作中，可能受到哪些法律法规的约束？如何规避？

2. 选择调查方法

确定好网络调查目标之后，接下来需要选择调查方法。如上所述，网络调查方法分为网络直接调查和网络间接调查。网络直接调查时如选用问卷调查最关键的是设计好问卷，吸引访问者参与调查，为提高受众参与的积极性可提供免费礼品、赠送积分等。另外，必须向被调查者承诺并且做到有关个人隐私的任何信息不会被泄露和传播。采用网络间接调查时需要合理综合利用搜索引擎、相关网站和数据库。

3. 分析调查结果

这一步骤是网络市场调查能否发挥作用的关键，与传统调查的结果分析类似，也要尽量排除不合格的调查样本，这就需要对大量回收的信息数据进行综合分析和论证。分析调查结果可以分为三个工作程序：

1) 选择数据处理方法

根据网上市场调查的目的和方式，选择数据处理方法和工具，如回归分析法、判别分析法、聚类分析法、相关分析法、时间序列分析法等，确定哪些数据直接采用计算机处理，哪些数据需要人工干预。根据要求可以采用成熟的计算机数据处理软件，也可以根据需要设计开发专用软件。

2) 进行数据处理

网上调查结果的数据首先要排除不合格的问卷，然后对大量回收的问卷资料进行综合分析和论证。对从网上获取的大量信息和数据进行整理和分析时，可以直接利用计算机软件如 SPSS 进行快速分析，且结果一般可信度比较高。在样本数量不足或者样本分布不均衡的情况下，可以结合定性方法进行研究，力求数据处理全面、准确。

3) 归纳分析处理结果

采用定性与定量相结合的方法，对于数据结果进行深入分析，得出规律性结果，产生相关的统计分析图表和初步分析结果，预测未来走势，为撰写网络市场调查报告提供基础资料，为企业决策提供依据。

4. 撰写调查报告

撰写调查报告是网络市场调查的最后一步，也是调查成果的体现。撰写调查报告主要是在分析调查结果基础上对调查的数据和结论进行系统的说明，并对有关结论进行探讨性的说明。调查报告要直观地反映调查过程和结果，为企业决策提供依据，它具有相对规范的格式。调查报告的书写格式一般包括封面、目录、概要、正文、结论与建议、附录等几部分组成。

1) 封面

封面一般包括标题、报告日期、委托方和调查方，一般应打印在扉页上。标题一般会把被调查单位、调查内容明确而具体地表示出来。有的调查报告还采用正、副标题形式，一般正标题表达调查的主题，副标题则具体表明调查的单位和问题。

2) 目录

如果调研报告的内容、页数较多，为了方便读者阅读，应当使用目录或索引形式列出报告所分的主要章节和附录，并注明小标题、有关章节号码及页码。一般来说，目录的篇幅不宜超过一页。例如：

目录

(1) 调查设计与组织实施

(2) 调查对象构成情况简介

(3) 调查的主要统计结果简介

(4) 综合分析

(5) 数据资料汇总表

(6) 附录

3) 概要

概要指的是简要概述市场调查的基本情况，它是按照市场调查的顺序将问题展开，并阐述对调查的原始资料进行选择、评价、作出结论、提出建议的原则等。概要主要包括三方面内容：

(1) 简要说明调查目的。即简要地说明调查的由来和委托调查的原因。

(2) 简要介绍调查对象和调查内容，包括调查时间、地点、对象、范围、调查要点及所要解答的问题。

(3) 简要介绍调查研究的方法。介绍调查研究的方法。有助于使人确信调查结果的可靠性，因此对所用方法要进行简短叙述，并说明选用方法的原因。另外，在分析结果中使用的统计方法，如回归分析、聚类分析等方法都应作简要说明。如果部分内容很多，应有详细的工作技术报告加以说明补充，并附在市场调查报告的最后部分的附件中。

4) 正文

正文是市场调查分析报告的主体部分。这部分必须准确阐明全部有关论据，包括问题的提出到引出的结论，论证的全部过程，分析研究问题的方法，还应当有可供市场活动的决策者进行独立思考的全部调查结果和必要的市场信息，以及对这些情况和内容的分析评论。

5) 结论与建议

结论与建议是撰写综合分析报告的主要目的。这部分包括对正文部分所提出的主要内容的总结，提出如何利用已证明为有效的措施和解决某一具体问题可供选择的方案与建议。结论与建议和正文部分的论述要紧密对应，不可以提出无证据的结论，也不要得出没有结论性意见的论证。

6) 附录

附录是指调研报告正文包含不了或没有提及，但与正文有关必须附加说明的部分。它是对正文报告的补充或更详尽的说明。附录包括数据汇总表及原始资料背景材料和必要的工作技术报告，例如为调查选定样本的有关细节资料及调查期间所使用的文件副本等。

3.3 网络目标市场选择

3.3.1 网络目标市场细分

任何企业的资源都是有限的，而消费者的需求呈现出无限性和多变性，所以任何企业都不可能完全满足消费者的需求。企业要在网络市场中获得成功，必须选择符合自己发挥资源优势的网络市场作为经营的对象，这就是网络目标市场的选择，但是网络目标市场选择是以网络市场细分为基础和前提条件的。

1. 网络市场细分的含义

市场细分是企业通过市场调研，依据网络消费者需求的差异性，将其划分成在需求上大体相近的若干个市场部分，形成不同的网络细分市场，从而有利于企业选择网络目标市场和制定网络市场营销策略的一切活动的总称。

2. 网络市场细分的依据

企业在网络市场细分时要依据一定的细分变量，一般是依据地理、人口、心理和行为四种细分变量来进行市场细分的。

1) 地理细分

地理细分是企业按照市场所处的不同地理位置及其他地理条件(包括城市农村、地形气候、交通运输等)来细分网络消费者市场。地理细分的具体因素有地理区域、自然气候、资源分布、人口密度、城市大小等。地理细分依据的是处在不同地理位置的网络消费者对企业产品和服务有不同的需求和偏好，对企业的市场营销策略有不同的反应。企业应该尽可能选择那些自然灾害较少发生、资源丰富、人口密度较大的区域作为市场，以减少企业经营的风险，获取更大的收益。

2) 人口细分

人口细分是企业按照年龄、性别、家庭人数、家庭生命周期、收入、职业、受教育程度、宗教信仰、种族和国籍等人口变量对市场进行的细分。由于人口变量与市场规模相关且易于统计，所以是企业进行网络市场细分的主要依据。

3) 心理细分

心理细分是企业按照社会阶层、个性、价值观、生活方式和心理动机等心理变量对市场进行的细分。心理变量与市场需求和促销有着极为密切的关系，尤其是在经济发展水平较高的社会中，对购买者的影响更为突出，因此企业要非常重视对市场的心理细分。

4) 行为细分

行为细分是企业按照网络消费者或使用者在购买某种产品的时机、所追求的利益、使用情况、消费者对品牌的忠诚度、对产品的态度、网络因素等行为变量来细分消费者市场。

(1) 时机细分。

企业可以根据网络消费者顾客购买或使用产品的时机将他们分类，时机分类有助于提高产品的使用率。例如，企业一般都会利用五一、端午、十一、中秋、元旦和春节等国家法定节假日大做促销，以促进企业销量和销售额的提升。

【小资料：各网站神棍节促销】

2011 年 11 月 11 日，因为一个日期里有 6 个 "1" 相连为百年一遇，所以被网友戏称为 "世纪光棍节"、"六一神棍节"。在这个被称为 "世纪光棍节" 的日子里，淘宝商城、当当、新蛋、京东、凡客、1 号店、麦考林等主要电商网站，纷纷推出了各式各样的促销活动。

淘宝商城官方数据显示，11 月 11 日促销活动开始的 8 分钟内，淘宝商城支付宝交易额突破 1 亿元，20 分钟实现 2 亿交易额。"光棍节" 当天，淘宝商城订单数突破 2000 万单，"支付宝" 交易额突破 33.6 亿，为去年同日交易量的近 4 倍。而淘宝网、淘宝商城

"支付宝"交易总额则突破了 52 亿，这个数字超过购物天堂香港 6 天的零售总额。京东商城提供的数据显示，由于推出的促销商品涉及鞋帽配饰、个护化妆、图书音像、IT 数码、手机、家电等上万种商品，促销期间，日订单量超过了 40 万单，同比增长超过 290%。国美网上商城，11 月 11 日当天，其全品类日均销售额比上月同期超 5 倍，同时在线人数破历史新高。其中，889 元的海尔 206L 大容量冰箱，一经推出便引发疯抢，五分钟内全国销售超过百台。

(2) 利益细分。

不同的网络消费者在购买同一种商品时，因为他们购买的动机不同，所追求的利益不同，所以呈现出不同的购买特征，企业按此标准对网络消费者进行的细分就成为利益细分。

(3) 使用情况细分。

企业可以根据网络消费者对商品的使用频率来将消费者分为少量使用者、偶尔使用者和经常使用者，也可以按照网络消费者是否使用商品将其分为未曾使用者、曾经使用者、正在使用者和潜在使用者等。

(4) 品牌忠诚度细分。

企业可以按照网络消费者对品牌的忠诚与否以及忠诚程度将消费者分为坚定的忠诚者、动摇的忠诚者、喜新厌旧者、无固定偏好者。企业应该加强对坚定的忠诚者的管理。

(5) 待购阶段细分。

消费者的待购阶段分为知晓、认识、喜欢、偏好、确信、购买六个阶段，企业应该对处于不同待购阶段的消费者采取不同的营销策略。

(6) 对产品态度细分。

网络消费者对产品的态度可以分为热爱、肯定、冷淡、拒绝和敌意五种，企业应该把精力放在对产品热爱和肯定的网络消费者身上。

(7) 网络因素。

企业还可以按照网络消费者的上网目的、上网时间、上网场所、上网设备、上网费用及上网习惯等将网络消费者划分为不同类别，尤其需要重视经常在家上网购物的消费者。

3. 网络市场细分的步骤

网络市场细分一般遵循以下步骤进行：

(1) 进行网络市场调查。

通过网络市场调查研究找出影响网络消费者购买决策的变量，再按照重要性将这些影响变量进行排序，找出最重要的几个变量。

(2) 着手网络市场细分。

以影响网络消费者购买决策的几个最重要的变量为依据，对网络消费者进行市场细分，确定出几个细分市场

(3) 分析网络细分市场。

对划分出来的网络细分市场进行分析，根据需求及购买特点进行进一步的细分或者合并。

(4) 测量网络细分市场。

根据企业所处的内外部环境对网络细分市场的潜力进行测量，为进一步选择进入哪个或哪些网络细分市场提供依据。

3.3.2 网络目标市场选择

网络目标市场是企业打算进入的网络细分市场，或打算满足的具有某一需求的顾客群体。企业在众多的网络细分市场中，究竟选择进入哪一个或哪几个网络细分市场作为自己的目标市场，是需要根据自己资源状况和待选细分市场的特点来确定的。

1. 选择网络目标市场的条件

对于企业而言，不能随意选择一个或几个细分市场作为网络目标市场，必须对网络细分市场进行全方位的评估。如果某个网络细分市场满足下列条件，企业就可以将其选择为网络目标市场：

(1) 网络市场规模大，潜力足。

规模大潜力足指的是某一网络细分市场中消费者人数众多，需求未被满足且都具有相当的购买能力，企业进入市场后还有充分挖掘消费者需求和潜力的机会。

(2) 网络市场结构合理，吸引力大。

市场结构是某一细分市场内经营者的数量与质量、市场进入与退出的限制、产品销售与供应等状况。一个网络细分市场如果竞争者数量较少且实力较弱、市场进入退出相对比较容易，产品供产旺盛，则符合结构合理、吸引力大的条件。

(3) 企业本身资源与目标能驾驭目标市场。

如果企业在某个网络细分市场具有明显的资源优势，且该市场的特征符合企业战略目标的要求，企业有足够的实力去驾驭该网络市场，此市场可以考虑成为目标市场。

2. 制定网络目标市场营销策略

选择好目标市场以后，企业需要对所选择的网络目标市场制定市场营销策略。网络目标市场营销策略分为三类：无差异性营销策略、差异性营销策略和集中营销策略。

1) 无差异性营销策略

无差异性营销策略是指企业将整个网络市场作为目标市场，不考虑各个细分市场的特征，只重视各市场的共性，决定只推出单一产品、运用单一市场营销组合，试图在一定程度上满足所有网络市场消费者的需要。此策略认为消费者的需求应该相同，对绝大多数产品不适用，不适合企业长期使用。

2) 差异性营销策略

差异性营销策略是企业选择多个网络细分市场作为目标市场，针对每一个细分市场设计不同的营销组合，以适应各市场不同的需要。差异性市场营销策略最大限度考虑到每个网络细分市场消费者的需求差异，对提高网络消费者满意度、扩大产品销售有重要意义。但是为每个细分市场设计不同的市场营销组合策略需要花费高额的成本，会给企业带来巨大的经济压力。此策略比较适合资金实力雄厚的大企业，对势单力薄的小企业不太适用。

3) 集中性营销策略

集中性营销策略是指企业集中所有力量，以一个或少数几个性质相似的网络细分市场作为目标市场，实行专业化的生产和销售，试图在较小的细分市场上占有较大的市场份额。集中性营销策略有利于企业在特定的网络细分市场上通过专业化来获取竞争优势，但是这种策略因为目标市场范围窄，一旦市场情况突变，企业可能陷入困境而存在较大的风险。此策略适合资金实力较弱的小企业或是刚刚进入市场的新企业。

3.3.3　网络市场定位

1. 网络市场定位含义

网络市场定位是针对竞争者现有产品在网上市场所处的位置，根据消费者对该产品某一属性、特征的重视程度，为产品设计或塑造一定的个性或形象，并通过一系列营销活动把这种个性或形象强有力地传达给消费者，从而确定该产品在网络市场的位置。

2. 网络市场定位的步骤

企业的网络市场定位工作一般分为三个步骤：

(1) 调查研究影响定位的因素。

影响定位的因素包括竞争者的定位状况、目标顾客对产品和服务的评价标准以及企业的竞争优势等，企业只有在了解顾客需求、竞争对手和自身优势的情况下，才能找准自己的定位。

(2) 选择定位策略。

企业在选择定位策略时，一定要明确自身优势所在，以能够更好地彰显特色、扬长避短。定位策略可以通过对产品定位、消费者定位和竞争定位来实现。

(3) 传播定位观念。

企业在作出定位决策后，还需要在宣传定位上做足功夫，才能把企业的定位准确地传播给目标消费群体。在宣传定位观念时，企业一定要注意避免宣传定位太低、宣传定位太高以及宣传定位不清等几种误区，给目标群体一个清晰、准确的定位印象。

3. 网络市场定位方法

1) 产品定位

企业在定位时会考虑产品的价格、质量、用途和特色等因素，从而形成不同的市场定位。价格是产品给网络消费者的第一印象，因此很多都会根据产品或服务价格来进行市场定位。

企业的产品定位可以分为价格定位、特色定位、功效定位、质量定位和利益定位等。

【小资料：一淘网的定位】

淘宝网于 2010 年 10 月正式推出一淘网，定位为独立网上购物搜索引擎，核心功能为"比价"。在一淘网官网中有着这样描述"提供专业的比价购物搜索服务、提供最新最全的精彩购物活动，打折促销信息、团购网站大全信息"。

2) 消费者定位

消费者定位是企业进行市场定位的常用方法。企业可以根据目标消费者在年龄、性别、收入、职业、受教育程度、个性、价值观、宗教信仰、种族等方面的差异，塑造出不同的形象。

3) 竞争定位

竞争定位是企业根据竞争者的特色与市场位置，结合企业自身发展需要来进行市场定位的方法。竞争定位分为三种形式：避强定位、迎头定位和重新定位。

(1) 避强定位。

避强定位是指企业把产品定位于目标市场的空白处，这样可以避开市场的激烈竞争，为企业争取一个相对宽松的发展机会。在进行避强定位之前，一定要进行市场细分，发现市场空隙，研究市场空隙的潜在消费者数量，同时从技术上和经济上分析实施避强定位的可行性和合理性。

(2) 迎头定位。

迎头定位是指企业与在市场上占据支配地位的，也就是最强的竞争对手采取正面冲突的定位方式。采取此种方式会有较大的风险，因为有可能会使双方两败俱伤。但是如果和对方势均力敌或者较对方略占上风，有不少企业愿意采取这种方式，因为企业主认为这是一种更能激励自己奋发向上的可行策略。实行迎头定位策略必须知己知彼，尤其是需要对双方实力进行准确评估，否则很有可能以卵击石，给企业带来颠覆性的灾难。

(3) 重新定位。

重新定位是指随着企业竞争环境的变化，企业重新调整自己的定位策略，以适应新的竞争态势的需要。当消费者的偏好发生变化或者是竞争对手的竞争战略发生变化导致本企业市场占有率严重下滑时，一定要进行重新定位。

事实上，现实中企业市场定位都不是使用唯一一种方法，而是同时结合多个方法进行综合使用，从而更完善地体现企业及产品形象。

3.4 网络营销机会分析实训

实训任务一

利用网络开展主题为"手机阅读网民消费习惯行为调查"的市场调研，并撰写市场调研报告。

实训任务二

查询以下网站，以小组形式讨论回答其网络目标市场及网络市场定位。

1. 饭统网

2. 搜房网

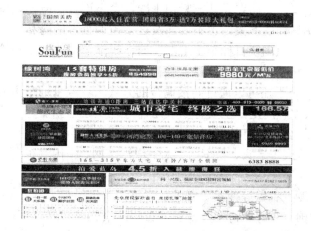

3. 赶集网

✍ 回到学习情境

通过 3.1～3.4 节内容的学习，帮助网络营销人才在面对具体的工作任务时，尽快找到合适的网络营销机会。下面我们回到学习情境中，针对公司派给的工作任务，可以分解为以下两个小任务来完成。

任务 1 确定目标车主的购买行为特征

小于面对的目标客户是一群比较特殊的消费者群体，要开展网络营销，首先得了解他们的消费行为特征和上网习惯。由于小于对这部分消费群体并不熟悉，所以必须先通过开展网络市场调研来了解他们的网络消费行为。

(1) 开展网络市场调研了解目标车主。

要了解到影响目标车主购车的原因，可以通过直接调查法以问卷调查的方式调查，也可以通过间接调查法来获取第二手的相关资料。

① 直接调查法。小于可以通过设计问卷调查的方法来向公司原有的客户进行信息采集，以获取最原始的信息，可以用电子邮件方式发送。在设计调查客户消费行为特征和购买习惯问题上，一定要注意问卷设计需紧扣主题，上下连贯，方便被调查者回答。问题不宜过多，不要设计诱导性的答案，也不要涉及过多被调查者的隐私，不然易引起反感，不配合调查。问卷调查应该围绕目标车主上网习惯，经常关注的网站和论坛，关注的汽车性能、价位、购买习惯和维修保养等展开。

② 间接调查法。小于还可以通过间接调查的方式来获取目标车主的消费行为习惯和特征。间接获取的方式比较广泛，主要有以下几种：

① 可以通过查阅公司原有的资料；

② 可以通过浏览汽车之家、易车网、太平洋汽车网、中国汽车消费网和购车网等相关的行业网站来获取；

③ 可以利用百度、谷歌等搜索引擎进行收集；

④ 可以利用中国汽车行业协会及专业调查网站来获取；

⑤ 可以通过 BBS 发公告征集获取。

由于这些间接调查的方式都属于免费性质，因此在尽可能的情况下可以多采用几种调查方法。

(2) 得出目标车主的网络消费行为特征。

由于小于所在公司经销的是合资高端品牌汽车，因此，根据调研，应该能够得出其目标车主的购买行为动机包括求全动机、模仿或从众动机、偏爱动机和好胜动机。汽车尤其是高端品牌汽车属于奢侈品，对于潜在消费者来讲价格不是其决定购买的因素，这类产品直接从网络购买也不太现实，汽车经销公司的网络营销目的在于通过网络向全国各地潜在消费者传递其品牌种类齐全、服务上乘和售后完善。以此让各地网络潜在客户通过网络宣传激发购买欲望，经过比对衡量之后进而展开线下沟通和实地进店体验，让现实消费成为可能。

任务 2 选择合适的网络目标车主进行营销。

① 由于小于所在公司经销的是高端品牌，经过上轮分析，其目标客户应该是经济能力较强的所谓成功人士。根据他们购车动机中的模仿或从众动机及好胜动机，一方面通过维护原有老客户、采取感情营销的方式从而开发与之关系密切的新客户。另一方面通过利用网络来推广自己的公司以及汽车品牌，主要的网络推广方式如下：

① 利用本企业网站进行推广。

② 利用第三方网站进行推广(包括新浪、搜狐等门户网站，汽车之家、易车网、爱卡汽车网、太平洋汽车网和汽车工业协会网站等行业网站，各地汽车俱乐部等网站)

(3) 利用邮件列表进行推广。

(4) 利用企业或个人博客进行推广。

(2) 利用网络发布信息时，要注意相关的策略。

① 标题的设计。

所发信息标题要有足够的吸引力才能吸引浏览者的关注。要发布的标题中必须包含该品牌及地点等信息元素，同时，标题长度要适中，一般在10～20个字之间为宜。

② 内容的设计。

设计信息内容要有层次感，重点突出，主题鲜明，长度合适。在发布该公司汽车品牌信息时，必须注意突出品牌品质和服务，强调动力性、舒适性、安全性、时尚性和科技性，凸显汽车的设计感、空间感和运动感等目标消费群体最关注的特质，以吸引更多的目标群体关注。注意不要强调经济实惠等目标车主不在意的特征，要做到有的放矢。

③ 信息发布时间。

根据调研所获得的多数目标车主上网集中时间来控制信息发布时间，还要控制信息发布后持续显示的时间段，以免目标车主上网时信息已经被删除或覆盖，造成信息发布的失效。

④ 更新频率。

信息发布中，及时与目标车主进行沟通，并根据实际情况控制好信息更新频率，使信息始终处于激活状态。

(3) 通过网络信息发布的反馈，获得潜在目标车主的相关联系方式，一定要主动出击。

这时就需要营销人员结合传统的营销方式并结合汽车产品的特征，诚挚邀请目标车主实地来店考察体验。当目标车主来到公司展厅时，需要按照汽车产品介绍、处理异议、试乘试驾、达成协议等流程进行接待，每个过程都需要营销人员丰富的知识、热情的服务、灵敏的反应和高超的营销技巧，才有可能将目标消费者发展为事实的客户。

最后需要强调的是，网络营销不是孤立地利用网络来进行营销，而与通常的营销方式完全决裂，网络营销同样需要辅之以通常的营销手段、技巧和方式方法，二者有机结合才能使企业的业绩突飞猛进，实现利润快速增长。

☺ 任务拓展

南方某家羽绒服生产企业近几年生意都不太好，主要原因是原材料及其劳动力价格上涨导致企业成本增加，企业拓展销售渠道资金受限致使产品销路不畅。该企业老板希望通过网络营销打开销路，请你和小组成员为其分析网络营销机会所在。

学习单元四

网络营销战略制定和实施

能力目标

 ✦ 设计网络营销战略；

 ✦ 确定网络营销策略组合；

 ✦ 会使用营销型网站推广方式；

 ✦ 实施网络营销战略。

学时：4学时

专业知识

 ◇ 网络营销战略步骤；

 ◇ 网络营销策略组合；

 ◇ 营销型网站推广策略；

 ◇ 网络营销战略实施流程。

学习情境

  埃沃斯特是一家国际性的广告代理商，它可为世界范围内的大小公司开展广告和营销业务。该公司已成功地为北美的企业服务了20年，为欧洲的企业服务了15年。最近10年，该公司又将业务范围扩展到亚洲和澳洲。该公司业务主要包括为企业进行营销、广告策划；制作各类广告，包括印刷、电视、广播、POP、网络等；媒体计划和购买服务；促销活动策划；直邮、商展、赞助等。该公司公共关系服务方面包括新闻发布等；企业管理方面包括标志设计、年度报表等，旨在为客户提供营销机会和方案，带领他们攀登成功的巅峰，通过前卫而富于创造性的营销策划使得客户与其消费者的关系更为亲密。迄今，公司已开拓了下列媒体中的广告业务：印刷类型广告；杂志、广告牌等；直邮、广告推销会。今后发展方向的一种选择是进入万维网，首先，需考虑以下问题：进入万维网对该公司意味着什么？为什么要进入万维网？如何进入万维网？

任务分析

❖ 任务 1：确定进入万维网的目标；

❖ 任务 2：分析进入网络的主要任务；

❖ 任务 3：设计广告公司网站。

案例导入

亚马逊书店的商业战略

亚马逊书店(amazon.com)是世界上销售量最大的书店，它可以提供 310 万余种图书，比全球任何一家书店的存书要多 15 倍以上。而实现这一切既不需要庞大的建筑，又不需要众多的工作人员，亚马逊书店的 1600 名员工人均销售额 37.5 万美元，比全球最大的拥有 2.7 万名员工的 Bames & Noble 图书公司要高 3 倍以上。这一切的实现，电子商务在其中所起的作用十分关键。

亚马逊书店的商业活动主要表现为营销活动和服务活动。它工作的中心就是要吸引顾客购买它的商品，同时树立企业良好的形象。亚马逊书店的商业战略简介如下。

1. 经营销售

亚马逊书店的营销活动在其网页中体现得最为充分。亚马逊书店在营销方面的投资也令人注目。现在，亚马逊书店每收入 1 美元就要拿出 24 美分用于营销、拉顾客，而传统的零售商店则仅花 4 美分就够了。

亚马逊书店的营销策略主要有：

1) 产品策略

亚马逊书店所售商品分为三大类：书籍(BOOK)、音乐(MUSIC)和影视产品(VIDEO)。每一类都设置了专门的页面，同时，在各个页面中也很容易看到其他几个页面的内容和消息。并且亚马逊书店对不同的电子商品实行不同的营销对策和促销手段。

2) 定价策略

亚马逊书店采用了折扣价格策略。所谓折扣策略是指企业为了刺激消费者增加购买在商品原价格上给以一定的回扣。它通过扩大销量来弥补折扣费用和增加利润。亚马逊书店对大多数商品都给予了相当数量的回扣。例如，在音乐类商品中，书店承诺 "You'll enjoy everyday savings of up to 40% on CDs, including up to 30% off Amazon.com's 100 best-selling CDs(对 CD 类给 40%的折扣，其中包括对畅销 CD 的 30%的折扣)。"

3) 促销策略

常见的促销方式，即企业和顾客以及公众沟通的工具主要有四种：广告、人员推销、公共关系和营业推广。在亚马逊书店的网页中，除了人员推销外，其余部分都有体现。

逛书店的享受并不一定在于是否有足够的钱来买想要的书，而在于挑选书的过程。手里捧着书，看一看精美的封面、读一读简介往往是购书的一大乐趣。在亚马逊书店的主页上，除了不能直接捧到书外，这种乐趣并不会减少。精美的多媒体图片，明了的内容简介和权威人士的书评都可以使人有身临其境的感觉。

主页上广告的位置也很合理，首先是当天的最佳书籍，而后是最近的畅销书介绍，还有读书俱乐部的推荐书，以及著名作者的近期著作等。亚马逊书店的网页上有大量的多媒体广告，而且在其他相关网络站点上也经常可以看到亚马逊书店的广告，例如，在 Yahoo! 上搜索书籍网站时就可以看到亚马逊书店的广告。

该书店的广告还有一大特点就在于其动态实时性。每天都更换的广告版面使得顾客能够了解到最新的出版物和最权威的评论。不但广告每天更换，还可以从最新 100 条热点信息栏目中读到每小时都在更换的消息。

亚马逊书店千方百计地推销自己的网点，不断寻求合作伙伴(Associate)。由于有许多合作伙伴和中间商，从而使得顾客进入其网点的方便程度和购物机会都大大增加，它甚至慷慨地做出了如下的承诺：只要你成为亚马逊书店的合作伙伴，那么由贵网点售出的书，不管是否达到一定的配额，亚马逊书店将支付给您 15% 的介绍费。这是其他合作型伙伴关系中很少见的。目前，亚马逊书店的合作伙伴已经有很多，从其网页上的下面这段话"In fact, five of the six most visited Web sites are already Amazon.com Associates. Yahoo! And Excite are marketing products from their Web sites. So are AOL com, Geocities, Netscape, and tens of thousands of other sites both large and small." 中，我们可以得知：包括 Yahoo! 和 Excite 在内的五个最经常被访问的站点已经成为亚马逊书店的合作伙伴。

亚马逊书店专门设置了一个 gift 页面，为大人和小孩都准备了各式各样的礼物。这实际上是促销策略中的营业推广活动。它通过向各个年龄层的顾客提供购物券或者精美小礼品的方法吸引顾客长期购买本商店的商品。另外，亚马逊书店还为长期购买其商品的顾客给予优惠，这也是一种营业推广的措施。

再有，是做好企业和公众之间的信息沟通，它虚心听取、搜集各类公众以及有关中间商对本企业和其商品、服务的反映，并向他们和企业的内部职工提供企业的情况，经常沟通信息；公司还专门为首次上该书店网的顾客提供一个页面，为顾客提供各种网上使用办法的说明，帮助顾客尽快熟悉，这也是一种搞好公共关系的方法。

2. 售前售后服务

1) 搜索引擎

一家书店，如果将其所有书籍和音像产品都一一列出，是没有必要而且对用户来说也是很不方便的。因此，设置搜索引擎和导航器以方便用户的购买就成为书店的一项必不可少的技术措施。在这一点上，亚马逊书店的主页就做得很不错，它提供了各种各样的全方位的搜索方式，有对书名的搜索、对主题的搜索、对关键字的搜索和对作者的搜索，同时还提供了一系列的如畅销书目、得奖音乐、最卖座的影片等等的导航器，而且在书店的任何一个页面中都提供了这样的搜索装置，方便用户进行搜索，引导用户进行选购。这实际上也是一种技术服务，归结为售前服务中的一种。

2) 顾客的技术问题解答

除了搜索服务之外，书店还提供了对顾客的常见技术问题的解答这项服务。例如，公司专门提供了一个 FAQ(Frequently Asked Questions)页面，回答用户经常提出的一些问题。例如，如何进行网上的电子支付？对于运输费用顾客需要支付多少？如何订购脱销书等等？而且，如果你个人有特殊问题，公司还会专门为你解答。

3) 用户反馈

亚马逊书店的网点提供了电子邮件、调查表等以获取用户对其商务站点的反馈。用户反馈既是售后服务，也是经营销售中的市场分析和预测的依据。电子邮件中往往有顾客对商品的意见和建议。书店一方面解决用户的意见，这实际上是一种售后服务活动；另一方面，也可以从电子邮件中获取大量有用的市场信息，常常可以作为指导今后公司各项经营策略的基础，这实际上是一种市场分析和预测活动。另外，它也经常邀请用户在网上填写一些调查表，并用一些免费软件、礼品或是某项服务来鼓励用户发来反馈的电子邮件。

4) 读者论坛

亚马逊书店的网点还提供了一个类似于 BBS 的读者论坛，这个服务项目的作用是很大的。企业商务站点中开设读者论坛的主要目的是吸引客户了解市场动态和引导消费市场。在读者论坛中可以开展热门话题讨论。以一些热门话题，甚至是极端话题引起公众兴趣，引导和刺激消费市场。同时，可以开办网上俱乐部，通过俱乐部稳定原有的客户群，吸引新的客户群。通过对公众话题和兴趣的分析把握市场需求动向，从而经销用户感兴趣的书籍和音像产品。

小组讨论：

1. 亚马逊书店的商业策略为什么能够成功？
2. 亚马逊书店用了哪些独特的网络营销组合策略？
3. 亚马逊网上书店与传统书店相比有哪些优势？

4.1　设计网络营销战略

4.1.1　网络营销战略特征

网络营销战略是指企业在现代网络营销观念下，为实现其经营目标，对一定时期内网络营销发展的总体设想和规划。网络营销战略具体表现为：在网络营销环境下，企业针对环境中存在的威胁和机会、确定总体的发展思想和目标、统筹规划各项资源、充分发挥特长以在竞争中取胜的过程。

一般而言，网络营销战略具有以下特征：

1. 市场性

市场营销战略是在市场营销观念指导下的。在市场经济条件下，市场开发是产品开发的前提和基础，需采用"市场——产品"这一逆向思维方式。这是因为，首先，市场好似一个最公正的法官，对市场上所有的商品都会做出正确的"判决"。在市场经济条件下，市场的主要功能就是商品交换。企业是商品生产者和经营者，为了进行再生产，又要通过市场购进生产要素。这一卖一买依赖于市场。产品能否卖出去，事关企业的生死存亡。

市场需求是产品开发之母。企业推进产品开发的动机可能是多种多样的，但能否成功，在很大程度上取决于有无需求者。一些在学术上很有价值的课题，若无市场需求，也会被忽视淡漠，打入冷宫。经验证明，消费者对产品的构思以及设计最有发言权，从迄今为止的产品和技术开发来看，需求领先的课题很少是由现场技术人员最先提出来的。

2. 长期性

市场营销战略决策是事关企业发展的全局性决策。它决定市场开发、占领和扩张的方向、速度和规模，同时也制约着企业的产品开发决策、设备更新改造决策等的进程，所以市场营销战略是其他各项决策的基础和前提。

市场营销战略是一项"打持久战"的运筹谋划。对某市场，特别是国际市场的开拓，并非一日之功，它需要企业投入较多的资金和付出极大的耐心和韧性。成功的企业大都着眼于长期市场战略的规划和营销之道。日本的丰田、本田、索尼等公司的市场开发工作，远在产品投入生产前就开始了，而且在产品销售额达到顶峰之后仍然持续相当长的时间。他们首先寻找富有吸引力的市场机会，然后开发符合用户口味的适当产品；为得到稳固的立足点，他们十分谨慎地选择进入市场的突破口，随后转入市场渗透阶段，以扩大顾客数量和增加市场占有率。当达到市场领先地位时，则转向采用维持战略以保住他们的市场地位。

3. 风险性

任何开发事业都面临着风险，网络营销战略也不例外。瞬息万变的市场，纷繁错杂，无论经理人设计了多么有效的保证措施，也避免不了投资的风险。由于市场机会识别的偏差，容易造成产品投向的失误；由于社会、经济及政治等因素的变化，也会使原有的市场萎缩；企业在营销过程中储运、包装受自然灾害的侵袭而导致产品损坏，使消费者不满，从而失去市场等。企业要生存、要发展，就必须敢于向风险挑战，做大胆而理智的冒险。莽撞、冒失、不顾主客观条件而盲目冒险，自然免不了失败；而理智的冒险，却往往与胜利相通。

根据企业战略层次的划分，网络营销战略一般分为三个基本层次。

4.1.2 网络营销战略的层次

1. 总体战略

企业最高层的战略，也称公司战略，是指企业根据其使命，选择企业参与竞争的业务领域，合理配置资源，确保各项业务单位相互支持和协调。总体战略的任务主要是明确企业应该在哪些领域活动、选择经营范围和如何合理配置资源等问题。比如企业是否进入房地产行业，具体选择房地产的哪个领域，是中介服务还是实业公司，在资金和人力的安排上应遵循怎样的思想等。

2. 经营战略

经营战略又称经营单位战略、竞争战略，是战略经营单位(Strategic Business Units 简称 SBU)或者有关事业部、子公司的战略。经营战略涉及各战略经营单位的主管及辅助人员，他们的主要任务是将公司战略所包括的企业目标、发展方向和措施具体化，形成本业务单位具体的竞争与经营战略。如推出新产品或服务、建立研究与开发设施等。

3. 职能战略

职能战略又称职能层战略。该战略层涉及市场营销、生产制造与采购、财务、人力资源、研究与开发(R&D)等职能领域。这些职能部门更加清楚地认识本部门的任务、责任和要求，通过最大化资源产出来实现公司或事业部的目标和战略。

4.1.3 设计网络营销战略的步骤

网络营销战略的设计要经历三个阶段：

首先确定目标优势，网络营销是否可以促使市场增长，改进实施策略的效率来增加市场收入，同时分析是否能通过改进目前营销策略和措施、降低营销成本。

其次是分析计算网络营销的成本和收益。这个阶段须注意的是计算收益时要考虑战略性需要和未来收益。

最后是综合评价网络营销战略。主要考虑以下三个方面：① 成本效益问题，成本应小于预期收益；② 能带来多大新的市场机会；③ 考虑公司的组织、文化和管理能否适应采取网络营销战略后的改变。

企业在确立采取网络营销战略后，要组织战略的规划和执行。网络营销不是一种简单的新营销方法，它是通过采取新技术来改造和改进目前的营销渠道和方法，它涉及企业的组织、文化和管理各个方面。如果不进行有效的规划和执行，该战略可能只是一种附加的营销方法，它不能体现出战略的竞争优势，相反只会增加企业的营销成本和管理复杂性。

战略规划分为下面几个阶段。

(1) 目标规划。在确定使用该战略的同时，与之相联系的营销渠道和组织，提出改进目标和方法。

(2) 技术规划。网络营销很重要的一点是要有强大的技术投入和支持，因此，资金投入、系统购买和安装，以及人员培训都应统筹安排。

(3) 组织规划。实行后，企业的组织需进行调整以配合该策略实施，如增加技术支持部分——数据采集处理部门，同时调整原有的推销部门等。

(4) 管理规划。企业的管理必须适应网络营销需要，如销售人员在销售产品同时，还应记录顾客购买情况等。

网络营销战略在规划执行后还应注意控制，以适应企业业务变化和技术发展变化。网络营销战略的实施是一系统工程，应加强对规划执行情况的评估，评估是否充分发挥该战略的竞争优势，评估是否有改进余地；其次是对执行规划时的问题应及时识别和加以改进；再次是对技术的评估和采用。目前的计算机技术发展迅速，成本不断降低同时功能显著增强，如果不跟上技术发展步伐，很容易丧失网络营销的时效性和竞争优势。采取新技术可以改变原有的组织和管理规划，因此技术控制也是网络营销中的一个显著特点。

4.2　确定网络营销策略组合

4.2.1　开发网络营销新产品

1. 网络营销新产品概述

网络营销中的产品是指能提供给市场并引起人们注意、获取、使用或消费，从而满足某种欲望或需要的一切东西。

在网络营销中，产品的整体概念可分为 5 个层次：

(1) 核心利益层次：指产品能够提供给消费者的基本效用或益处，是消费者真正想要购买的基本效用或益处。

（2）有形产品层次：产品在市场上出现时的具体物质形态。

（3）期望产品层次：指顾客在购买产品前对所购产品的质量、使用方便程度、特点等方面的期望值。

（4）延伸产品层次：指由产品的生产者或经营者提供的，购买者附带获得的各种利益总和，包括产品说明书、安装、维修、送货、技术培训等，主要是帮助用户更好地使用核心利益的服务。

（5）潜在产品层次：在延伸产品层次之外，由企业提供能满足顾客潜在需求的产品层次，它主要是产品的一种增值服务。

2. 网络时代新产品开发面临挑战

在网络时代，由于信息和知识的共享，科学技术扩散速度加快，企业的竞争从原来简单依靠产品的竞争转为拥有不断开发新产品能力的竞争。而互联网的发展使得在今后获得新产品开发成功的难度增大，其原因如下：

（1）在某些领域内缺乏重要的新产品构思。随着时间的推移，在汽车、电视机、计算机、静电印刷和特效药等领域，值得投资的切实可行的新技术微乎其微。未来的产品构思开发必须适应网络时代的需要。

（2）不断分裂的市场。激烈的竞争正在导致市场不断分裂。互联网的发展加剧了这种趋势，市场主导地位正从企业主导转为消费者主导，个性化消费成为主流，未来的细分市场必将是以个体为基准的。

（3）社会和政府的限制。网络时代强调的是绿色发展，新产品必须以满足公众利益为准则，诸如消费者安全和生态平衡。政府的一些要求已使得医药行业的创新进度减慢，并使工业设备、化工产品、汽车和玩具等行业的产品设计和广告决策工作难以开展。

（4）新产品开发过程中的昂贵代价。网络时代竞争加剧，公司为了最终找出少数几个良好的构思，通常需要形成许多新产品构思。因此，公司就得面对日益上升的研究开发费用、生产费用和市场营销费用。例如微软公司动用 3000 名软件开发人员，耗时 3 年开发Windows XP 操作系统，仅研发费用就投入 50 亿美元。

（5）新产品开发完成的时限缩短。许多公司很可能同时得到同样的新产品构思，而最终胜利往往属于行动迅速的人。反应灵敏的公司必须压缩产品开发的时间，其方法可采用计算机辅助设计和生产技术、合作开发、提早产品概念试验、先进的市场营销规划等。

（6）成功产品的生命周期缩短。当一种新产品成功后，竞争对手立即就会对之进行模仿，从而使新产品的生命周期大为缩短。

【小资料】计算机产品生命周期

生命周期最短的是计算机产品，根据摩尔定理，计算机芯片的处理速度每 18个月就要提高一倍，而芯片的价格却以每年 25% 的速度下降。下表为 2002 年 ~2003 年 Intel Pentium 4 处理器的生命周期表。

Intel Pentium4 处理器生命周期								
	2002				2003			
CPU	一季度	二季度	三季度	四季度	一季度	二季度	三季度	四季度
Pentium42.40 GHz(HT; 800 MHzQPB)						■	■	
Pntium42.40 GHz(533 MHzQPB)			■	■	■	■		
Pntium42.40 GHz(400 MHzQPB)		■	■	■				
Pntium42.26 GHz(533 MHzQPB)		■	■	■				
Pntium42.20 GHz(400 MHzQPB)		■	■	■				
Pntium42.0 GHz(400 MHzQPB)		■	■	■				

互联网的发展带来的新产品开发的困难对企业来说既是机遇也是挑战。企业开发的新产品如果能适应市场需要，就可以在很短时间内占领市场，打败其他竞争对手。

3. 网络时代新产品开发策略

与传统新产品开发一样，网络营销新产品开发策略也有下面几种类型，但策略制定的环境和操作方法不一样。下面分别予以介绍：

(1) 新问世的产品，即开创了一个全新市场的产品。这种策略一般主要是创新公司所采用的策略。网络时代使得市场需求发生根本性变化，消费者的需求和消费心理也发生重大变化。因此，如果有很好的产品构思和服务理念，即使没有资本也可以获得成功，因为许多风险投资愿意投入互联网市场。例如，专门为商人服务的网站——阿里巴巴网，凭借其独到的为商人提供网上中介服务的概念，使公司迅速成长起来。

(2) 新产品线即公司首次开发市场已有的产品线。利用互联网迅速模仿和研制开发出已有产品是一条捷径，但由于互联网的技术扩散速度非常快，互联网竞争中新产品开发速度也非常快因此这种策略只能作为一种对抗的防御性策略。

(3) 现有产品线外新增加的产品，即补充公司现有产品线的新产品。由于市场不断细分，市场需求差异性增大，这种新产品策略是一种比较有效的策略。首先，它能满足不同层次的差异性需求；其次，它能以较低风险进行新产品开发，因为它是在已经成功的产品上再进行开发。

(4) 现有产品的改良品或更新，即提供改善了的功能或较大感知价值并且替换现有产品的新产品。在网络营销市场中，消费者有很大的选择权利，企业在面对消费者需求品质日益提高的驱动下，必须不断改进产品和进行升级换代，否则很容易被市场抛弃。目前，产品的信息化、智能化和网络化是必须考虑的。

(5) 降低成本的产品，即提供同样功能但成本较低的新产品。网络时代的消费者虽然注重个性化消费，但个性化消费不等于是高档次消费。个性化消费意味着消费者根据自己的情况包括收入、地位、家庭以及爱好等来确定自己的需要，因此消费者的消费意识更趋于理性化，消费者更强调产品给自己带来的价值，同时包括所花费的代价。在网络营销中，产品的价格总是呈下降趋势，因此提供相同功能但成本更低的产品更能满足日益成熟的市场需求。

(6) 重新定位产品，即以新的市场或细分市场为目标市场的现有产品。这种策略是网络营销初期可以考虑的，因为网络营销面对的是更加广泛的市场空间，企业可以突破时空限制，以有限的营销费用去占领更多的市场。在全球的广大市场上，企业重新定位产品，可以取得更多的市场机会。例如：在国内的中档家电产品通过互联网进入国际其他发展地区市场，可以将产品重新定位为高档产品。

企业网络营销产品策略中采取哪一种具体的新产品开发方式，可以根据企业的实际情况决定。但结合网络营销市场特点和互联网特点，开发的新产品是企业竞争的核心。对于相对成熟的企业采用后面几种新产品策略也是一种短期较稳妥的策略，但不能作为企业长期的新产品开发策略。

4.2.2　设计定价方案

1. 网络营销定价特点

1) 全球性定价

面对开放和全球化的市场，用户可以在世界各地直接通过网站进行购买，而不用考虑网站是属于哪一个国家或者地区的。

如果产品的来源地和销售目的地与传统市场渠道类似，则可以采用原来的定价方法。如果产品的来源地和销售目的地与原来传统市场渠道差距非常大，定价时就必须考虑这种地理位置差异带来的影响。如 Amazon 的网上商店的产品来自美国，购买者也来自美国，那产品定价可以按照原定价方法进行折扣定价，定价也比较简单，如果购买者是来自中国或者其他国家消费者，那采用针对美国本土的定价方法就很难面对全球化的市场，影响了网络市场全球性作用的发挥。为解决这些问题，可采用本地化方法，即在不同市场的国家建立地区性网站，以适应地区市场消费者需求的变化。如 Dell 公司专门在中国地区建立满足中国市场需要的中文网站，按照美国网站模式设计和服务，但是产品是按照中国国情定价的，比如按人民币标价，价格考虑中国市场的竞争情况。

正是由于企业面对的是全球性的网上市场，因此需要采取差异化定价措施(通常采用全球化和本地化相结合的原则)来应对。

2) 低价位定价

互联网是从科学研究应用发展而来，因此互联网使用者的主导观念是网上的信息产品是免费的、开放的、自由的。在早期互联网开展商业应用时，许多网站采用收费方式想直接从互联网赢利，结果被证明是失败的。Yahoo!公司是通过为网上用户提供免费的检索站点起步，逐步拓展为门户站点，到现在拓展到电子商务领域，一步一步获得成功的，它成功的主要原因是遵循了互联网的免费原则和间接收益原则。Yahoo!通过免费提供信息吸引网民访问，然后通过网站的巨大流量吸引发布网上广告来获取赢利。随着互联网商用的推广和发展，网上消费者逐步接受了网上产品不是免费的观念，但存有互联网上的信息和产品是低廉的心理期望。根据调查，60%的网上消费者是因为网上产品便宜才上网购买的，仅次于因为网上购物方便(80%)。

如果面对的是工业、组织市场，或者产品是高新技术的新产品，网上顾客对产品的价格不太敏感，主要是考虑方便、新潮，这类产品就不一定要考虑低定价的策略了。

3) 顾客主导定价

所谓顾客主导定价，是指为满足顾客的需求，使顾客通过充分的市场信息来选择购买或者定制生产自己满意的产品或服务，同时使顾客以最小代价(产品价格、购买费用等)获得产品或服务。简单来说，就是顾客的价值最大化。

顾客主导定价的策略主要有：顾客定制生产定价和拍卖市场定价。根据调查分析，由顾客主导定价的产品并不比企业主导定价获取的利润低，根据拍卖网站 eBay.com 的分析统计，在网上拍卖定价产品，只有 20%产品拍卖价格低于卖者的预期价格，50%产品拍卖价格略高于卖者的预期价格，剩下 30%产品拍卖价格与卖者预期价格相吻合，在所有拍卖成交产品中有 95%的产品成交价格卖主比较满意。

因此，顾客主导定价是一种双赢的发展策略，既能更好地满足顾客的需求，同时企业的收益又不会受到影响，而且可以对目标市场了解得更充分，使得企业的经营生产和产品研制开发可以更加符合市场竞争的需要。

2. 网络营销定价策略

1) 低价策略

借助互联网进行销售，比传统销售渠道的费用低廉，因此网上销售价格一般来说比市场的价格要低。由于网上的信息是公开和易于搜索比较的，因此网上的价格信息对消费者的购买起着重要作用。根据研究，消费者选择网上购物，一方面是因为网上购物比较方便，另一方面是因为从网上可以获取更多产品信息，从而以最优惠价格购买商品。

(1) 直接低价策略。直接低价定价策略就是定价时大多采用成本加一定利润，有的甚至是零利润，一般是由制造企业在网上进行直销时所采用。如戴尔公司的电脑定价比同性能的其他公司产品低 10%～15%。

(2) 折扣定价策略。它是以在原价基础上进行折扣来定价的，让顾客直接了解产品的降价幅度以促进顾客购买。如 Amazon 的图书价格一般都要进行折扣定价，而且折扣价格达到 3 至 5 折。

(3) 促销定价策略。如果企业为拓展网上市场，但产品价格又不具有竞争优势时，可采取网上促销定价策略。促销定价除了前面提到的折扣策略外，比较常用的是有奖销售和附带赠品销售。

企业实施低价策略时应注意以下问题：首先，用户一般认为网上商品比一般渠道购买商品要便宜，在网上不宜销售那些顾客对价格敏感而企业又难以降价的产品；其次，在网上公布价格时要注意区分消费对象，分别提供不同的价格信息发布渠道；第三，网上发布价格时要注意比较同类站点公布的价格。

2) 使用定价策略

所谓使用定价策略，就是用户通过因特网进行必要的注册后，不需完全购买就可以直接使用企业的产品或服务，企业则按照用户使用产品或接受服务的次数进行计费。如微软公司在 2000 年将其产品 Office 2000 放置到网站，用户通过互联网注册使用，按使用次数付钱，而无须花费全额购买软件或担心软件的升级、维护等问题。

采用按使用次数定价的方式，主要应考虑产品是否适合在因特网上传输，产品使用过程中是否可以实现远程调用。目前，比较适合的有电脑软件、音乐、电影、电子刊物等。对于软件，如我国的用友软件公司推出的网络财务软件，用户在网上注册后便可在网上直接处理账务，而无须购买软件和担心软件的升级等非常麻烦的维护事务；对于音乐产品，也可以通过网上下载使用专用软件点播；对于电影产品，则可以通过现在的视频点播系统VOD 来实现远程点播。

3）个性化定制生产定价策略

作为个性化服务的重要组成部分，按照顾客需求进行定制生产是网络时代满足顾客个性化需求的基本形式。个性化定制生产根据顾客对象可以分为两类：

一类是面对工业组织市场的定制生产，这部分市场属于供应商与订货商的协作问题，如波音公司在设计和生产新型飞机时，要求其供应商按照飞机总体设计标准和成本要求来组织生产。

另一类是面向大众消费者市场，实现满足顾客个性化需求的定制生产以及按定制定价的。由于消费者的个性化需求差异性大，加上消费者的需求量又少，因此现代企业在管理上采用 ERP(企业资源计划)来实现自动化、数字化管理，在生产上采用 CIMS(计算机集成制造系统)，在供应和配送上采用 SCM(供应链管理)，以适应这种要求小批量、多样式、多规格和多品种的生产和销售变化。

个性化定制生产定价策略是在企业能实行定制生产的基础上，利用网络技术和辅助设计软件，帮助消费者选择配置或者自行设计能满足自己需求的个性化产品，同时承担自己愿意付出的价格成本。图 4-1 是 Dell 公司专门针对中国市场设计的可进行定制定购的主页，用户可以了解产品的基本配置和基本功能。

图 4-1 Dell 公司针对中国市场设计的定制定购主页

4）免费价格策略

免费价格策略是市场营销中常用的营销策略，它主要用于促销和推广产品。在网络营销中，免费价格不仅仅是一种促销策略，还是一种有效的产品和服务定价策略，许多新兴公司凭借免费价格策略一举获得成功。

免费价格策略就是将企业的产品和服务以零价格形式提供给顾客使用，满足顾客的需求。免费价格形式有这样几类：一类是产品和服务完全免费，如《人民日报》的电子版在网上可以免费使用；第二类是对产品和服务实行限制免费，即产品(服务)可以被有限次使用，超过一定期限或者次数后，取消这种免费服务，如金山软件公司免费赠送可以使用 99次的 WPS2000 软件，使用次数完后需要付款申请继续使用；第三类是对产品和服务实行部分免费，如一些著名研究公司的网站公布部分研究成果，如果要获取全部成果必须付款作为公司客户；第四类是对产品和服务实行捆绑式免费，即购买某产品或者服务时赠送其他产品和服务，如国内的一些 ISP 为了吸引接入用户，推出了上网免费送 PC 的市场活动，实际上从另一面来看，这个商业模型就相当于分期付款买 PC，赠送上网账号的传统营销模式，只不过市场操作从 PC 制造商转向了 ISP。

目前，企业在网络营销中采用免费策略主要有两个目的。

一个目的是让用户使用习惯后开始收费，也就不再免费了。如金山公司允许消费者从互联网上下载限次使用的 WPS2000 软件，其目的是想让消费者使用习惯后，掏钱购买正式软件，这种免费策略主要是一种促销策略，与传统营销策略类似。

另一个目的是想发掘后续的商业价值，它是从战略发展需要来制定定价策略的，主要目的是先占领市场，然后再从市场获取收益。如 Yahoo！公司通过免费建设门户站点，经过 4 年亏损经营后，在 2002 年通过广告收入等间接收益扭亏为盈，但在前 4 年的亏损经营中，公司却得到飞速增长，主要得力于股票市场对公司的认可和支持，因为股票市场看好的是未来增长潜力，而 Yahoo 的免费策略恰好是占领了未来市场，具有很大的市场竞争优势和巨大的市场盈利潜力。

免费价格策略的实施步骤：

第一，互联网作为成长性的市场，其获取成功的关键是要有一种可能获得成功的商业运作模式，因此考虑免费价格策略时必须考虑是否与商业模式相吻合。

第二，分析采用免费策略的产品能否获得市场认可。

第三，分析免费策略产品推出时机，如果市场已经被占领或已经比较成熟，则要审视提高推出产品(服务)的竞争力。

第四，考虑免费价格产品(服务)是否适合采用免费价格策略。

第五，策划推广免费价格产品(服务)，要吸引用户关注免费产品(服务)，应当与推广其他产品一样有严密的营销策划。

5) 拍卖竞价策略

网上拍卖是消费者通过互联网轮流公开竞价，在规定时间内价高者得。目前国外比较有名的拍卖站点是 http://www.ebay.com，它允许商品公开在网上拍卖，拍卖竞价者只需要在网上进行登记即可，拍卖方只需将拍卖品的相关信息提交给 eBay 公司，经公司审查合格后即可上网拍卖。与 eBay 类似，国内比较有名的拍卖中介公司是 1999 年 6 月推出的雅宝竞价网，如图 4-2 所示。

根据供需关系，网上拍卖竞价方式有下面几种：

(1) 竞价拍卖。最大量的是 C2C 交易，包括二手货、收藏品，也可以是普通商品以拍卖方式进行出售。如 HP 公司也将一些库存积压产品放到网上拍卖。

(2) 竞价拍买。这是竞价拍卖的反向过程，消费者提出一个价格范围，求购某一商品，由商家出价，出价可以是公开的或隐蔽的，消费者将与出价最低或最接近的商家成交。

(3) 集体议价。这是一种由消费者集体议价的交易方式。提出这一模式的是美国著名的 Priceline 公司(http://www.priceline.com)。在国内，雅宝已经率先将这一全新的模式引入了自己的网站。如 2002 年 12 月 23 日在雅宝的拍卖竞价网站上，500 多个网民联合起来集体竞价，《没完没了》电影票价原价 30 元，现在他们 5 元就可以购得。

图 4-2　拍卖竞价网页

4.2.3　选择和管理网络营销渠道

营销渠道是指与提供产品或服务以供使用或消费这一过程有关的一整套相互依存的机构，它涉及信息沟通、资金转移和物品式货物转移等。网络营销渠道就是借助互联网络将产品从生产者转移到消费者的中间环节，它一方面要为消费者提供产品信息，方便消费者进行选择；另一方面，在消费者选择产品后要能完成一手交钱一手交货的交易手续，当然交钱和交货不一定要同时进行。

1. 网络营销渠道的类型

1) 网络直销

网络直销是指生产商通过网络销售渠道直接销售产品，其主要特点是利用 Internet 代替传统的中间商。作为全球领先的计算机系统直销商，Dell 公司的成功很大程度上得益于其推崇备至的直销模式。Dell 公司直销模式的精华在于"按需定制"，在明确客户需求后迅速做出回应，并向客户直接发货。由于消除中间商环节，减少不必要的成本和时间，使得 Dell 公司能够腾出更多的精力来理解客户需要。

2) 网络间接营销渠道——新型的电子中间商

由于网络的信息资源丰富、信息处理速度快，基于网络的服务可以便于搜索产品，但在产品(信息、软件产品除外)实体分销方面却难以胜任。目前出现许多基于网络(现阶段为

Internet)的提供信息服务中介功能的新型中间商,可称之为电子中间商(Cybermediaries)。下面分类介绍这种以信息服务为核心的电子中间商。

(1) 目录服务。利用 Internet 上的目录化的 Web 站点提供菜单驱动进行搜索,现在这种服务是免费的,将来可能收取一定的费用。现在有三种目录服务,一种是通用目录(如 Yahoo!),可以对各种不同站点进行检索,所包含的站点分类按层次组织在一起;另一种是商业目录(如 Internet 商店目录),提供各种商业 Web 站点的索引,类似于印刷出版的工业指南手册;最后一种是专业目录,针对某个领域或主题建立 Web 站点。目录服务的收入主要来源于为客户提供 Internet 广告服务。

(2) 搜索服务。与目录不同,搜索站点(如 Lycos、Info seek)为用户提供基于关键词的检索服务,站点利用大型数据库分类存储各种站点介绍和页面内容。搜索站点不允许用户直接浏览数据库,但允许用户向数据库添加条目。

(3) 虚拟商业街。虚拟商业街(Virtual Malls)是指在一个站点内连接两个或以上的商业站点。虚拟商业街与目录服务的区别是,虚拟商业街定位于某一地理位置和某一特定类型的生产者和零售商,在虚拟商业街可销售各种商品,提供不同服务。站点的主要收入来源依靠其它商业站点对其的租用,如我国的新浪网 Sina.com 开设的电子商务服务中,就提供网上专卖店店面出租。

(4) 网上出版。由于网络信息传输及时而且具有交互性,网络出版 Web 站点可以提供大量有趣和有用的信息给消费者,目前出现的联机报纸、联机杂志属于此类型。由于内容丰富而且基本上免费,此类站点访问量特别大,因此出版商利用站点做 Internet 广告或提供产品目录,并以广告访问次数进行收费。如 ICP(网络信息中间商)属于此类型。

(5) 虚拟零售店(网上商店)。虚拟零售店不同于虚拟商业街,虚拟零售店拥有自己货物清单,直接销售产品给消费者。通常这些虚拟零售店是专业性的,定位于某类产品,它们直接从生产者进货,然后折扣销售给消费者(如 Amazon 网上书店)。目前网上商店主要有三种类型:第一种是电子零售型(e-Trailers),这种网上商店直接设立网站,网站中提供一类或几类产品的信息供选择购买;第二种是电子拍卖型(e-Auction),这种网上商店提供商品信息,但不确定商品的价格,商品价格通过拍卖形式由会员在网上相互叫价确定,价高者就可以购买该商品;第三种是电子直销型(e-Sale),这类站点是由生产型企业开通的网上直销站点,它绕过传统的中间商环节,直接让最终消费者从网上选择购买。

(6) 站点评估。消费者在访问生产者站点时,由于内容繁多、站点庞杂,往往显得束手无策,不知该访问哪一个。提供站点评估服务的站点,可以帮助消费者根据以往数据和评估等级,选择合适的站点访问。通常一些目录和搜索站点也提供一些站点评估服务。

(7) 电子支付。电子商务要求能在网络上交易,同时能实现买方和卖方之间的授权支付。现在授权支付系统主要是信用卡如 Visa、MasterCard,电子等价物如填写的支票,现金支付如数字现金,或通过安全电子邮件授权支付。这些电子支付手段通常对每笔交易收取一定佣金,以减少现金流动风险和维持运转。目前,我国的商业银行也纷纷上网提供电子支付服务。

(8) 虚拟市场和交换网络。虚拟市场提供一虚拟场所,任何只要符合条件的产品可以在虚拟市场站点内进行展示和销售,消费者可以在站点中任意选择和购买,站点主持者收取一定的管理费用。如我国对外贸易与经济合作部主持的网上市场站点——中国商品交易市场就属于此类型。当人们交换产品或服务时，实行等价交换而不用现金，交换网络就可以提供这种以货易货的虚拟市场。

(9) 智能代理。随着 Internet 的飞速发展，用户在纷繁复杂的 Internet 站点中难以选择。智能代理是这样一种软件，它根据消费者偏好和要求预先为用户自动进行初次搜索，软件在搜索时还可以根据用户自己的喜好和别人的搜索经验自动学习优化搜索标准。用户可以根据自己的需要选择合适的智能代理站点为自己提供服务，同时支付一定的费用。

在筛选电子中间商时必须考虑成本、信用、覆盖、特色、连续性五方面的因素。这五个方面的因素可以称为网络间接营销的五大关键因素，也称为"5C"因素。

(1) 成本(Cost)。这里的成本是指使用中间商信息服务时的支出。这种支出可分为两类：一是在中间商网络服务站建立主页的费用；另一类是维持正常运行时的费用。这两类费用中，维持费用是主要的、经常的，不同的中间商之间有较大的差别。

(2) 信用(Credit)。这里的信用是指网络信息服务商所具有的信息程度的大小。相对于其他基本建设投资来说，建立一个网络服务站所需要的投资较少。因此，信息服务商如雨后春笋般地出现。目前，我国还没有权威性的认证机构对这些服务商进行认证，因此在选择中间商时应注意他们的信用程度。

(3) 覆盖(Coverage)。覆盖是指网络宣传所能够波及的地区和人数，即网络站点所能影响的市场区域。对于企业来讲，站点覆盖并非越广越好，而是要看市场覆盖是否合理、有效，是否能够最终给企业带来经济效益。在这一点上，非常类似于在电视上做广告。

(4) 特色(Character)。每一个网络站点都要受到中间商总体规模、财力、文化素质、服务态度、工作精神的影响，在设计、更新过程中会表现出各自不同的特色，因而具有不同的访问群。因此，企业应当研究这些顾客群的特点、购买渠道和购买频率，为选择相应的电子中间商打下一个良好的基础。

(5) 连续性(Continuity)。网络发展的实践证明，网络站点的寿命有长有短。如果一个企业想使网络营销持续稳定地运行，那么就必须选择具有连续性的网络站点，这样才能在用户或消费者中建立品牌信誉、服务信誉。

3) 双道法——企业最佳的网络营销渠道

在西方众多企业的网络营销活动中，双道法是最常见的方法，是企业网络营销渠道的最佳。所谓双道法，是指企业同时使用网络直接销售渠道和网络间接销售渠道，以达到销售量最大的目的。在买方市场下，通过两条渠道销售产品比通过一条渠道更容易实现"市场渗透"。一方面，线上企业走向线下，比如淘宝的代购店已经在杭州全面启动，用实体店满足顾客对奢侈品购物体验的需求；凡客诚品是一家依靠网络渠道销售自己品牌的服装公司，近年来也开始线下开设自己的品牌体验店。另一方面，线下企业走向线上，比如传统连锁家电巨头苏宁已经大张旗鼓进军网购市场，"苏宁易购"已于 2010 年 2 月正式上线。

企业在因特网上建站，一方面，为自己打开了一个对外开放的窗口，另一方面，也建立了自己的网络直销渠道。不仅如此，一旦企业的网页和信息服务商链接，例如与外经贸部政府网站 MOFTEC 链接，其宣传作用更不可估量，不仅覆盖全国，而且可以传播到全世界，这种优势是任何传统的广告宣传都不可比的。对于中小企业而言，网上建站更具有优势，因为在网络上所有企业都是平等的，只要网页制作精美，信息经常更新，一定会有越来越多的顾客光顾。

在现代化大生产和市场经济条件下，企业在网络营销活动中除了自己建立网站外，大部分都是利用网络间接营销渠道销售自己的产品，通过中间商的信息服务、广告服务和撮合服务，扩大企业的影响，开拓企业产品的销售空间，降低销售成本。因此，对于从事网络营销活动的企业来说，必须熟悉、研究国内外电子商务交易的中间商的类型、业务性质、功能、特点及其他有关情况，必须能够正确地选择中间商，顺利地完成商品从生产者到消费者的整个转移过程。

2. 网络营销渠道选择和管理

一个完善的网络营销渠道应有三大功能：订货、结算和配送。由于网络营销的对象不同，因此网络营销渠道是有很大区别的。一般来说网络营销主要有两种方式：

(1) B to B，即企业对企业的模式。这种模式每次交易量很大，交易次数较少，并且购买方比较集中，因此网络营销渠道的建设关键是建设好订货系统以方便购买企业进行选择。企业一般信用较好，通过网络结算实现比较简单。由于量大次数少，因此配送时可以进行专门运送，即可以保证速度也可以保证质量(减少中间环节造成的损伤)。

(2) B to C，即企业对消费者模式。这种模式的每次交易量小，交易次数多，而且购买者非常分散，因此网络营销渠道建设的关键是结算系统和配送系统。这也是目前在线销售必须面对的门槛。从技术角度看，企业上网面对广大的消费者，并不要求双方使用统一标准的单据传输。在线式的零售和支付行为通常只涉及信用卡或其它电子货币。另外，国际互联网所提供的搜索浏览功能和多媒体界面使消费者更容易查找自己需要的产品，并能够对产品有更深入的了解。但由于国内的消费者信用机制还没有建立起来，加之缺少专业配送系统，因此开展网上购物活动时，特别是面对大众购物时，必须解决结算和配送这两个环节的问题，才有可能获得成功。

在选择网络销售渠道时还要注意产品的特性，有些产品易于数字化，可以直接通过互联网传输；而对大多数有形产品还必须依靠传统配送渠道来实现货物的空间移动，可以通过对互联网进行改造以最大限度提高渠道的效率，减少渠道运营中的人为失误和时间耽误造成的损失。

在具体建设网络营销渠道时，还要考虑到以下几个方面：

首先，从消费者角度设计渠道。只有采用消费者比较放心、容易接受的方式才有可能吸引消费者网上购物，以克服网上购物的"虚"的感觉。如在中国，目前采用货到付款方式比较让人认可。

其次，设计订货系统时，要简单明了，不要让消费者填写太多信息，而应该采用现在流行的"购物车"方式模拟超市，让消费者一边看物品比较选择，一边进行选购。在购物结束后，一次性进行结算。另外，订货系统还应该提供商品搜索和分类查找功能，以便于消费者在最短时间内找到需要的商品，同时还应提供消费者想了解的商品信息，如性能、外形、品牌等重要信息。

再次，在选择结算方式时，应考虑到目前实际发展的状况，应尽量提供多种方式方便消费者选择，同时还要考虑网上结算的安全性，对于不安全的直接结算方式，应换成间接的安全方式，如淘宝网为消费者提供了多种形式的结算方式，可以选择用货到付款、网上银行借记卡和贷记卡、网上银行快捷支付、支付宝等，特别是支付宝在购物流程中充当第三方角色，同时为买卖双方提供安全信誉，确保结算安全。

最后，关键是建立完善的配送系统。消费者只有看到购买的商品到家后，才真正感到踏实，因此建设快速、有效的配送服务系统是非常重要的。在现阶段，我国配送体系逐步发展成熟，行业企业正在进行新一轮的洗牌。目前网上销售的商品已经逐渐由价值较少的不易损坏的商品，如图书、小件电子类产品等扩展到越来越多种类的产品，比如家电、奢侈品等。

4.2.4　网络广告、网络促销和公共关系

1. 网络广告

网络广告就是在网络上做的广告，是利用网站上的广告横幅、文本链接、多媒体等方法，通过网络把广告传递到互联网用户的一种高科技广告运作方式。网络广告的表现形式丰富多彩，目前在国内外的网站页面上常见的网络广告形式大致有标牌广告、按钮式广告、邮件列表广告、墙纸式广告、赞助式广告、电子邮件式广告、竞赛和推广式广告、插页式广告和互动游戏式广告等。

网络广告具有传统媒体广告所无法比拟的优势，具体表现在交互性强、具有灵活性和快捷性、广告成本低廉、传播范围广、受众针对性明确等特点。对于企业而言，如何利用网络广告取得最大的收益，取决于多种因素，如广告商的选择，设计是否吸引人，企业本身的站点质量等。目前我国网络广告尚处于萌芽状态，一些发布网络广告的商家反映，网络广告并未给其带来应有的收效。如不久前上海有家报纸报道，某网上百货店营业一月，访问人数逾万，而接受订单仅 50 多份。这里面原因固然复杂，但广告制作水平不高、发布方法欠妥也是其重要因素之一。

因此，要提高网络广告效果，必须提高广告制作的技术水平。掌握好发布要诀需要做好以下几方面工作：首先是确定目标顾客，要了解企业的产品是面向哪一类顾客，以便因地制宜地在适合的网站发布广告；其次是选择合适的广告网站，在人流量不同的网站做广告效果完全不同，高人流量的网站可使获得所需效果的时间大大缩短，从而赢得时间；企业也可选择收费相对低廉的网站以减少费用的支出，当然投入和所得的收益通常是成正比的，关键看企业要达到的目的而定。除此之外在网站设计方面要特别注意以下几点：

(1) 网络广告放在网页上方比网页下方效果好。统计表明，许多访客不愿意通过拖动滚动条来获取内容，通常放在网页上方的广告点击率可达到 3.5%～4%。

(2) 广告面积越大越好，通常大的广告更容易吸引用户的注意。

(3) 勤换图片并适当运用动画图片，这样可以使顾客保持一定的新鲜感。

(4) 最好使广告靠近网站的最主要内容，这样会吸引更多人的注意。

最后，要想使网络广告发挥更大的作用，不能离开传统推广的方式和手段，也就是说网上、网下多种手段、多种方式的立体组合，这样才会使网络广告发挥更大的作用。

2. 网络促销

网络促销是指利用现代化的网络技术向虚拟市场传递有关产品和服务的信息,以启发需求,引起消费者的购买欲望和购买行为的各种活动。一般来说,网络促销形式有网络广告、销售促进和关系营销等。其中网络广告和站点推广是网络促销的主要形式。

对于任何企业来说,如何实施网络促销都是一个新问题,每一个营销人员都必须摆正自己的位置,深入了解产品信息在网络上传播的特点,分析网络信息的接收对象,设定合理的网络促销目标,通过科学的实施程序,打开网络促销的新局面。

根据国内外网络促销的大量实践,网络促销的实施程序可以由六个方面组成。

(1) 确定网络促销对象。网络促销对象是针对可能在网络虚拟市场上产生购买行为的消费者群体提出来的。随着网络的迅速普及,这一群体也在不断膨胀。这一群体主要包括三部分人员:产品的使用者、产品购买的决策者、产品购买的影响者。

(2) 设计网络促销内容。网络促销的最终目标是希望引起购买。这个最终目标是要通过设计具体的信息内容来实现的。消费者的购买过程是一个复杂的、多阶段的过程,促销内容应当根据购买者目前所处的购买决策过程的不同阶段和产品所处的寿命周期的不同阶段来决定。

(3) 决定网络促销组合方式。网络促销活动主要通过网络广告促销和网络站点促销两种促销方法展开。但由于企业的产品种类不同,销售对象不同,促销方法与产品种类和销售对象之间将会产生多种网络促销的组合方式。企业应当根据网络广告促销和网络站点促销两种方法各自的特点和优势,根据自己产品的市场情况和顾客情况,扬长避短,合理组合,以达到最佳的促销效果。

网络广告促销主要实施"推战略",其主要功能是将企业的产品推向市场,获得广大消费者的认可。网络站点促销主要实施"拉战略",其主要功能是将顾客牢牢地吸引过来,保持稳定的市场份额。

(4) 制定网络促销预算方案。在网络促销实施过程中,使企业感到最困难的是预算方案的制定。在互联网上促销,对于任何人来说都是一个新问题。所有的价格、条件都需要在实践中不断学习、比较和体会,不断的总结经验。只有这样,才可能用有限的精力和有限的资金收到尽可能好的效果,做到事半功倍。制定促销预算方案时,首先必须明确网络促销的方法及组合的办法;其次需要确定网络促销的目标;最后要明确希望影响的是哪个群体,哪个阶层,是国外的还是国内的。

(5) 衡量网络促销效果。网络促销的实施过程到了这一阶段,必须对已经执行的促销内容进行评价,衡量一下促销的实际效果是否达到了预期的目标。

(6) 加强网络促销过程的综合管理。

3. 公共关系

公共关系是一种重要的促销工具,它通过与企业利益相关者包括供应商、顾客、雇员、股东、社会团体等建立良好的合作关系,为企业的经营管理营造良好的环境。网络公共关系与传统公共关系功能类似,只不过是借助互联网作为媒体和沟通渠道。网络公共关系较传统公共关系更具有一些优势,所以网络公共关系越来越被企业一些决策层所重视和利用。

一般说来，网络公共关系有下面一些目标：与网上新闻媒体建立良好合作关系；通过互联网宣传和推广产品；通过互联网建立良好的沟通渠道，包括对内沟通和对外沟通。

下面分别介绍企业如何利用互联网开展公关活动来实现上述目标。

1) 与网络新闻媒体合作

网络新闻媒体一般有两大类：一类是传统媒体上网，通过互联网发布媒体信息。其主要模式是将在传统媒体播放的节目进行数字化，转换成能在网上下载和浏览的格式，用户不用依靠传统渠道就可以直接通过互联网了解媒体报道的信息，另一类，是新兴的真正的网上媒体，他们没有传统媒体的依托。

不管是哪一类媒体，互联网出现后，企业与新闻媒体的合作更加密切，可以充分利用互联网的信息交互特点，更好地进行沟通。为加强与媒体合作，企业可以通过互联网定期或不定期地将企业的信息和有新闻价值的资料直接发给媒体，与媒体保持紧密合作关系。企业也可以通过媒体的网站直接了解媒体关注的热点和报道重点，及时提供信息与媒体合作。

2) 宣传和推广产品

宣传和推广产品是网络公共关系重要职能之一。互联网最初是作为信息交流和沟通渠道，因此互联网上建设有许多类似社区性质的新闻组和公告栏。企业在利用一些直接促销工具的同时，采用一些软性的工具，如讨论、介绍、展示等方法来宣传推广产品效果可能更好。在利用新闻组和公告栏宣传和推广产品时，要注意"有礼有节"。

3) 建立沟通渠道

企业的网络营销站点，一个重要功能就是为企业与企业相关者建立沟通渠道。在分析网站建设的主要功能和设计架构时，其中的一个重要因素是网站是否具有交互功能。通过网站的交互功能，企业可以与目标顾客直接进行沟通，了解顾客对产品的评价和提出的需求，保持与顾客的紧密关系，维系顾客的忠诚度。同时，企业通过网站对企业自身以及产品、服务的介绍，让对企业感兴趣的群体可以充分认识和了解企业，提高企业在公众中的透明度。

4.2.5　"4S"营销策略新模式

4S市场营销策略主要强调从消费者需求出发，建立起一种"消费者占有"的导向。它要求企业针对消费者的满意程度对产品、服务、品牌不断进行改进，从而达到使企业服务品质最优化，使消费者满意度最大化，进而使消费者对企业产品产生一种忠诚。4S是指满意(Satisfaction)、服务(Service)、速度(Speed)和诚意(Sincerity)。

满意指的是顾客满意，强调企业要以顾客需求为导向，以顾客满意为中心，企业要站在顾客立场上考虑和解决问题，要把顾客的需要和满意放在一切考虑因素之首。

服务指随时对顾客笑脸相迎，因为微笑是诚意最好的象征。服务包括几个方面的内容：首先精通业务工作的企业营销人员要为顾客提供尽可能多的商品信息，经常与顾客联络，询问他们的要求；其次要对顾客态度亲切友善，用体贴入微的服务来感动用户；再次要将每位顾客都视为特殊和重要的人物，也就是那句"顾客是上帝"；另外在每次服务结束后要邀请顾客下次再度光临，作为企业，要以最好的服务、优质的产品、适中的价格来吸引顾客多次光临；最后要为顾客营造一个温馨的服务环境，这要求企业对文化建设加大力度；当然在整个服务过程中最重要的是服务人员用眼神表达对顾客的关心，用眼睛去观察，用头脑去分析，真正做到对顾客体贴入微的关怀服务。

速度指不让顾客久等，迅速地接待、办理，以最快的速度才能迎来最多的顾客。

诚意指要以他人利益为重的真诚来服务客人。用真情服务感化顾客，以有情服务赢得无情的竞争。

4S 市场营销策略和市场营销过程中 4P、4C、4R 相比有其特定优势，但对于一个企业来说要达到使消费者满意，并且树立起企业的独特品牌却有相当大的难度。这不仅关系到企业的决策层，更关系到企业上上下下的每一个员工的态度，更要求要树立起一定的企业文化，这才能达到对于顾客的服务最好最精，才能使得顾客达到满意，对于企业的品牌产生认可。

4.3　实施网络营销战略

4.3.1　网络营销战略实施的模式

企业要引入网络营销，首先要弄清楚网络营销通过何种机制达到何种目的，然后方可根据自己的特点及目标顾客的需求特性，选择一种合理的网络营销模式。目前，人们已经归纳了如下几种有效的网络营销战略模式。

1. 留住顾客、增加销售

留住顾客、增加销售的网络营销模式可以用图 4-3 来描述。

图 4-3　留住顾客、增加销售的模式

现代营销学认为，保留一个老顾客相当于争取五个新顾客。网络双向互动、信息量大且可选择、成本低、联系方便等特点决定了它是一种优于其他媒体的顾客服务工具。通过网络营销，可以达到更好地服务于顾客的目的，从而增强与顾客的关系，建立顾客忠诚度，永远留住顾客。满意而忠诚的顾客总是乐意购买公司的产品，这样，自然而然地就提高了公司的销售量。

在中国的网络图书领域，当当之所以能超越德国的老牌媒体集团"贝塔斯曼"，除了通过网络的虚拟经营，减少门店经营的成本，提供比较便宜的商品这一原因之外，还有一个重要的原因就是能够不断更新网上的图书目录，面向所有消费者提供更多品种的图书，并且能够记住顾客曾经浏览过的图书，向顾客推荐类似图书，从而增强与顾客关系，在留住客户上取得了比较理想的效果。

"小天鹅"公司通过大量的市场调研，得出一组营销数据，即 1：25：8：1。也就是 1个顾客使用小天鹅产品并得到了满意的服务，他(她)会影响周围其他 25 位顾客(因为这比广告或宣传更具有客观、公正的特点)，同时，其中 8 个人会产生购买欲望，1 个新顾客会产生购买行为。这就是顾客的市场辐射效应。网络营销信息沟通的双向互动性、信息阅读的可选择性与便捷性，使网上营销的企业更能有针对性地为目标顾客提供所需的服务，通过顾客服务，建立企业与顾客之间的密切关系，从而留住、巩固老顾客，吸引更多的新顾客。对企业服务满意的顾客自然乐于购买、使用企业的产品，从而实现通过网上服务达到增加销售的目标。

利用电子邮件、QQ 群、博客群、微博、企业论坛、短信平台等客户交流平台，对顾客的行为、喜好等进行研究，进而开发出更合适宜的产品。对于已有的固定客户群，也可展开一些富有成效的促销活动。比如，娜芮家纺的官方网站整合了网络社区、论坛、QQ 群等客户交流平台，建立民意收集平台，从而有效地了解到娜芮家纺用户的动态、喜好。基于这些分析，建立行至有效的营销策略，展开了"秀娜芮，赢 ipad"这样的活动。此外，利用奥科短信平台通知客户促销信息和娜芮社区活动内容，使得娜芮家纺和客户的距离大大缩短。

2. 提供有用的信息刺激消费

向顾客提供有用的信息以刺激消费的网络营销模式可以用图 4-4 来描述。

图 4-4　提供有用的信息刺激消费的模式

本模式尤其适用于通过零售渠道销售的企业，它可以通过网络向顾客连续地提供有用的信息，包括新产品信息、产品新用途等，而且还可根据情况适时地变化，保持网上站点的新鲜感和吸引力。这些有用的新信息能刺激顾客的消费欲望，从而增加购买量。

3. 简化销售渠道、减少管理费用

简化销售渠道、减少管理费用的网络营销模式可以用图 4-5 来描述。

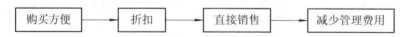

图 4-5　简化销售渠道、减少管理费用的模式

使用网络进行销售对企业最直接的效益来源于它的营销功能，即通过简化销售渠道、降低销售成本，最终达到减少管理费用的目的。本模式适用于将网络用作直复营销工具的企业。

利用网络实施营销，对顾客而言，必须购买方便，使顾客减少购物的时间、精力和体力上的支出与消耗；对企业而言，实现简化销售渠道、降低销售成本、减少管理费用的目的。书籍、鲜花和礼品等网上商店是这种模式的最好应用。

4. 让顾客参与、提高客户的忠诚度

让顾客参与、提高客户的忠诚度的网络营销模式可以用图 4-6 来描述。

图 4-6　让顾客参与、提高客户的忠诚度的模式

新闻业已有一些成功运用此模式的例子。报纸和杂志出版商通过它们的网页来促进顾

客的参与。它们的网页使顾客能根据自己的兴趣形成一些有共同话题的"网络社区"，同时也提供了比传统的"给编辑的信"参与程度高得多的读编交流机会。这样做的结果是有效地提高了客户的忠诚度。

同样，电影、电视片的制作商也采用此模式提高产品的流行程度。他们可以通过建立网页向观众提供流行片的一些所谓"内幕"，如剧情的构思，角色的背景，演员、导演、制片人的背景资料和兴趣爱好等。这些信息对影迷们是很有吸引力的，因为这样能使他们获得一种内行的鉴赏家的感觉，这种感觉会驱使他们反复地观看某部流行片，评头论足，乐此不疲。同时，他们还会与他们的朋友讨论这部片子，甚至还会劝说朋友去看一看。

5. 提高品牌知名度以获取更高的利润

通过提高品牌知名度以获取更高利润的网络营销模式可以用如图4-7来描述。

图 4-7　提高品牌知名度获取更高利润的模式

将品牌作为管理重点的企业可通过网页的设计来增强整个企业的品牌形象，Coca Cola、Nike、Levi Strauss 等著名的品牌都已采用网络作为增强品牌形象的工具。

企业可以通过网页的设计，突出品牌宣传，树立整体的企业品牌形象，建立顾客忠诚度，实现市场渗透，最终达到提高市场占有率的目的。例如可口可乐公司不是将网络作为直复营销的工具，而是将网络作为增强品牌形象的工具。

6. 数据库营销

网络是建立强大、精确的营销数据库的理想工具，因为网络具有即时、互动的特性，所以可以对营销数据库实现动态的修改和添加。拥有一个即时追踪市场状况的营销数据库，是公司管理层作出动态的、理性的决策的基础。传统营销学中的一些仅停留在理论上的梦想，通过网络建立的营销数据库可以实现，例如对目标市场的准确细分、对商品价格的及时调整等。数据库营销模式是传统营销模式的现代化，具有科学性和预测性的优势。

4.3.2　网络营销战略实施的流程

网络营销战略的实施是系统工程，首先应加强对规划执行情况的评估，判定是否具备充分发挥此战略的竞争优势和有无改进余地；其次是对执行规划时遇到的问题应及时识别和加以改进；再次是对技术的评估和采用。采用新技术可能改变原有的组织和管理规划，因此对技术进行控制也是网络营销中的一个显著特点。

网络营销是一种有别于传统的市场营销的新营销手段，它在控制成本费用、市场开拓和与顾客保持关系等方面有很大竞争优势。但网络营销的实施不是简单的某一个技术方面的问题或某一个网站建设的问题，它还需要从整个营销战略方面、营销部门管理和规划方面，以及营销策略制定和实施方面进行调整。

要了解网络营销的运作过程，最好先分析一下企业在网络时代的生产、销售的循环过程。这一过程可概括为：通过网络收集各方面的信息、技术、用户需求等，并将这些信息整理分析后反馈给企业；企业根据上述信息开发新技术、新思路、新产品，并通过网络进行宣传，与需求者进行沟通；通过网络收集订单，根据订单完成产品设计、物料调配、人员调动，再到生产制造；通过网络进行产品宣传与发布，与客户进行在线交易；通过网络获得客户的信息反馈，赢得客户支持，积累经验，为下一个生产、销售循环做好准备。

根据企业在网络时代的生产周期，网络营销运作过程的内容应包括网上的信息收集、网上商业宣传、网上市场调研、网上广告投放与发布、网上销售、网上客户支持服务等。一个完整的网络营销实施的运作过程应包括以下基本步骤：

(1) 网络营销机会分析。网络营销企业通过对环境研究做出的可行性分析，来明确企业实施网络营销活动面临 的机会与威胁，从而采取适当的措施，以利用机会，避免环境威胁。网络营销机会分析是实施网络营销的首要步骤。

(2) 制定网络营销计划。制定网络营销计划是企业根据自身所处的网络营销环境，整合网络营销资源，制定网络营销战略和网络营销策略的过程。因此，网络营销计划包括网络营销战略的制定和网络营销策略的制定两个部分。网络营销战略的制定包括营销战略目标、战略重点和实施步骤的确定，以及网上市场细分、选择目标市场、产品定位等战略。网络营销对企业来说其实是一种没有直接收益的投资活动，网络营销活动的开展需要企业投入一定的费用开支，而且总的费用支出还要合理地在网络营销活动的各环节、各部门、各手段间进行预算分配，这也是网络营销计划中需要考虑的问题。

(3) 执行网络营销计划。执行网络营销计划是企业的经济资源有效地投入到企业的网络营销活动中，完成计划 任务、实现既定目标的过程，即将网络营销计划转变为具体营销行动的过程。为此，企业必须建立起专门的网络营销组织，配备专业的网络营销人员，形成高效运行的网络营销团队，才能完成网络营销计划预定的任务与预期的目标。即使是最优秀的营销计划，不执行也等于零。所以，有了网络营销计划后，就要积极执行，合理控制，努力实现企业的预定目标。

(4) 控制网络营销计划。企业为了防患于未然，或为了改进现有的网络营销计划，在即使没有发生意外的情况 下，也要在网络营销计划的执行过程中加强控制。以应对执行网络营销计划的过程中可能会出现的许多意外情况，以确保网络营销目标的实现。

✍ 回到学习情境

通过 4.1～4.3 节内容的学习，了解网络营销战略设计的步骤，确定网络营销策略组合，掌握一些营销型网站推广手段，最终能够有计划地实施网络营销战略。下面我们回到学习情境中，针对该公司进入万维网制定相应的网络营销战略。

任务 1 确定进入万维网的目标

对埃沃斯特广告公司而言，进入万维网就是在网上创建公司的站点，向访问者三维地展示公司状况。

进入万维网可使埃沃斯特成为一个更易接近的代理商，使更多的客户享受它的服务和质量。埃沃斯特广告公司进入万维网可以期望得到如下效果：

(1) 增加客户。通过开发创造性的、充满智慧的、信息丰富的、吸引力强的网页才能吸引更多的顾客。因为他们对广告也有同样的要求。通过网页的设计水平，他们能推测公司的广告制作水平。

(2) 展示本公司的历史。在网上向访问者展示公司成功历史，证明本公司在营销业务上的实力。网络不会强行地向访问者灌输这些内容，只有访问者对这些信息感兴趣时，才会自己打开有关页面阅读。

(3) 发布信息。可以在网上发布投资者感兴趣的信息，例如可以在网上公布公司的年度财务报表、证券的有关数据等。

(4) 促进公共关系。可利用网络工具进行本公司的新闻发布，促进公共关系等。

(5) 利用网络工具招聘新的人才。公司可以在网上发布对所需要的人才进行招聘的信息，并通过网络进行联络，以便在大范围内选择所需要的人才。

(6) 建立网络社区。公司可以利用网络工具组建一个围绕本公司的"网络社区"，通过网络社区获取客户对本公司的信息反馈。

任务 2　分析进入网络营销的主要任务

公司要进入互联网，要保证网络营销的成功，首先需要做以下工作：公司所有标志物、印刷品上均应印有公司的网络地址；在至少两个以上的搜索引擎上注册网址，如 Yahoo! 和 Infoseek 等；在注册时采用与公司工作有关的关键词，即要达到看到该词就能联想到本公司的目的；在相关的国家、地区举行新闻发布。另外还要考虑以下两个方面的问题：① 费用。② 竞争者。本公司的一些竞争者已在网上创建了成功的站点。如 Yahoo! 和 Infoseek 各月都有 100 多个广告代理商登记；有不少站点充满智慧、富于创造性；有专题和专家讲座时，聊天室里总是挤满了访问者；竞争者的网址有 www.cks.com,www.glness.com 等，这些网址有充满智慧、富于挑战性、信息丰富的设计范例。

任务 3　设计广告公司网站

公司网页设计包括的基本内容有：公司简介、服务内容和顾客、公司事件、请与我们对话、娱乐、投资者信息、人才招聘和交通图。

此外，还包括公司的标志、营销宗旨以及一个能贯穿整个网址的创造性的主题。各功能模块所包括的主要内容如下：

(1) 公司简介。

① 我们是谁？包括欢迎信、公司历史、主要人员(附上主要成绩)等。

② 我们能做什么？列出服务内容和公司各部门等。

③ 我们在哪里？即地址和地图。

(2) 服务内容与顾客。

① 服务内容列表。各项内容举例、各类服务联系人(E-mail 地址)。

② 顾客表。

② 公文。分国别和语种。

(3) 公司事件。

① 新闻发布。

② 成功事件。包括奖励和扩展等事件。

③ 新顾客。

(4) 请与我们对话。

① 建议。

② 评论。

③ 聊天室。包括有创造力的广告热衷者，营销、广告策划人，广告专家，国际分部(欧洲、亚洲、澳洲)等。

(5) 娱乐。

① 滑稽的广告故事/笑话。

② 可下载的广告曲。

③ 可下载的最受欢迎的广告。

④ 竞争对手创作的受欢迎的广告。

⑤ 你最喜欢的广告。

⑥ AD 抢答、竞争。

(6) 投资者信息

① 年度财务报表。

② 华尔街新闻。

另外，人才招聘和交通图按照公司的真实的情况地进行发布和说明，以便使公司招收到更优秀的人才和方便联系。

☺ 任务拓展

以小组为单位，为某一企业制定一份可行的网络营销计划方案。

学习单元五

营销型网站策划

能力目标

- 能够搭建营销型网站框架；
- 能够参与网站设计和策划；
- 能够推广营销型网站；
- 能够和美工、设计人员进行交流；
- 能对网站优化提出可行性方案。

学时：6 学时

专业知识

- 网站建设流程；
- 网络基本要素；
- 网站推广和优化。

学习情境

　　盘石信息公司自成立以来，一直专注于中小企业网络营销服务，通过短短 6 年的时间，已经成为国内知名的中小企业网络营销服务的领跑者。公司拥有上千名资深的营销顾问和服务团队，其技术中心更是拥有一支由上百名曾服务于微软、IBM、戴尔等公司的顶尖软件开发工程师组成的资深研发团队。最近盘石接待了一个新客户(辉春)期望能建立一个营销型网站。辉春医疗器械有限公司是江苏某地级市一家小型企业，近两年也在通过电子邮件、网上发布广告等方式拓展自己的销售，并且也建立了企业网站，但网站大部分只是简单的公司和产品介绍，没有真正起到网络营销作用。该公司想提升网站功能，建成营销型网站，为公司网络营销服务，但是自建网站技术专业要求高、步骤繁琐、成本高，使得该想法建设迟迟得不到落实。

　　假如你是盘石公司委任的项目负责人，如何策划和完成这个项目呢？

任务分析

❖ 任务 1：定位辉春网站建设需求。
❖ 任务 2：辉春原有网站诊断。
❖ 任务 3：辉春营销型网站设计开发。

案例导入

九头鸟借网站促销展翅奋飞

"天上有九头鸟，地上有湖北佬。"九头鸟是中国餐饮业一个极具地域特色的知名品牌，其使命是传承荆楚文化、弘扬湖北美食！九头鸟在北京已经拥有数十家分店，且陆陆续续不断有新店开业。

公司在发展的过程中也逐渐建立了自己的网站，但对于像九头鸟这样从事传统行业的企业而言，建立一个企业网站在技术实施和网站维护上都存在着较高的门槛。2007 年底，九头鸟对原有网站进行了第一次改版，网站改版后，页面设计比较满意，也受到了顾客的好评。但作为餐饮企业，菜品的更新和优惠活动是具有一定的实效性的，商家在把这些信息及时在网站上发布的时候发现了不能添加视频、不能自行设立板块等问题，这让他们非常头疼。网站的后台系统使用起来也非常复杂，由于九头鸟没有专门的 IT 人员，不得不重新委托给建站公司处理，但每次的响应都无法让他们满意。

迫于网站自主维护问题的制约，2009 年初九头鸟公司选择中国万网为其建设一个新网站。九头鸟公司副总经理余慧英女士特别要求网站具有较好的更新功能，线上网站与线下店面能密切配合，从而能有更好的宣传效果。也更加能彰显九头鸟的使命：餐中有文化，食之有品味，为顾客提供尽善尽美的用餐享受。这次网站的重建就是想把这一使命传递给每一个浏览网站的用户。"如果一个分店要进行促销活动，除了店面布置外，公司网站也要能快速反应，为经常使用网络的食客提供了解促销活动的官方渠道"。据中国万网产品副总裁宋瑛桥介绍，像九头鸟这种网站维护更新问题比比皆是。原因在于这种网站均出自于报价低、人员少、随意承诺条件的中小建站公司。

"重建时间要快，价格要适中，要能自主管理，选择一家有规模且知名的互联网公司，网站要符合九头鸟饮食文化和湖北历史文化融合的互联网营销策略"。余副总认为，更为重要的是栏目能够自己管理，能够配合我们随时发布新的菜品和促销活动以及公司的新闻。网站建设初期，中国万网的高级网页设计师周传芳与余副总进行了深入的沟通。周传芳根据九头鸟公司提出的网站规划思路，凭借着自己多年的设计经验以及对九头鸟公司企业文化的深刻理解，提出了自己的设计理念，很快得到了九头鸟公司的认可并着手设计。

三天后大量运用"中国红"元素的网站效果图呈现给九头鸟公司——红色代表"九头鸟"乐观向上、斗志昂扬的精神，象征"九头鸟"事业红红火火，蒸蒸日上；设计师在设计中着重表现了"九头鸟"的质朴，将古朴典雅的荆楚文化与饮食文化有机的融合在一起。

经过简单的调整后，周传芳还是将网站效果图实现到网站之中，由于采用在线制作的方式，九头鸟公司可以随时通过临时网址与周传芳同步交流网站的制作进程，周传芳可以及时的按照九头鸟公司的要求对网站进行修改。"我通过电话告诉周传芳修改意见，只需刷新一下页面就看到效果了，这是之前完全想象不到的。"

高效的网站建设方式，使九头鸟的新网站只用 9 天就建设完成并正式上线使用。公司员工通过网站的智能管理后台，像做拼图一样，可以在内置的上百种功能模块中，以菜单形式选择需要的网站功能，添加到网站中。"像移动表格一样，就可以修改网站栏目的位置"。

作为公司运营中心的负责人，余副总对现在的网站非常满意。她认为，"所见即所得"并且通过在线互动的方式及时交流反馈，是九头鸟网站快速建设完成的主要原因。"在我们和万网工作人员的密切配合下，网站光荣地完成了我们的历史使命，真正的把湖北文化体现在了网站里面。"中国万网的网站建设服务真正能够根据客户要求进行个性化设计，并能提供全功能网站管理后台的建站服务。

现在配合店面促销活动，九头鸟公司策划部只要 30 秒就可完成网站促销信息的发布。登录九头鸟网站后台，用标准的 Word 操作功能，Ctrl + c 和 Ctrl + V 把已经准备好的活动信息发布到网站当中，"求人不如求己，再也不用像以前那样整天追着建站公司，催促他们赶快更新网站"。现在九头鸟网站已经成为网络营销的桥头堡，在北京又新开了两家分店，食客们通过九头鸟的网站就能了解新店促销信息，通过网站提供的优惠券又能享受到更多的实惠。

小组讨论：

1. 九头鸟网站在初期有哪些维护更新问题？
2. 九头鸟重新建站的主要需求是什么？
3. 目前九头鸟网站后台管理如何？

5.1　营销型网站分析

5.1.1　营销型网站

营销型网站是最近几年才新出来的名词，目前在行业内还没有一个标准的定义。结合企业网络营销策划实战经验，我们认为营销型网站是指以现代网络营销理念为核心，基于企业营销目标进行站点规划，具有良好搜索引擎表现和用户体验、完备的效果评估体系，能够有效利用多种手段获得商业机会，提高产品销售业绩和品牌知名度的企业网站。

1. 营销型网站概念的产生

企业网站在国内发展从技术角度看经历了两大发展阶段：

第一阶段是以静态 HTML 为代表的企业网站建设，更多的企业网站是建设在满足企业信息和产品信息的简单展示功能上，那时的网站是企业的网络名片，仅仅是将企业信息在网络上展示而已。这个阶段企业网站主要存在以下问题：网站维护困难，需要懂 HTML 代码和网页编辑软件的工作人员，网站需要更新的话每次都需要使用 FTP 等软件；网站无法承受大量产品，因为这个阶段没有采用数据库技术，每增加一个产品或一个信息页面均需要改动所有有关联的页面的超级链接等。

第二个阶段是基于动态网页技术的迅速普及企业网站建设的发展阶段，从这一阶段来看，企业网站的发展主要表现在技术革新的发展，大量企业网站采用动态数据库技术，实现了企业快速建站和满足了日常维护方便的需要，而在这一阶段也涌现出了更多的企业建站系统，涌现出了更多的模板建站业务模式等。

纵观企业网站以上两个发展阶段历史不难看出，这两个阶段的网络建设主要以技术为导向，以技术发展为核心，都没有从帮助企业改善经营的角度来规划企业网站，而企业的需求是以市场、业务的需求为导向，因此企业网站建站技术与服务与企业对网站营销的需求的矛盾日益突出并加剧。

网站必须具备一定的营销性才能够满足企业对网站营销的需求。在企业网站建设的大环境下营销型网站从概念和理论上打破以技术为导向的企业网站发展历程。营销型网站概念的提出，打破了企业对于网站建设的传统认识。事实证明，传统观念中的网站 FLASH 形象首页、大篇幅企业新闻报道、领导人风采展示、产品介绍不详等现象，均使得企业网站营销职能难以很好地发挥出来。营销型网站以网络营销为核心目标来进行网站建设，整合了各种网络营销理念和网站运营管理方法，不仅注重网站建设的专业性，更加注重网站运营管理的整个过程，是企业网站建设与运营维护一体化的全程网络营销模式。

2. 营销型网站的核心衡量标准

(1) 紧扣企业营销目标。营销型企业网站一定是为了满足企业某些方面的网络营销功能，比如宣传企业及产品为主的企业网站营销功能，以销售为主的企业网站营销功能，以国际市场开发为主的企业网站营销功能，等等。紧扣企业经营目标，从而通过网站这样的工具来实现其网站营销的价值。

(2) 良好的搜索引擎表现。企业网站一个重要的功能是营销推广，而搜索引擎是目前网民获取信息最重要的渠道，如果企业网站无法通过搜索引擎进行有效推广，那么这个企业网站从一定程度上来讲其营销性会大打折扣，所以营销型企业网站必然注重搜索引擎优化。在营销型网站建设中，搜索引擎优化是一项基础和长期的工作，从企业网站的策划阶段一直贯穿到企业网站的整个运营过程。

(3) 良好的客户体验。企业网站最终面对的是客户或者是与本公司业务有关联的组织和个人，如何提升企业网站的客户体验，是营销型企业网站必须考虑的重要问题。企业网站是一个直接面对客户的窗口，更需要重视其客户体验性。一个具备良好客户体验的营销型企业网站一般具备如下特点：易用性(网站的速度、安全、兼容性以及导航等)、网站的沟通性(对于特殊用户群体的定制，企业网站应该具备的交互与沟通功能)、网站的可信度(与传统信息的一致以及站内信息的一致，信赖程度等)、易于传播(分享是网络营销中价值转换率最高的一种模式)等方面。

(4) 重视细节。细节本也是客户体验中一个重要的元素，由于其重要性我们单独将其作为营销型企业网站的一个因素，在营销型网站的流程制定、内容维护、网站管理中都需要注重细节问题。

⚠注意：

营销型企业网站是以营销为导向，即是以企业营销与网络营销目标为网站营销规划与建设的指导思想，这个时候技术是作为实现的工具。以营销为导向并不是否定技术的重要，在营销型企业网站整体体系中，技术是基础，同时技术也是支持营销型网站实现营销目标的一个不可或缺的重要因素，对新技术的应用是营销型网站解决方案的一大特点。

5.1.2　企业对营销型网站的需求

自从全球互联网兴起以来，对人类生活与经济行为逐步产生重大影响。中国网络经济的发展处于快速发展期，随着整个全球经济的 2010 年回暖之后，网络经济的增速其实是保持一个高位。目前整个网络经济的增长，实际上是 GDP 增长的 6 倍左右。作为开展网上商业行为的系统化有效手段，网络营销已经被大多数企业认识和接受，网络营销的经济价值已经被社会广泛认可并产生极大的市场需求。

根据中国电子协会数字服务中心的《2011 年电子商务行业研究报告》中发布的 2011 年中国网络广告专题数据显示，我国网络消费总量快速增长，2010 年上半年网络消费总量达到 4734 亿元，2010 年全年增幅为 48.8%左右，中国网民网络消费总量首次突破 10 000 亿元人民币大关，人均月度网络消费额达 206 元，这对中小企业利用互联网开展网络营销来说是极大诱惑。

企业对营销型网站的需求日益增长。现阶段，不仅网络营销服务市场规模扩大，更多的网络营销资源和网络营销方法不断出现，同时企业网络营销的专业水平也不断提高，企业对网络营销的认识程度和需求层次提升。具体表现在：

1. 中小企业试水"网络营销"，企业网站建设专业水平有待提高

根据中国互联网络信息中心的统计数据，到 2010 年底中小企业互联网接入比例达 92.7%，规模较大的企业互联网接入比例更是接近 100%。43%的中国企业拥有独立网站或在电子商务平台建立网店；中小企业网络营销应用水平为 42.1%；57.2%的企业利用互联网与客户沟通，为客户提供咨询服务。

前几年企业网站建设发展速度较快，只重视数量而忽视质量的问题使得企业网站未能为企业带来明显的效益。目前特别是中小企业互联网应用中，网站功能主要还是集中在展示上，互动功能、交易功能、后台统计功能方面还有所欠缺，这也导致多数企业网站形同虚设，没有发挥作用。

造成企业网站建设专业水平不高的主要因素是，大部分企业的网站建设工作都依赖于网络营销服务商的专业水平，而各个网络营销服务商的水平差别很大，并且没有权威的专业性指导规范，不仅网站建设服务商为企业制作网站没有可遵循的原则，而且各个服务商之间为争夺客户只能陷于低层次的价格竞争。其结果是，为了节省成本，使得企业网站水准降低，或者因为服务商本身的水平不高，为企业建设的网站根本就没有使用价值。这种状况对于网络营销服务市场的进一步发展，以及对于企业的网络营销开展都是非常不利的。因此如何提高企业网站建设的专业水平，是企业网络营销过程中值得高度重视的问题。

2. 网络营销服务市场继续快速增长，新型网络营销服务不断出现

网络营销服务市场规模不断扩大的同时，网络营销服务产品类别也在不断增加。尽管其市场规模还比较小，但显示出较好的发展前景。其中值得关注的领域包括网络营销管理工具、专业的网络营销管理顾问服务、网络营销培训等。除了网站建设之外，网络营销服务商还可以帮助企业进行全程营销，从前期的基础建站到推广，到中期营销和管理功能的建立，再到后期的品牌形象的深入，为企业打造专属的营销平台。

3. 企业对网络营销的认识程度和需求层次提升

企业对网络营销的认识和需求产生了明显的转变。企业更容易接受新的网络营销方式，关注新的网络营销动态，比如关注无线互联网购物；企业更希望获得网络整合营销而不仅仅是购买孤立的网站推广产品(如分类目录登录、搜索引擎竞价)，越来越多的企业已经将营销预算中添加了网络整合营销。企业越来越重视网站诊断和优化服务，网站优化对企业网络营销的价值逐渐为企业所认识，网站优化已经成为网络营销经营策略的必然要求。

4. 网络市场广告将超越报纸广告

营销型网站是企业网络市场广告的主要承载方式。现在企业宣传已经摆脱了传统媒体，比如电视，报纸等平面媒体的束缚，而且在传统媒体日益高涨的广告费用面前，很多中小企业迫于成本压力，更多的把营销方向转向互联网，特别是近年来互联网的成长，网络营销的性价比逐渐提升，中国网络广告市场可能仅次于电视广告规模，超过报纸广告规模，成为中国广告第二。其中，搜索引擎在未来几年的发展，都会保持比较快速的、高过整个广告市场的一个增长速度；2010 年整个视频广告收入是 21.5 亿，其增长速度基本上是整体网络广告市场增速的两倍，这也预示着整个网络广告当中，视频网络广告增长速度将最快。

5.2 营销型网站功能设计

5.2.1 网站建设基本流程

1. 网站规划阶段

1) 建设网站前的市场分析

● 相关行业的市场是怎样的，市场有什么样的特点，是否能够在互联网上开展公司业务；

● 市场主要竞争者分析，竞争对手上网情况及其网站策划、功能作用；

● 公司自身条件分析、公司概况、市场优势，可以利用网站提升哪些竞争力，建设网站的能力(费用、技术、人力等)。

2) 建设网站目的及功能定位

● 为什么要建立网站，是为了树立企业形象、宣传产品、进行电子商务，还是建立行业性网站？是企业的基本需要还是市场开拓的延伸？

● 整合公司资源，确定网站功能。根据公司的需要和计划，确定网站的功能类型，根据网站功能，确定网站应达到的目的作用。

● 企业原有信息化管理状况以及网站的建设情况和网站的可扩展性。

2. 网站技术解决方案

根据网站的功能确定网站技术解决方案：

● 企业是采用自建服务器，还是租用虚拟主机。对于经济实力雄厚的企业可考虑独立服务器，因为独立服务器可让客户更快速地浏览而且易管理，但独立服务器成本比较高，中小企业一般是承担不起，除非流量相当大的网站才需要构架独立服务器。

- 选择操作系统，用 Window 2000/NT，还是 Linux。
- 分析投入成本、功能、开发、稳定性和安全性等。
- 采用模板自助建站还是个性化开发。网站安全性措施，防黑、防病毒方案。
- 选择什么样的动态程序及相应数据库。如 ASP、JSP、PHP 程序；SQL、ACCESS、ORACLE 等。

在建设网站前首先考虑的就是注册域名，由域名构成的网址会像商标那样，在互联网上广为流传，好域名有助于你将来塑造自己在网上的国际形象。域名选择的基本原则是好记，基本要求是网友一想起你的网站脑海里就会同时浮现出你网站的域名，比如三个字的名字比十个字的名字要好记，通过注册域名，使企业在全球 Internet 上有唯一标识，也是社会各用户浏览该企业的门牌号和进入标识。

3．确定网站内容

(1) 根据网站的目的确定网站的结构导航。一般企业型网站应包括：公司简介、企业动态、产品介绍、客户服务、联系方式、在线留言等基本内容。更多内容如：常见问题、营销网络、招贤纳士、在线论坛、英文版等。

(2) 根据网站的目的及内容确定网站整合功能。如 FLASH 引导页、会员系统、网上购物系统、在线支付、问卷调查系统、在线支付、信息搜索查询系统、流量统计系统等。

(3) 确定网站的结构导航中的每个频道的子栏目。如公司简介中可以包括总裁致词、发展历程、企业文化、核心优势、生产基地、科技研发、合作伙伴、主要客户、客户评价等；客户服务可以包括服务热线、服务宗旨、服务项目等。

4．网页设计

网页美术设计一般要与企业整体形象一致，要符合企业 CI 规范；要注意网页色彩、图片的应用及版面策划，保持网页的整体一致性，在新技术的采用上要考虑主要目标访问群体的分布地域、年龄阶层、网络速度、阅读习惯等。

5．网站测试与发布

网站发布前要进行细致周密的测试，以保证正常浏览和使用。测试的主要内容：服务器稳定性、安全性；程序及数据库测试，网页兼容性测试，如浏览器、显示器；文字、图片、链接是否有错误。网站测试后发布的公关，广告活动，搜索引擎登记等。

6．网站宣传与推广

下面一个流程就是要考虑建设成功后的营销，也就是后期宣传了，专业上叫网站推广，推广也是一个网站成功的关键。推广的方式很多，有收费也有免费的，制定网站推广流程本身也是一种推广策略，推广流程不仅是推广的行动指南，同时也是检验推广效果是否达到预期目标的衡量标准。同时企业还可借助传统方式来推广网站如名片、办公用品、宣传材料、媒体广告等。

7．网站维护

网站维护主要包括：

- 服务器及相关软硬件的维护，对可能出现的问题进行评估，制定响应时间；
- 数据库维护，有效地利用数据是网站维护的重要内容，因此数据库的维护要受到重视；

● 内容的更新、调整等。

5.2.2　企业网站基本要素

从用户的角度来看，一个企业网站是由多个具有一定关联性的网页所组成，可以通过浏览器界面实现信息浏览，并且使用网站的功能和服务；从网站的运营者来说，企业网站是一个可以发布企业信息、提供顾客服务，以及在线销售的平台；而在开发设计人员看来，企业网站无非是一些功能模块，通过网页的形式将前台和后台结合起来。一个完整的网站，无论多么复杂或者多么简单，都可以划分为三个基本要素：结构、内容和功能。

1．网站的结构

网站结构是为了合理地向用户传达企业信息所采用的栏目设置、网站导航、网页布局、层次结构等信息的表现形式。网站结构在网站规划阶段就必须综合考虑，是企业网站建设的指导方向，只有确定了网站结构，才能进行具体的网页设计工作。

1) 网站栏目结构

为了清楚地通过网站表达企业的主要信息和服务，可根据企业经营业务的性质、类型等将网站划分为几个部分，每个部分就成为一个栏目(一级栏目)，每个一级栏目则可以根据需要继续划分为二级、三级、四级栏目。根据经验，一般来说，一个企业网站的一级栏目不应该超过 8 个，而栏目层次以三级以内比较合适。这样对于大多数信息，用户可以在不超过 3 次点击的情况下进入到感兴趣的页面，过多的栏目数量或者栏目层次都会为浏览者带来麻烦，或者让浏览者失去兴趣而放弃浏览。

网站栏目设置是一个网站结构的基础，也是网站导航系统的基础，所以应做到设置合理、层次分明。网站的栏目结构是一个网站的基本架构，通过合理的栏目结构使得用户可以方便地获取网站的信息和服务。任何一个网站都有一定的栏目结构，但不是随便将一些栏目链接起来就能形成了合理的网站栏目结构。很多企业网站栏目设置得不合理，严重影响了网站的网络营销效果。如栏目设置有重叠、交叉，栏目过于繁多和杂乱，或者栏目名称意义不明确等，给人造成混乱，使得用户难以发现需要的信息。

2) 网页布局

当我们浏览一个网站的时候，给人的第一印象就是网站的外观，网站的外观能更好地吸引网站浏览者去阅读网站内容。所以要想吸引更多的眼球，首先必须做好网页布局。网页布局是指当网站栏目结构确定之后，为了满足栏目设置的要求进行的网页模板规划。网页布局大致可分为"国"字型、拐角型、"T"字型、"L"字型、综合框架型、Flash 型、变化型等。网页布局主要包括几个内容：网页结构定位、网站菜单和导航条的设置等。

网页结构定位通常有表格定位和框架定位。表格定位的优势在于它能对不同对象加以处理，而又不用担心不同对象之间的影响。而且表格在定位图片和文本上比起用 CSS 样式更加方便。表格定位唯一的缺点是，当你用了过多表格时，页面下载速度受到影响。框架布局可以将浏览器窗口划分为不同的部分，每部分中装载不同的网页，从而获得一种特殊的浏览效果。

网页定位时要确定网页的宽度。网页的整体宽度可分为三种设置形式：百分比、像素、像素＋百分比，通常在网站建设中以像素形式最为常用。由于用户所采用的显示器分辨率并不相同，并且在不同时期会发生变化，因此在进行网页结构定位时，应对用户浏览器的状况进行必要的研究，应该照顾到大多数用户所采用的分辨率模式，而不是机械地模仿其他网站。现在我们通常用的是 1024×768 和 800×600 的分辨率，而网络上很多都是用到 778 个像素的宽度，在 800 的分辨率下面往往使整个网页看上去很压抑，有种不透气的感觉，其实这个宽度是指在 800*600 的分辨率上网页的最宽宽度，不代表最佳视觉，不妨试试 760～770 的像素，不管在 1024 还是 800 的分辨率下都可以达到较佳的视觉效果。

网站的菜单一般是指各级栏目，由一级栏目组成的菜单称为主菜单。主菜单一般会出现在所有页面上，而网站首页一般只有主菜单。在网站各个栏目页面(也就是二级页面)则可能出现进一步菜单，将栏目进行细分，可称为栏目菜单，或者辅助菜单。

导航条提供各个站点的相关主题，引导浏览者有条理的浏览网站，通常放置在页面的上部或左侧。导航是网站最重要的组成部分之一，一个有吸引力的导航能够引导用户浏览网站中的更多内容。导航条的布局需要和网页内容完美地融合在一起，其基础是网站的栏目设置，常见的形式是通过在各个栏目的主菜单设置一个辅助菜单来说明用户目前所在网页的位置。其表现形式比较简单，一般形式为：首页→一级栏目→二级栏目→三级栏目→内容页面。

【小知识】用户网页浏览注意力"F 现象"

美国一个研究组织 The Poynter Institute 对 46 个网民阅读新闻网站和多媒体内容站点时眼球运动规律进行了监测跟踪，得出了一部分研究结果。被调查者被安排浏览几种不同的新闻网站首页，结果发现一个共同的眼球运动模式，即视线通常固定在网页左上角，然后在这个区域一阵后，开始右移，在顶部位置仔细停留阅读后，开始往下扫描。

美国另一家专门研究网站和产品易用性的公司 Nielsen Norman Group 使用精密的"眼球跟踪设备"来研究网页浏览者的网页浏览行为，并且发布了一个关于用户网页浏览行为的研究结果。Nielsen Norman Group 用户网页浏览行为研究主要结论包括：

1. 用户对网页的浏览视线呈"F"型(即网页浏览注意力"F 现象")。他们更倾向于在网页顶部阅读长句，随着网页越往下，他们越不会阅读长句，这就使得每个句子的开头两个词汇尤其重要。这与网络营销型网站设计时要把重要信息放在网页左上方的设计思想是一致的。

2. 人们非常擅长于筛选出一页中无关信息，将注意力集中到一小部分突出的网页元素中。

3. 访问者对那些图片中有人物直视自己的内容非常注意，如果那个直视自己的人物有一定吸引力则效果更佳，但相貌不要太漂亮。如果图片中的人物犹如职业模特则没有吸引力，因为这样的人物没有亲和力。

4. 图片放在网页正中会对访问者产生阻碍。

5. 用户对那些提供有用信息的图片会产生更好的反响，装饰性过强的图片则难以激起用户反应。

6. 消费者对于搜索引擎结果中的广告链接一瞥而过，作为"其次考虑"的事情。

与一般网页浏览用户注意力"F 现象"类似的是，用户对搜索引擎检索结果的注意力也呈"F型"(即 google 搜索结果金三角),与 google 搜索结果金三角类似,我们也可以把网页浏览注意力"F现象"称之为"网页浏览注意力金三角"。

2．网站的内容

网站的内容是网站的核心,网站的栏目结构和网站布局以及网站的后台功能等,都是为了体现网站内容而提供的支持系统。为用户提供有价值的内容是企业网站运营生长的基础。

一个企业网站在不同时期的内容、服务和功能是不断发展变化的,不同时期的网站内容可能有很大差别,网站的内容有两个方面的决定因素:一是企业当时的经营状况和企业的发展阶段;二是行业内其他企业网络营销发展状况。在企业的不同规模、不同的经营策略、不同的产品线和不同的营销策略下,网站的内容一定会有差别;而整个行业的网络营销水平的提高,也将促使企业的网络营销策略发生变化,同样会影响网站的基本内容。

作为一个专业的企业网站,在内容规划时应该尽可能全面的提供用户关心和需要的信息。一般说来,营销型网站的基本内容有如下几类。

(1) 公司信息:公司信息是为了让公司网站的新访问者对公司状况有初步的了解,公司是否可以获得用户的信任,在很大程度上会取决于这些基本信息。在公司信息中,如果内容比较丰富,可以进一步分解为若干子栏目,如:公司概况、发展历程、公司动态、媒体报道、主要业绩(证书、数据)、组织结构、企业主要领导人员的介绍、联系方式等。

(2) 产品信息:企业网站上的产品信息应全面反映所有系列和各种型号的产品,对产品进行详尽的介绍,如果必要,除了文字介绍之外,可配备相应的图片资料、视频文件等。其他有助于用户产生信任和购买决策的信息,都可以用适当的方式发布在企业网站上,如有关机构和专家的检测及鉴定、用户评论、相关产品知识等。

产品信息通常可按照产品类别分为不同的子栏目。如果公司产品种类比较多,无法在简单的目录中全部列出,为了让用户能够方便地找到所需要的产品,除了设计详细的分级目录之外,还有必要增加产品搜索功能。

(3) 用户服务信息:用户对不同企业、不同产品所期望获得的服务有很大差别。网站常见的服务信息有产品选择和使用常识、产品说明书、在线问答等。

(4) 促销信息:网站拥有一定的访问量对企业网站本身便具有一定的广告价值,因此,可在自己的网站上发布促销信息,如网络广告、有奖竞赛、有奖征文、下载优惠券等。网上的促销活动通常与网下结合进行,网站可以作为一种有效的补充,供用户了解促销活动细则、参与报名等。

(5) 销售信息:当用户对于企业和产品有一定的了解,并且产生了购买动机之后,在网站上应为用户购买提供进一步的支持,以促成销售。在决定购买产品之后,用户仍需要进一步了解相关的购买信息,如最方便的网下销售地点、网上订购方式、售后服务措施等。

(6) 公众信息:指并非作为用户的身份对于公司进行了解的信息,如投资人、媒体记者、调查研究人员等。公众信息包括股权结构、投资信息、企业财务报告、企业文化、公关活动等。

(7) 其他信息:根据企业的需要,可以在网站上发表其他有关的信息,如招聘信息、采购信息等。对于产品销售范围跨国家的企业,通常还需要不同语言的网站内容。

在进行企业信息的选择和发布时，应掌握一定的原则：有价值的信息应尽量丰富、完整、及时；不必要的信息和服务，如天气预报、社会新闻、生活服务、免费邮箱等应力求避免。

3．网站的功能

企业网站的功能可分为前台和后台两个部分。前台即用户可以通过浏览器看到和操作的内容，后台则是通过网站运营人员的操作才能在前台实现相应功能。后台的功能是为了实现前台的功能而设计的，前台的功能是后台功能的对外表现，通过后台来实现对前台信息和功能的管理。

企业网站常见的功能有以下几个方面，但并非每个网站都需要所有功能，对于一些大型网站则会有更复杂的功能需求。

(1) 产品/服务管理。顾客访问网站的主要目的是为了对公司的产品和服务进行深入的了解，企业网站的主要价值也就在于灵活地向用户展示产品说明及图片甚至多媒体信息。为了便于展示企业产品和服务，企业必须能通过后台更新和维护企业产品及服务信息，实现产品资料的增加、删除和修改等操作。

(2) 信息发布。网站是一个信息载体，在法律许可的范围内，可以发布一切有利于企业形象、顾客服务以及促进销售的企业新闻、产品信息、各种促销信息、招标信息、合作信息、人员招聘信息等。一般企业网站多采用后台发布信息的方式发布企业网站展示的多数信息。

(3) 网上销售。建立网站及开展网络营销活动的目的之一是为了增加销售，一个功能完善的网站本身就可以完成订单确认、网上支付等电子商务功能，即网站本身就是一个销售渠道。

(4) 会员管理。如果需要用户注册才能获得某些服务，或者希望用户参与某些活动，那么用户管理功能是十分有必要的。

(5) 网上调查。一个高质量的网上调查系统可以在多方面获取用户的反馈信息。通过网站上的在线调查表，可以获得用户的反馈信息，用于产品调查、消费者行为调查、品牌形象调查等，是获得第一手市场资料有效的调查工具。

(6) 顾客服务。通过网站可以为顾客提供各种在线服务和帮助信息，比如常见问题解答(FAQ)、在线填写寻求帮助的表单、通过聊天实时回答顾客的咨询等。

(7) 广告管理。企业网站内有一些很有价值的广告空间，广告管理系统用于站内各种网络广告资源的管理。为了获得更好的网上推广效果，也可以与供应商、经销商、客户网站以及其他内容互补或者相关的企业建立合作关系，进行交换链接管理。

(8) 流量统计。网站流量统计分析是检验企业网络营销效果的必要方法之一，也是分析用户行为，发现网站设计和功能是否存在问题从而加以改进的重要指标之一。一个完善的网站流量统计系统比较复杂，一般会采用专业服务商提供的专业软件来实现。

5.3　营销型网站推广

5.3.1　网站推广概述

网站推广的目的在于让尽可能多的潜在用户了解并访问网站，从而利用网站实现向用户传递营销信息的目的，争夺有限的注意力资源，提高网站访问量。用户通过网站获得有关产品和公司的信息，为最终形成购买决策提供支持，为企业创造商机。网站推广是网站营销职能成功发挥的前提条件，也是网络营销的基本活动之一，是网络营销工作的基础。尤其对于中小企业网站，用户了解企业的渠道比较少，网站推广的效果在很大程度上也就决定了网络营销的最终效果，因此网站推广在早期网络营销中甚至成为企业网络营销的主要任务。

网络推广的方法主要包括搜索引擎推广、网络广告推广、电子邮件推广、网站链接推广、病毒营销推广、信息发布推广、传统媒体推广等，这也恰恰是用户获得网站信息的主要途径。每种网站推广的方法都需要相应的网络工具和资源，这些工具和资源都是一些常规的互联网应用的内容。但是每种工具在不同的应用环境都会有多种表现形式，因此建立在这些工具基础之上的网站推广方法相当繁多，这一方面为网站推广提供了更多机会，同时另一方面也增加了用户了解网站的渠道。常见的网站推广方法及相关网络工具和资源如表 5-1 所示。

表 5-1　常见的网站推广方法及相关网络工具和资源

网站推广方法	相关推广工具和资源
搜索引擎推广	搜索引擎和分类目录
网络广告推广	分类广告、在线黄页、网络广告空间
电子邮件推广	潜在用户的邮件地址、邮件列表
网站链接推广	合作伙伴的访问量、内容、用户资源等
病毒营销推广	电子书、免费软件、免费游戏、聊天工具等
信息发布推广	行业信息网站、网络信息中介中心、论坛、社区、博客、微博
传统媒体推广	电视、报刊杂志、电台等

1. 营销型网站推广运用的基本方法

(1) 搜索引擎推广方法。搜索引擎推广是指利用搜索引擎、分类目录等具有在线检索信息功能的网络工具进行网站推广的方法。搜索引擎的基本形式可以分为网络蜘蛛型搜索引擎(简称搜索引擎)和基于人工分类目录的搜索引擎(简称分类目录)。随着搜索引擎形式的进一步发展变化，也出现了其他一些形式的搜索引擎，不过大都是以这两种形式为基础。

搜索引擎推广的方法又可以分为多种不同的形式，常见的有：登录免费分类目录、登录付费分类目录、搜索引擎优化、关键词广告、关键词竞价排名、网页内容定位广告等。

从目前的发展趋势来看，搜索引擎在网络营销中的地位依然重要，并且受到越来越多企业的认可，搜索引擎营销的方式也在不断发展演变，因此可不断地根据环境的变化选择搜索引擎营销的合适方式。

(2) 信息发布推广方法。将有关的网站推广信息发布在其他潜在用户可能访问的网站上，利用用户在这些网站获取信息的机会实现网站推广的目的，适用于这些信息发布的网站包括在线黄页、分类广告、论坛、博客网站、供求信息平台、行业网站等。信息发布是网站免费推广的常用方法之一。

(3) 在线广告推广方法。网络广告是常用的网络营销策略之一，在网络品牌、产品促销、网站推广等方面均有明显作用。网络广告的常见形式包括 BANNER 广告、关键词广告、分类广告、赞助式广告、Email 广告等。BANNER 广告所依托的媒体是网页，关键词广告属于搜索引擎营销的一种形式，Email 广告则是许可 Email 营销的一种，可见网络广告本身并不能独立存在，需要与各种网络工具相结合才能实现信息传递的功能，因此也可以认为，网络广告存在于各种网络营销工具中，只是具体的表现形式不同。将网络广告用于网站推广，具有可选择网络媒体范围广、形式多样、适用性强、投放及时等优点，适合于网站发布初期及运营期的任何阶段。

(4) 电子邮件推广方法。以电子邮件为主要的网站推广手段，常用的方法包括电子刊物、会员通讯、专业服务商的电子邮件广告等。基于用户许可的 Email 营销与滥发邮件(Spam)不同，许可营销比传统的推广方式或未经许可的 Email 营销具有明显的优势，比如可以减少广告对用户的滋扰、增加潜在客户定位的准确度、增强与客户的关系、提高品牌忠诚度等。

(5) 资源合作推广方法。通过网站交换链接、交换广告、内容合作、用户资源合作等方式，在具有类似目标网站之间实现互相推广的目的，其中最常用的资源合作方式为网站链接策略，充分利用合作伙伴的网站访问量资源，相互合作互为推广。每个企业网站均可以拥有自己的资源，这种资源可以表现为一定的访问量、注册用户信息、有价值的内容和功能、网络广告空间等，利用网站的资源与合作伙伴开展合作，实现资源共享，共同扩大收益的目的。在这些资源合作形式中，交换链接是最简单的一种合作方式，调查表明它也是新网站推广的有效方式之一。交换链接或称互惠链接，是具有一定互补优势的网站之间的简单合作形式，即分别在自己的网站上放置对方网站的 LOGO 或网站名称并设置对方网站的超级链接，使得用户可以从合作网站中发现自己的网站，达到互相推广的目的。

(6) 快捷网址推广方法。即合理利用网络实名、通用网址以及其他类似的关键词网站快捷访问方式来实现网站推广的方法。快捷网址使用自然语言和网站 URL 建立其对应关系，这对于习惯于使用中文的用户来说，提供了极大的方便，用户只需输入比英文网址要更加容易记忆的快捷网址就可以访问网站，用自己的母语或者其他简单的词汇为网站"更换"一个更好记忆、更容易体现品牌形象的网址，例如选择企业名称或者商标、主要产品名称等作为中文网址，这样可以大大弥补英文网址不便于宣传的缺陷，因为在网址推广方面有一定的价值。随着企业注册快捷网址数量的增加，这些快捷网址用户数据也可相当于一个搜索引擎，这样，当用户利用某个关键词检索时，即使与某网站注册的中文网址并不一致，同样存在被用户发现的机会。

(7) 其他手段。例如自己拍摄或委托公司策划拍摄一部能吸引人眼球的视频，巧妙融入产品信息，上传到各大视频网站，然后在各大社区、论坛宣传，形成网络热点。曾经有一段牛人玩 iphone 和 MOTO 的视频在各大论坛疯传，无论有意还是无意为之，都为相关的企业做了很好的宣传。

2. 登记搜索引擎流程

搜索引擎是网民们查找所需信息最重要的来源之一，正因为如此，搜索引擎成为网站所有者在众多网站推广方法中的首选。在搜索引擎登记有三种办法，具体操作如下：

1) 主动到搜索引擎网站上登记

在许多搜索引擎网站上你都可以找到"登记网站"字样，点击该链接即可添加您的网站记录。不过提醒您注意，有的搜索引擎网站首页并无"登记网站"链接，而是到了分类目录下面才有的。绝大多数搜索引擎都可采用此方式进行登记，比如雅虎中文、悠游等。

2) 让搜索引擎自动搜索登记

天网、AltaVista 等搜索引擎是采用派出"机器人"自动搜寻网站信息并登记入库的方法。机器人辨识网站的重要依据便是如下这样两条语句：

其中"description"是指对网站的描述，"keywords"是搜寻关键字。"content"中是您要描述的内容或关键字，您可根据需要进行书写。

3) 采用批量提交软件或网站服务

有的软件可以帮助你向上百个搜索引擎同时提交网站记录，进行登记注册，大大简化了登记手续。同时，某些网站也提供有类似的批量提交服务。这种方法的缺点是，这种方式总让人感到不是太放心，不知道自己的网站是否真的被提交成功了，因为只有部分搜索引擎网站会向提交者反馈成功登记信息。

登录搜索引擎操作步骤如下：进入搜索引擎登录页面，输入网址，提交。登录搜索引擎是网站对外发布的标志，但由于搜索引擎收录新网站有一定的工作周期，一般为 1 周至 2 个月不等，因此此项工作越早动手越好。

还有，别忘记贴吧，经常用百度的人应该知道有一个栏目叫"贴吧"，就是论坛。每一个词都能成为一个贴吧，当在百度里输入一个词语时，网页右侧会出现一个相应的你可以创建的贴吧。如果你需要的贴吧已存在，则上面会显示最新的帖子，时不时上去更新一下帖子会有好处。如果没有，那你就创建一个，自己做吧主，什么都能控制。这等于在帮你优化搜索引擎。

【小资料】常见登录搜索引擎网站网址

雅虎搜索引擎免费登录入口

http://misc.yahoo.com.cn/search_submit.html

Yahoo!中国-搜索引擎免费登录入口

http://gb.chinese.yahoo.com/

Google 简体中文搜索引擎免费登录入口

http://www.google.com/intl/zh-CN/add_url.html

新浪爱问搜索引擎免费登录入口

http://iask.com/guest/add_url.php

搜狐-搜索引擎免费登录入口

http://db.sohu.com/regurl/regform.asp?Step=REGFORM&class

百度-搜索引擎免费登录入口

http://www.baidu.com/search/url_submit.html

协通网-搜索引擎免费登录入口

http://www.net2asp.com.cn/search/regform.htm

中国搜索-搜索引擎免费登录入口

http://service.chinasearch.com.cn/NetSearch/pageurlrecord/frontpageurl.jsp

5.3.2 网站推广的策略选择

在网站推广运营的不同阶段需要采用不同的方法和策略，不同阶段的侧重点也不一样，具有阶段性的特征。从网站推广的角度来看，一个网站从策划到稳定发展需要经历四个基本阶段：网站策划与建设阶段、网站发布初期、网站增长期、网站稳定期。

1. 网站策划与建设阶段主要特点

真正意义上的网站推广并没有开始，网站没有建成发布，当然也就不存在访问量的问题，不过这个阶段的"网站推广"仍然具有非常重要的意义。其主要特点表现在：

(1) "网站推广"很可能被忽视。大多数网站在策划和设计中往往没有将推广的需要考虑进来，这个问题很可能是网站发布之后才被认识到，然后才回头来考虑网站的优化设计等问题，这样不仅浪费人力，也影响了网站推广的时机。

(2) 策划与建设阶段的"网站推广"实施与控制比较复杂。一般来说，无论是自行开发，还是外包给专业服务商，一个网站的设计开发都需要由技术、设计、市场等方面的人员共同完成，不同专业背景的人员对网站的理解会有比较大的差异。

(3) 策划与建设阶段的"网站推广"效果需要在网站发布之后得到验证。在网站建设阶段所采取的优化设计等"推广策略"，只能凭借网站建设相关人员的主要经验来进行。是否真正能满足网站推广的需要，还有待于网站正式发布一段时间之后的实践来验证，并进一步作出修正和完善。

2. 网站发布初期推广特点

网站发布初期通常指网站正式对外宣传之日到大约半年左右的时间。网站发布初期推广的特点表现在：

(1) 网络营销预算比较充裕。企业的网络营销预算应用于网站推广方面的，通常在网站发布初期投入较多，这是因为一些需要支付年度使用费的支出通常发生在这个阶段。另外，为了在短期内获得明显的成效，新网站通常会在发布初期加大推广力度，如发布广告、新闻等。

(2) 网络营销人员具有较高的热情。在网站发布初期，网络营销人员非常注重尝试各种推广手段，对于网站访问量和用户注册数量的增长等指标非常关注。

(3) 网站推广具有一定的盲目性。尽管营销人员具有较高的热情，但由于缺乏足够的经验、必要的统计分析资料，加之网站推广的成效还没有表现出来，因此无论是网站推广策略的实施还是网站推广效果方面都有一定的盲目性。

(4) 网站推广的主要目标是用户的认知程度。推广初期网站访问量快速增长，让更多用户了解是这个阶段的主要目标，也就是获得尽可能多用户的认知，产品推广和销售促进通常居于次要地位，因此更为注重引起用户对网站的注意。

3. 网站增长期推广特点

经过网站发布初期的推广，网站拥有一定的访问量，并且访问量仍在快速增长中。这个阶段仍然需要保持网站推广的力度，并通过前一阶段的效果进行分析，发现最适合于本网站的推广方法。网站增长期推广特点表现在：

(1) 网站推广方法具有一定的针对性。与网站发布初期的盲目性相比，由于尝试了多种网站推广方法，并取得了一定效果，因此在进一步的推广上往往更有针对性。

(2) 网站推广方法的变化。与网站发布初期相比，网站增长期推广需要具有独创性及针对性的效果。

(3) 网站推广效果的管理应得到重视。网站推广的直接效果就是网站访问量的上升，网站访问量指标可以由统计分析工具获得，对网站访问量进行统计分析可以发现哪些网站推广方法对访问量的增长更为显著，哪些方法可能存在问题，同时也可以发现更多有价值的信息。

(4) 网站推广的目标将由用户认知向用户认可转变。网站发布初期的网站推广可以获得一定数量的新用户，如果用户肯定网站的价值，将会重复访问网站以继续获得信息和服务，因此在此阶段，既有新用户又有重复访问者，网站推广要兼顾两种用户的不同需求特点。

4．网站稳定期推广的特点

网站从发布到进入稳定阶段，一般需要一年甚至更长的时间，稳定期主要特点如下：

(1) 网站访问量增长速度减慢。

(2) 访问量增长不再是网站推广的主要目标。当网站拥有一定的访问量后，网络营销的目标将注重用户资源的价值化，而不仅仅是访问量的提升，取决于企业的经营策略和盈利模式。

(3) 网站推广的工作重点将由外向内转变。也就是将面向新用户为重点的网站推广工作逐步转向维持老客户，以及网站推广效果的管理等方面。

5．网站推广运营各阶段的策略选择

在网站发展的不同阶段，每个阶段中网站推广具有各自的特点，这些特点也决定了该阶段的网站推广任务有所不同。在制定和实施网站推广计划时，有针对性地进行策略组合。

(1) 网站策划建设阶段的推广。也就是从网站正式发布前就开始了推广的准备，在网站建设过程中从网站结构、内容等方面对 Google、百度等搜索引擎进行优化设计。

(2) 网站发布初期的推广。登录主要搜索引擎和分类目录(列出计划登录网站的名单)、购买多个网络实名/通用网址、与部分合作伙伴建立网站连接。另外，配合公司其他营销活动，在部分媒体和行业网站发布企业新闻。

(3) 网站增长期的推广。当网站有一定访问量之后，为继续保持网站访问量的增长和品牌提升，在相关行业网站投放网络广告(包括计划投放广告的网站及栏目选择、广告形式等)，在若干相关专业电子刊物投放广告，与部分合作伙伴进行资源互换。

(4) 网站稳定期的推广。结合公司新产品促销，不定期发送在线优惠券。参与行业内的排行评比等活动，以期获得新闻价值。在条件成熟的情况下，建设一个中立的与企业核心产品相关的行业信息类网站来进行辅助推广。

5.4　网站诊断与优化

企业网站是综合性网络营销工具，在企业网络营销中发挥重要作用，但是大部分网站因为专业水平不高而没有发挥其网络营销价值。企业如果在网络营销过程中发现网站效果

不佳，或者希望进一步改善网站的表现，最好对网站进行全面的诊断和优化。网站诊断和网站优化为发现网站问题、改善网站营销功能提供了依据，因此，网站诊断与优化在网络营销中的地位越来越重要。

5.4.1 网站诊断

网站诊断是一项综合性很强的网络营销能力，不是简单的网站外观的评论。从网络营销的角度来进行网站评价和诊断，不仅需要对网站建设的基本要素和流程有所了解，还需要对网站运营管理有一定的认识。进行网站诊断需要明确企业网站应该包括哪些内容，这些内容是否有助于用户获取信息，是否有利于用户的购买决定，以及网站建设如何才能对搜索引擎优化、便于积累网络营销资源等。

网站诊断也是专业性的网站评价分析。全面的网站诊断有利于及时了解网站的问题，帮助企业少走弯路，抓住机会，减少损失；网站的功能、结构、内容要素等决定了哪些推广策略更有效，网站专业评价为制定有效的网站推广策略提供决策依据；网站专业性评定可以获得专业网络营销人士的分析建议，对有效开展网络营销工作具有指导意义；网站专业性评价结果为改善网站基本要素的表现，及为网站升级再造提供参考。

1. 网站评价方法和体系

网站诊断可以是自行诊断也可以委托第三方机构进行评价诊断，无论哪种方式，前提都是建立一套完整的网站评价指标体系。由于网站评价指标体系的建立比较复杂，涉及广泛的专业知识，而且与指标制定者的专业背景有很大关系。对一般网站而言很难自行建立起完整的评价体系，所以一般采用专业的第三方评价方法及体系。

有的机构对电子商务网站的评价方法与传统产品评价方法类似，采用研究人员观察法，即对被测评网站的主要方面进行评价，包括网站流量、销售额、网站政策(安全性、个人隐私、装运、退货、顾客服务)、使用方便性(设计、导航、定单及取消、广告)和网站内容(分类深度、产品信息、个性化)，然后根据各项指标的综合结果对电子商务网站进行排名；有的通过在线调查收集顾客每次购买后的直接反馈信息，由此得出的评比结果被认为是顾客满意度的标准；有的采取专家实际购物测试与消费者调查资料相结合的方式，将两类数据结果赋以一定的权重，最后得分以百分制表示。

上述评价方法各有特点，总体来说，网站评价必须注意以下方面：

(1) 注重网站的网络营销价值而不是外在表现。网站测评不能只从网站视觉、页面布局等外在的因素来评价，评价的结果仅仅表明了一个网站给人的"感觉"，而不是从网络营销的角度分析网站的专业水平，因此对于网络营销策略没有实质性的价值。而应从网站总体策划、网站结构、内容、技术功能、服务、网络营销功能、竞争者分析等多个方面进行全面的评价，评价结果对于制定网络营销策略才有重要价值。

(2) 网站评价指标体系全面、合理。网站评价体系应该建立在对一定数量网站进行系统研究的基础之上才有说服力。

(3) 针对不同类别网站采用相应的评价指标体系。尽管一些基本要素对所有网站都是适用的，但不同类别的网站具有不同的特点，如 B2B 电子商务网站、B2C 电子商务网站和一般企业网站在网站的经营思想、网络营销功能、技术功能、网站内容表现形式等方面具有一定的差异，因此对不同类别的网站需要采用相应的评价指标体系。

(4) 在线评价与专家评价相结合。部分指标可以采用在线评测的方式实现，不能通过程序自动实现的部分指标，还需要网络营销专家的专业知识和经验进行分析评价。

美国专业电子商务资讯网站 www.btobonline.com 根据网站建设在营销效果方面的体现，每年评估全美 800 个知名企业网站，评出各行业 B2B 企业在网站建设方面的佼佼者。这些企业横跨各大行业，很多都是大家耳熟能详的知名企业，其中不包括 B2B 中介、门户、搜索引擎、电子集市等网站，也排除了宾馆、航空公司、营销服务公司和广告中介等企业。评比总分是 100 分，对每个网站重点进行 5 个方面的考核，对于研究优秀企业网站的一般特征具有参考意义。这 5 个指标是：

(1) 网站信息质量的高低。网站提供的信息质量和信息呈现方式、公司业务的介绍情况，是否有关于产品和服务的信息，是否有完整的企业及其联系信息，是否有产品说明或评估工具，以区别于其他同类产品。

(2) 网站导航易用度。网站信息是否组织良好，尤其当公司拥有庞大用户群的时候，是否有站内搜索引擎，网站各部分是否能够很方便地链接互通。

(3) 网站设计美观性。网站设计的美观及愉悦程度，文本是否容易阅读，图片是否使用适当；是否创造性地采用了声频与视频手段增强宣传效果。

(4) 网站的电子商务功能。能否实现在线订购、支付。

(5) 网站的特色应用。网站是否有社区或论坛，是否有计算器或其它可以增强用户体验的工具；访问者能否注册电子邮件通讯或 Email 通讯，用户能否通过网站获得适时帮助(如在线拨号或聊天系统)，网站是否有通往相关信息的互补性资源的链接。

尽管第三方专业机构提供的网站专业评价和诊断对网络营销策略具有重要的价值，但是在网络营销实际工作中，由于受到种种因素的限制，企业不可能总是有机会获得专业机构的帮助，那么进行一定层次上的自行评价就显得更为实用。对自行进行网站诊断的企业及其网络营销人员来说，对网站进行初步诊断可以从网站规划与栏目结构、网站内容及网站可信度、网站功能和服务等方面进行。

(1) 网站规划与网站栏目结构。网站建设的目标是否明确；网站要为用户提供哪些信息和服务；网站导航是否合理；用户通过任何一个页面是否可以回到上级页面以及首页；各个栏目之间的链接关系是否正确；通过最多 3 次点击，是否可以通过首页到达任何一个内容页面，是否可以通过任何一个页面到达站内其他任何一个页面；是否有一个清晰的网站地图；网站栏目是否存在过多、过少或者层次过深等问题。

(2) 网站内容及网站可信度。是否提供了用户需要的详细信息；网站内容是否及时更新，过期信息是否及时清理；网站首页、各栏目首页以及各个内容页面是否有能反映网页核心内容的网页标题；是否整个网站都用一个网页标题；网站首页、各栏目首页以及各个内容页面 HTML 代码是否有合理的 META 标签设计；是否提供了产品销售信息、售后服务信息和服务承诺；公司介绍是否详细。

(3) 网站功能和服务。网站是否可以稳定运行，访问速度是否过慢；用户可以享受哪些在线服务，是否方便；用户真正关心的信息是否可以在网站首页直接找到；网站是否可以体现出产品展示、产品促销、顾客服务等基本的网络营销功能。

2．网站诊断报告

以网站评价体系为基础对网站主要问题进行了全面分析之后，必须提供完整的网站诊断报告。一份网站诊断报告除了基本内容分析之外，还包括详尽的分析和建议，这些分析和建议可以直接应用于企业网站的升级改造方案，以及制定更加合理的网络营销策略。

一份完整的网站诊断报告一般包含的内容呢。

(1) 网站定位分析。网站定位就是网站为用户提供什么，包括行业分析、资源分析和目标客户分析。通过对行业、资源和客户的分析，来确定网站的类型、赢利的方式、用户定位以及流量的转化。

(2) 网站关键词分析。网站定位分析做完以后，就要分析网站的核心关键词是否能满足用户需求，是否符合用户体验。关键词不能过热、过偏，要在优化成本和关键词流量中选择合适的平衡点。比如选用"女装""女性网"之类的词语作为网站的核心关键词，一些服装企业网站就基本上没有排到首页的可能。

(3) 页面布局分析。分析页面的布局是否满足用户体验的需求，重要页面的排版是否有利于搜索引擎抓取以及索引。一个合理的布局可以让用户对网站有一个好的影响，同时也会增加用户粘度，提高网站转化率，这是必须要关注的一个环节。

(4) 网站代码分析。网站代码分析包括很多方面，主要有冗余代码分析、FLASH、JS、图片等是否符合搜索引擎友好度原则，TITLE 标签分析。

(5) 链接结构分析。结构分析主要包括目录和导航是否合理、面包屑导航设置、内部链接构造、相关性链接分析、NOFOLLOW 标签的使用等。合理的内部链接可以更好地传递权重，让网站的排名能力更强。

(6) 网站内容分析。网站内容是否能满足用户需求，关于高质量网站内容的标准，我们可以针对网站内容进行相关性分析，长尾关键词布局分析等等。

(7) 搜索引擎收录及快照数据分析。搜索引擎的收录数量在很大程度上影响了网站的关键词排名能力，虽然与网站排名没有直接关系，但是收录越多，排名能力越强是大家都公认的。百度快照也在一定程度上反映了一个网站的权重。

(8) 关键词排名及流量分析。网站的最终目的就是流量转化为成交量，那么关键词排名和流量的分析就是必不可少的，必须对目标关键词的排名以及现有流量进行分析。

5.4.2　网站优化

网站优化是对网站进行程序、内容、结构、布局等多方面的优化调整，使网站功能和表现形式达到最优，更容易被搜索引擎收录，提高用户体验和转化率进而创造价值。网站优化可以从狭义和广义两个方面来说明。广义的网站优化是以企业网站为基础，与网络服务商(如搜索引擎等)、合作伙伴、顾客、供应商、销售商等网络营销环境中各方面因素建立良好的关系，所考虑的因素不仅仅是搜索引擎，也包括充分满足用户的需求特征、清晰的网站导航、完善的在线帮助等，在此基础上使得网站功能和信息发挥最好的效果。狭义的网站优化技术，即搜索引擎优化，也就是网站设计时适合搜索引擎检索，满足搜索引擎排名的指标，从而在搜索引擎检索中获得排名靠前，增强搜索引擎营销的效果，使网站的产品相关的关键词能有好的排位。

1．网站优化的三个层次

广义的网站优化包括三个层次：对用户优化、对网络环境(搜索引擎等)优化、对网站运营维护的优化。

(1) 对用户优化。从用户的角度来说，用户可以方便地浏览网站的信息、使用网站的服务。具体表现为以用户需求为向导，设计方便的网站导航，网页下载速度尽可能快，网页布局合理并且适合保存、打印、转发，网站信息丰富、有效，有助于用户产生信任。

(2) 对网络环境优化。最主要是从基于搜索引擎推广网站的角度考虑，使得搜索引擎可以顺利获取网站的基本信息，当用户通过搜索引擎搜索时，企业期望的网站摘要信息可以出现在理想的位置，使得用户能够发现有关信息并对其感兴趣，从而点击搜索结果并到达网站获取进一步的信息服务，直至由潜在顾客转化为真正的购买产品和服务的顾客。具体表现为搜索引擎优化、积累网站资源等。

(3) 对网站运营维护优化。从网站运营维护的角度来说，网站运营人员可以对网站方便地进行管理维护，有利于各种网络营销方法的应用，并且可以积累有价值的网络营销资源，从而和网络营销策略一致。具体表现为有合理的前后台管理，网站管理人员可以进行日常信息更新、维护、升级，能够获得和管理注册用户资源等，从而充分体现网站的网络营销功能，使得各种网络营销方法可以发挥最大作用。

网站优化的三个层面的内容不能顾此失彼，应该全面优化。其中对用户的优化是核心，必须坚持以用户为导向，因为网站的内容和服务是否有价值，最终是由用户来判断，即使网站在搜索引擎中的表现很好，如果用户使用感觉不方便，同样不会产生理想的效果。网络环境或者搜索引擎优化是关键，因为搜索引擎是互联网用户获取信息的主要方式之一，为网站带来潜在用户，成为网站推广最有效的工具。一个专业的网站，通过搜索引擎自然检索获得的访问量占网站总访问量的 60% 是很正常的现象，有些网站甚至 80% 以上的访问者来自搜索引擎，因此，搜索引擎优化在某种程度上成为由网站优化衍生出来的一门新技术。对网站运营维护优化是基础，只有能够方便地对网站进行运营管理，企业才能充分利用网站更好地为用户提供及时而准确的信息，获取网络营销资源。

2．网站优化与搜索引擎优化(Search Engine Optimization，SEO)的区别

"网站优化也叫 SEO"的说法其实一直都极具误导性，导致如今上百万的互联网用户对网站优化和 SEO 这两个概念模糊不清，混为一谈。SEO 只是网络优化的一种形式，或者说是一种方法，而"SEO 是狭义的网站优化"的这种说法才是较为正确的。

SEO 是依存于搜索引擎的出现，是网络时代发展的产物；网站优化则偏重于"网站"的概念，本质是对网站进行完善、改良，让浏览者获得良好体验。网站优化是可以独立于搜索引擎而生存的，它最初不对网络直接负责，更不是以追求搜索引擎排名为终极目标，而是客户满意度。

事实上，没有搜索引擎，就没有 SEO，但没有搜索引擎，甚至是没有互联网，网站优化也依然存在。在搜索引擎出现之前，网站优化是完全独立的，它的核心是建设优质的站点，并伴随着互联网的发展和网站自身的拓展而不断加深优化。直至搜索引擎出现后，网站优化才逐渐向搜索引擎的方向发展，并伴随着搜索引擎日渐成为人们浏览互联网信息的

重要工具时，网站优化才逐渐成为网站推广乃至网络营销的基础，甚至直接对 SEO 负责。

5.4.3　搜索引擎优化

搜索引擎优化是网站优化的一部分，属于对网络环境优化，在某种程度上成为由网站优化衍生出来的一门新技术，因此在企业实际网络营销中，特别是网站优化中应用程度很高。

1. 搜索引擎优化的主要工作

搜索引擎优化的主要工作可以分为内部优化和外部优化。从网站内部出发，对网站的基本要素(如网站结构、页面结构、关键字分布等)进行适当调整，如果经过调整后，网站在搜索引擎中的表现达到了预期的效果，则内部优化工作基本完成；否则，需要反复地对网站进行调整，直至达到预期效果为止。外部优化工作主要是围绕增强外部链接关系而展开的，此项工作必须贯彻优化的全过程。常见的用于增加外部链接的方法包括交换友情链接、登录分类目录、发布链接诱饵等。

搜索引擎优化的主要任务之一就是提高网站的搜索引擎友好性，因此搜索引擎优化的每个环节都与搜索引擎存在必然的联系。搜索引擎的主要工作包括页面收录、页面分析、页面排序及关键字查询。那么在搜索引擎工作的各个主要流程中应该如何对网站优化进行操作呢？

(1) 页面收录。搜索引擎派出一个能够在网上发现新网页并抓文件的程序，这个程序通常称之为蜘蛛。在互联网中，URL 是每个页面的入口地址，域名是网站的入口。搜索引擎蜘蛛程序通过域名进入网站，从而展开对网站页面的抓取。搜索引擎要在互联网上抓取页面的首要任务就是要建立一个足够大的域名列表，再通过域名进入相应的网站，从而抓取网站中的页面。所以对于网站来说，首要的条件就是要加入搜索引擎域名列表。搜索引擎通过域名进入网站后，在抓取页面时主要采用广度优先、深度优先以及用户提交三种方式。网站优化时应该根据搜索引擎页面抓取方式适当安排网站内容，比如采用广度优先，抓取页面就是从较浅层开始，直至抓取完同层次的所有页面才进入下一层。所以在网站优化时，应该把网站中相对重要的信息展示在层次较浅的页面上，例如在首页上推荐热门产品或内容。

(2) 页面分析。页面抓取是搜索引擎工作的一个基础环节，页面抓取回来之后并不代表搜索引擎马上就能向终端用户提供查询服务。搜索引擎首先对原始页面建立索引，实现对页面的快速定位；然后对正文信息进行切词以及为这些词建立索引，从而得到页面与关键字的对应关系；最后，对关键字进行重组，并建立关键字与网页间对应关系的反向索引列表，从而能够根据关键字快速定位至相应的网页。在索引数据库中，网页文字内容就是关键词出现的位置、字体、颜色、加粗、斜体等相关信息都有相应记录。因此优化网站要为网站中的页面选择合适的关键字。

(3) 页面排序。搜索引擎结合页面的内外部因素计算出页面与某个关键字的相关程度，从而得到与该关键字相关的页面排序列表。决定页面排序的因素非常多，主要有页面相关性、链接权重和用户行为。所以网站优化时，可以通过综合控制关键字出现的频率、位置以及是否使用权重标签等来提高页面和关键字的相关性。

(4) 关键字查询。在计算完所有页面权重后，搜索引擎接受来自用户的查询请求，并对查询信息进行切词和匹配后，向用户返回相应的排序列表。

2．关键字选择

通过对搜索引擎工作原理的介绍不难看出网站优化时必须为网站中的页面选择合适的关键字，以提高页面在相关关键字搜索结果中的排名。那么，企业在网站优化过程中如何寻找和筛选关键字？在网页中应该如何分布关键字呢？

在搜索引擎中，关键字是指用户在寻找相关信息时所使用的内容，是搜索应用的基础，也是搜索引擎优化的基础。关键字在页面中出现的次数或者说关键字在页面中出现的频率，在一定程度上反映了页面与该关键字的相关性。而关键字频率也不是越高越好，也就是说关键字密度必须适当。一般认为，关键字密度在 6%～8% 是比较合理的。

一个关键字会存在多种不同的表达或描述方式，因此分成主关键字和辅关键字。主关键字是表达页面主题的关键字；辅关键字是对主关键字进行相应的增删后产生的，相比较主关键字在程度、范围上进行了扩大或者缩小。一般来说主关键字用户搜索量比较大，但是竞争程度也很激烈；辅关键字搜索量低一些，但是竞争却没有那么激烈。通常，在选择关键字时企业往往只关注那些搜索量最大的关键字，而往往忽略一些搜索量接近但竞争却相对较小的关键字。企业应该把握自身网站目前的处境，包括网站内外部资源，在搜索量和竞争程度两者中找出一个平衡点，选择适合自身网站的关键字。

搜索引擎对网页的分析是在网页的 HTML 源代码上进行的，搜索引擎在分析网页时，在 HTML 源代码中是自上而下地进行，从页面布局的角度看，则是自上而下、自左而右地进行，这样也符合用户浏览网页的习惯。根据搜索引擎对页面不同部分的重视程度，在进行关键字分布时也要遵循一定规律。打个比方，在一篇文章中，题目是最先出现的，然后就是文章的简述，再就是围绕文章主题而展开描述的内容，最后通常是对文章内容的总结。对于网页而言，标题就是网页的题目，描述标签的内容则是文章的简述，而网页正文内容就是文章内容，网页最底部内容就是文章内容的总结。因此，页面中主、辅关键字应该合理地分布在这些区域上，应该让主关键字优先出现在标题及描述内容的最前面，在网页正文最顶部及最底部关键字要出现，另外在网页左、上区域关键字出现频率要比右、下区域出现频率高一些。

【小策略】关键字选择长尾理论法

长尾理论(The Long Tail)由美国人克里斯·安德森提出。长尾理论认为，由于成本和效率的因素，当商品储存流通展示的场地和渠道足够宽广，商品生产成本急剧下降以至于个人都可以进行生产，并且商品的销售成本急剧降低时，几乎任何以前看似需求极低的产品，只要有卖，都会有人买。这些需求和销量不高的产品所占据的共同市场份额，可以和主流产品的市场份额相比，甚至更大。

有学者提出，将长尾理论应用在关键字策略制定方面就是极大限度地集中非热门关键字带来的流量，以达到从搜索引擎获取流量最大化的目的。因为如果为网站中的每个页面都制定合适的关键字，则会形成巨大的关键字集合，尽管这些关键字的搜索量会存在很大的差别，但是大量的关键字最终也能形成巨额的流量来源。

因此要实施长尾关键字策略，必须建立足够多的页面来承载这些相关的关键字，或者为同一页面制定尽可能多的合适的关键字。

3. URL 优化

URL 相当于页面的地址，用户或搜索引擎都必须通过 URL 才能访问到相应的页面。因此，对网站内部的优化也是从 URL 开始。URL 优化是网站优化的重要环节之一，占据重要的地位，不仅对决定页面相关性方面起着重要的作用，更重要的是会直接影响搜索引擎对页面的收录。

URL 优化就是通过对 URL 各组成部分进行适当的调整，以提高 URL 的搜索引擎友好性。URL 优化要注意以下几点：

(1) 首先要注意 URL 命名技巧，选择合适的关键字为 URL 各组成部分命名，使得关键字所表达的意义与 URL 所指向的页面主题相关，从而提高页面的相关性，突出页面的主题。比如一个存放数码相机产品页面的目录，我们可以把该目录命名为 "digital camera"，突出目录主题。如果是中文命名，只需要选择与目录或页面内容相关的中文关键字即可；如果是英文命名，使用实际存在的单词或者词组，以及单词间必须用分隔符进行分隔；对于中文搜索引擎绝大多数都支持拼音形式的关键字，在利用拼音对 URL 命名时，每个字的拼音不需要用分隔符进行分隔，但是要注意会出现同一拼音对应多个不同的汉字。

(2) 控制 URL 长度。搜索引擎在抓取页面时，对页面的 URL 长度有一定的限制，对于超出限定长度的 URL 所指向的页面，搜索引擎可能放弃收录。页面的 URL 越短，得到的权重就越高。

(3) URL 中关键字出现的次数，在一个完整的 URL 中，主关键字只出现一次，不管是对于用户还是搜索引擎都是较为友好的。

4. 代码优化

代码优化就是对网页中的 HTML 源代码进行必要的调整，以提高页面的友好性。页面经过代码优化后，一方面可以有效精简页面中的冗余代码，加快页面的显示速度，降低页面占用搜索引擎服务器的存储空间，从而提高页面的用户体验及搜索引擎友好性；另一方面，还可以有效地突出页面的主题，提高页面的相关性。

代码优化主要包括精简代码、头部优化、权重标签使用及图片优化，其中精简代码是最基础、最根本的。

✍ 回到学习情境

通过 5.1～5.4 节内容的学习，了解了营销型网站设计基本需求和基本流程，对网站推广策略组合进行了探讨，并且对网站诊断和优化进行了详细分析。下面我们回到学习情境中，盘石公司应该如何完成辉春企业这个项目。

任务 1　定位辉春网站建设需求

(1) 辉春网站建设期望：辉春医疗器械有限公司是一家小型企业，尽管也通过电子邮件、网上发布广告等方式拓展自己的销售，并且建立了企业网站，但网站大部分只是简单的公司和产品介绍，没有真正起到网络营销作用。企业想提升网站功能，建成营销型网站，但自身没有技术力量，必须借助于外包公司，同时在后续运营中能够方便地对网站进行维护和管理。

(2) 项目定位：辉春是一家小型企业，网站主要是为实现企业网络宣传的营销目标，暂时不涉及在线销售功能；重视网站良好的搜索引擎表现，将企业网站进行有效推广；具备良好的客户体验，客户能够通过网站方便地获得有效信息，具有较高的满意度。

任务 2　辉春原有网站诊断

(1) 内容简单。整个公司网站一共才有 5 个页面，首页的栏目结构单调，不能满足客户的需求，比如客户查看不到详细产品信息。

(2) 网站定位不明确。网站面对的客户群体是什么？网站为用户提供什么？网站的主要功能比较模糊，完全是由原有网站公司利用模版进行简单复制，千篇一律的介绍了公司概况、主要产品、联系方式等几个方面。

(3) 网站关键词分析。利用"医疗器械"、"喉镜"等关键字搜索不到网站，在 META content 中关键字选择和 TITLE 中的关键字不一样，而且使用了和文章没有直接关系的笼统关键字。

(4) 页面布局分析。分析页面的布局是否满足用户体验的需求，重要页面的排版是否有利于搜索引擎的抓取以及索引。一个合理的布局可以让用户对网站有一个好的影响，同时也会增加用户粘度，提高网站转化率，这是必须要关注的一个环节。

(5) 网站代码分析。网站首页产品展示部分竟然是用的一个合成图片，根本不能分别点击查看产品具体介绍。整个网站采用静态网页，没有动态元素，对用户来说比较死板，对企业来说，根本没有办法进行后台管理和维护。

(6) 流量分析。网站的最终目的就是流量转化为成交量，访问量很少，根本没有达到利用网站进行营销的目标。

任务 3　辉春营销型网站设计开发

(1) 建设网站前的市场分析。分析医疗器械行业的市场状况，市场有什么样的特点，是否能够在互联网上开展公司业务；了解辉春公司的主要竞争者情况，竞争对手上网情况及其网站策划、功能作用；对辉春公司自身条件分析、公司概况、市场优势，可以利用网站提升哪些竞争力，建设网站的能力(费用、技术、人力等)；明确辉春建设网站目的及功能定位。

(2) 确定网站内容。根据网站的目的确定网站的结构导航，主要栏目有公司简介、企业动态、产品介绍、客户服务、联系方式、在线留言等基本内容；确定网站的结构导航中的每个频道的子栏目。如公司简介中可以包括总裁致辞、发展历程、企业文化、核心优势、生产基地、科技研发、合作伙伴、主要客户、客户评价等；客户服务可以包括服务热线、服务宗旨、服务项目等。

(3) 进行网页设计。

☺ 任务拓展

以小组为单位，对某企业网站进行分析诊断，并提出相关的网站优化建议，形成网站诊断优化报告。

学习单元六

网络客户关系管理

能力目标

- 能够简单分析客户关系管理产生的背景；
- 能够明确客户关系管理与传统客户服务的区别；
- 能在教师指导下操作简单的网络客户关系管理软件；
- 具备沟通协作，分工合作能力。

学时：8 学时

专业知识

- 客户关系管理概念；
- 客户关系管理核心管理思想、考核指标；
- 网络顾客关系管理工具。

学习情境

　　1994 年以前，美国航空公司的订票服务主要通过免费电话进行。John Samuel 设想，如果能吸引这些订票者通过网络来查询航班、票价以及进行行程规划，就可以为公司省下一大笔费用；如果能与老客户建立起密切的关系，那么公司就能凭借稳定的客源，在激烈的航空业竞争中站稳脚跟。这一设想在 1995 年逐渐变成现实。

　　美国航空公司的成功，得益于其敏锐地利用了高速发展的网络与计算机技术这一工具。在电子化服务上，该公司注意掌握乘客的背景资料，为他们提供量身订做服务。特别是该公司对于 3200 万名公司的 A 级会员提供的诸多方便，不但保留住了大批常客，还吸引了大量的新乘客加入会员行列。因此可以认为，美国航空公司成功的关键在于锁定了正确的目标乘客群，让乘客拥有愉快的消费经验与感受，敢于让乘客自助，同时协助乘客完成他们的各种交易操作。

任务分析

- ❖ 任务1：分析电子化服务对电子商务的重要作用；
- ❖ 任务2：在电子化服务中，为什么要充分发挥网络的作用？
- ❖ 任务3：如何通过网络提供个性化服务？

案例导入

网络营销成为酒店客户关系管理新宠

当你来到一个酒店餐厅，你上了楼，楼上的服务员立刻叫着你的名字说：XX先生，这边请，这是你经常坐的位置……是不是会令你感到很亲切呢？实际上，这不是设想，这是在泰国东方酒店每天上演的实景，因此，东方酒店成为世界十大酒店之一，要订房起码在三个月之前才能定到。而被称为"世界豪华酒店之父"的凯撒·丽兹创办得丽兹卡尔顿酒店更是可以让客人一进房门就发现自己喜欢的洗发水放在洗手间的台面上。

这些客户关系管理的经典例子让酒店的管理者心动不已，期望有朝一日自己管理的酒店也能像上述酒店那样成为酒店业的传奇。但对于国内大多数非高星级别酒店来说，其目标市场达不到上述国际顶尖酒店的高度，客人的额外要求不会很多，愿意支付的房费收入不足以支撑全面的个性化服务，如果完全照搬国际顶尖酒店的做法，可能会吃力不讨好。所以，如何利用低成本高效率的网络营销进行客户关系管理(简称CRM)，则越来越成为酒店管理者津津乐道的话题。

如果你要预订异地酒店，最先要做的事情会是什么？据调查，现在大多数旅行者在预订酒店之前会上网查看酒店的相关点评，有87%的用户会受到其他消费者点评的影响。基于此，越来越多的酒店业主更加重视客人的入住体验和感受，希望能及时了解到客人对酒店的点评和反馈，建立与客人无障碍沟通的平台。通过网络营销进行客户关系管理，增强酒店与旅行者的粘连度，酒店不但及时了解和回复用户点评，培养自己的品牌和忠实用户，而且还能关注所在竞争市场的动向，了解竞争对手在互联网上的表现，及时调整营销策略。

最近，全球最大的中文在线旅行网站"去哪儿"网推出的一款强大的酒店业主管理工具——酒店百宝箱成为酒店客户关系管理的新宠，酒店业主通过该平台可以随时更新自己的基本信息和图片、积极回应消费者点评、及时掌握市场动态、实时监控竞争对手指数、回复网友对于酒店的提问，最终达到吸引消费者关注、提升酒店互联网流量的目的。据悉，该平台是国内首个针对酒店业主推出的免费网络营销综合管理工具。

2010年11月，作为建国十周年的十大建筑之一的北京民族饭店通过"酒店百宝箱"拓展自己的品牌和用户，作为北京民族饭店销售部的"老资格"员工谢珺成为"酒店百宝箱"使用的第一人。无论是抱怨房价太高的，还是赞扬服务亲切的，谢珺都会在第一时间关注，并认真分析用户点评中反映出来的问题，将其中有价值的内容及时提供给管理层共享。她表示，这不仅是一个操作简单的酒店实时信息发布系统，更是把北京民族饭店和广大互联网消费者充分连接起来的用户维系和营销工具，抢先使用"酒店百宝箱"可以帮助酒店占领市场先机。

无论是像北京民族饭店这样有着50多年历史的老牌酒店，还是新兴的各种档次与星级的酒店及特色客栈、短租公寓、度假村、青年旅舍等，都可以通过网络进行自身客户关系管理。上海回家酒店式公寓是一家倡导家庭式的 LOFT 风格设计的公寓，为了突出它与其他常规酒店的不同，它的经营者就通过"去哪儿"网的"酒店百宝箱"平台上传了酒店的官方照片，对酒店实景图片进行管理，将酒店的客房、周边环境等进行了全面展示，将"回家"的概念表现得淋漓尽致，而这也为其招徕了不少追求舒适居住环境的游客。

小组讨论：

1. 从本案例中分析目前企业实施 CRM 的实际意义？
2. 你认为企业实施 CRM 应具备哪些条件？
3. 从酒店网络客户关系管理的成功，我们可以借鉴哪些经验？

6.1　客户关系管理概述

6.1.1　客户关系管理的含义

1. 客户关系管理产生背景

客户关系管理(CRM，Customer Relation Management)从 1999 年年中开始，得到了诸多媒体和企业的关注。由于企业经营策略和电子商务发展的需要，国内外很多软件商(如 Oracle、Cisco、用友等)推出了以客户关系管理命名的软件系统，也有一些企业开始实施以客户关系管理命名的信息系统。总体来讲，客户关系管理的兴起与下述三个方面的因素有难以割舍的关系。

(1) 需求的拉动。从 20 世纪 80 年代开始，我国很多企业在信息化方面已经做了大量工作，收到了很好的经济效益，然而也有很多企业，销售、营销和服务部门的信息化程度越来越不能适应业务发展的需要，越来越多的企业要求提高销售、营销和服务的自动化和科学化。这是客户关系管理应运而生的需求基础。

下面通过列举销售人员、营销人员、服务人员、顾客、企业经理等在实践中的困惑来了解对客户关系管理的需求。

① 销售人员。例如，从市场部提供的客户线索中很难找到真正的顾客，却在这些线索上花费了大量时间。出差在外，要是能看到公司计算机里的客户、产品信息就好了。而面对一个老客户，却不知道给他报什么价能留住他。

② 营销人员。例如，在营销方面花费了 2000 万元，怎样才能知道这 2000 万的回报率？在产品展览会上，一共收集了 4700 张名片，怎么利用它们？给 1000 多人发放了公司资料，这些人对产品看法怎样？其中有多少人已经与销售人员接触了？应该和那些真正的潜在购买者多多接触，如何知道谁是真正的潜在购买者？怎样才能知道其他部门的同事和客户的联系情况，以防止重复地给客户发放相同的资料？有越来越多的人访问过我们的站点了。但怎么才能知道这些人是谁？企业产品系列很多，他们究竟想买什么？

③ 服务人员。例如，很多客户提出的计算机故障都是自己的误操作引起的，很多情况下都可以自己解决，但回答这种类型的客户电话占去了工程师的很多时间，枯燥而无聊，为什么其他部门的同事都认为我们的售后服务部门只是花钱而挣不来钱？

⑤ 顾客。例如，从企业的两个销售人员那里得到了同一产品的不同报价，哪个才是可靠的？以前买的东西现在出了问题，这些问题还没有解决，怎么又来上门推销？一个月前，我通过企业的网站发了一封 E-mail，要求销售人员和我联系一下。怎么到现在还是没人理？我已经提出不希望再给我发放大量的宣传邮件了，怎么情况还没有改变？我报名参加企业网站上登出的一场研讨会，但一直没有收到确认信息。研讨会这几天就要开了，我是去还是不去？为什么我的维修请求提出一个月了，还是没有等到上门服务？

⑥ 经理人员。例如，有个客户半小时以后就要来谈最后的签单事宜，但一直跟单的人最近辞职了，而作为销售经理，对与这个客户联系的来龙去脉还一无所知；有三个销售员都和这家客户联系过，作为销售经理，怎么知道他们都给客户承诺过什么；现在手上有个大单子，作为销售经理，该派哪个销售员才放心？这次的产品维修技术要求很高，作为一个新经理，该派哪个维修人员去呢？

对上面的问题可归纳为两个方面的问题：首先，企业的销售、营销和客户服务部门难以获得所需的客户互动信息；其次，来自销售、客户服务、市场、制造、库存等部门的信息分散在企业内，这些零散的信息使得企业无法对客户有全面的了解，各部门难以在统一的信息基础上面对客户。这需要各部门对面向客户的各项信息和活动进行集成，组建一个以客户为中心的企业，实现对面向客户的活动的全面管理。

实际上，正如所有的"新"管理理论一样，客户关系管理绝不是什么新概念。它只是在新形势下获得了新内涵。你家门口的小吃店的老板会努力记住你喜欢吃辣这种信息，当你要一份炒面时，他会征询你的意见，要不要加辣椒。但如果你到一个大型的快餐店(譬如，这家店有 300 个座位)时，就不会得到这种待遇了，即使你每天都去一次。为什么呢？最重要的原因是，如果要识别每个客户，快餐店要搜集和处理的客户信息量是小吃店的 n 倍，超出了企业的信息搜集和处理能力。而信息技术的发展使得这种信息应用成为可能。

(2) 技术的推动。计算机、通信技术、网络应用的飞速发展使得全新的客户关系管理思想不再停留在梦想阶段。办公自动化程度、员工计算机应用能力、企业信息化水平、企业管理水平的提高都有利于客户关系管理的实现。现在，信息化、网络化的理念在我国很多企业中已经深入人心，很多企业有了相当的信息化基础。电子商务正改变着企业做生意的方式，通过 Internet，企业可开展营销活动，向客户销售产品，提供售后服务，以很低的成本收集客户信息。重要的是，这一切的成本是那么低。

客户信息是客户关系管理的基础。数据仓库、商业智能、知识发现等技术的发展，使得收集、整理、加工和利用客户信息的质量大大提高。在这方面，有一个经典的案例。一个大型的仓储式超市对顾客的购买清单信息的分析表明，刮胡刀和尿布经常同时出现在顾客的购买清单上。原来，很多男士在为自己购买刮胡刀的时候，还要为自己的孩子购买尿布。而在这个超市的货架上，这两种商品离得很远，因此，这个超市重新分布货架，使得购买刮胡刀的男人很容易的看到尿布。

(3) 管理理念的更新。在互联网时代，仅凭传统的管理思想已经不够了。互联网带来的不仅是一种手段，它触发了企业组织架构、工作流程的重组以及整个社会管理思想的变革。在引入客户关系管理的理念和技术时，不可避免地要对企业原来的管理方式进行改变，变革、创新的思想将有利于企业员工接受，而业务流程重组则提供了具体的思路和方法。当前，一些先进企业的重点正在经历着从以产品为中心向以客户为中心的转移。有人提出了客户联盟的概念，也就是与客户建立共同获胜的关系，达到"双赢"(Win-Win)的结果，而不是千方百计地从客户身上谋取自身的利益。

2. 客户关系管理的含义

CRM(Customer Relationship Management)，即客户关系管理，最早发展客户关系管理的国家是美国。

最早提出 CRM 概念的 Gartner Group 将客户关系管理定义为：为企业提供全方位的客户视角，赋予企业更完善的客户交流能力和最大化的客户收益率所采取的方法。客户关系管理的目的在于建立一个系统，使企业在客户服务、市场竞争、销售及售后支持等方面形成全新的关系。

而 IBM 则认为：客户关系管理包括企业识别、挑选、获取、发展和保持客户的整个商业过程。IBM 把客户关系管理分为三类：关系管理、流程管理和接入管理。

从管理科学的角度来考察，客户关系管理源于市场营销理论；从解决方案的角度考察，客户关系管理是将市场营销的科学管理理念通过信息技术的手段集成在软件上面，得以在全球大规模的普及和应用。

作为解决方案(Solution)的客户关系管理(CRM)，它集合了当今最新的信息技术，它们包括 Internet 和电子商务、多媒体技术、数据仓库和数据挖掘、专家系统和人工智能、呼叫中心等。作为一个应用软件的客户关系管理(CRM)，凝聚了市场营销的管理理念。市场营销、销售管理、客户关怀、服务和支持构成了 CRM 软件的基石。

综上，CRM 有三层含义，第一，CRM 体现为现代经营管理理念；第二，CRM 是创新的企业管理模式和运营机制；第三，CRM 是企业管理中信息技术、软硬件系统集成的管理方法和应用解决方案的总和。CRM 是指建立一种使企业在客户服务、市场竞争、销售及服务支持方面彼此协调的关系系统，帮助企业确立长久的竞争优势。

3. 客户关系管理的核心管理思想

(1) 把客户资源作为企业发展最重要的资源之一。美国在线花费 100 亿美元，亏损 10 年，所得到的财富就是拥有 1700 万的用户。在企业从"产品"导向时代转变为"客户"导向时代的今天，客户的选择决定着一个企业的命运，而且企业在市场中获胜所需要的要素组合、客户资源是最难被竞争对手所复制的，所以容易形成竞争优势。因而，客户资源已成为当今企业最重要的资源之一。CRM 系统中对客户信息体现了将客户作为企业重要资源之一的管理思想。

(2) 全面管理企业与客户发生的各种关系。企业与客户之间发生的关系，不仅包括单纯的销售过程中所发生的业务关系，如合同签订、定单处理、发货、收款等，而且还包括在企业营销及售后服务过程中发生的关系，如在企业市场活动、市场推广过程中与潜在客户发生的关系；在与目标客户接触过程中，内部销售人员的行为、各项活动及其与客户接触全过程所发生的多对多的关系；还包括售后服务过程中，企业服务人员对客户提供的关怀活动、各种服务活动、服务内容、服务效果的记录等，也是企业与客户的关系。对企业与客户间可能发生的各种关系进行全面管理，将会显著提升企业销售能力、降低销售成本。控制销售过程中可能导致客户抱怨的各种行为是 CRM 系统的另一个重要管理思想。

(3) 进一步延伸企业供应链管理。ERP 系统原本是为了满足企业的供应链管理需求，但 ERP 系统的实际应用并没有达到企业供应链管理的目标，这既有 ERP 系统本身功能方面的局限性，也有 IT 技术发展阶段的局限性，最终 ERP 系统又退回到帮助企业实现内部资金流、物流与信息流一体化管理的系统。CRM 技术作为 ERP 系统中销售管理的延伸，借助 Internet Web 技术，突破了供应链上企业间的地域边界和不同企业之间信息交流的组织边界，建立起企业自己的 B2B 网络营销模式。CRM 与 ERP 的集成运行才真正解决了企业供应链中的下游链管理的问题，将客户、经销商、企业销售全部整合到一起，实现企业对客户个性化需求的快速响应，同时也帮助企业减少营销体系中的中间环节，通过新的扁平化营销体系，缩短响应时间，降低销售成本。

4. 客户关系管理的三种能力

成功实施客户关系管理系统后，企业将会在多方面取得收益。例如：企业的客户可通过多种方式(电话、传真、Web、无线接入)访问企业并进行业务往来；任何与客户交往的员工都能够全面了解客户信息，根据客户需求进行交易，了解如何对客户进行交叉销售，并能够对各种销售活动进行追踪；市场人员能够对市场活动进行规划和评估，并对整个活动进行全面透视；销售人员可不受地域和时间限制，随时随地访问企业的业务处理系统并获得客户信息；拥有对市场和销售活动的分析能力；能够从不同角度提供成本、利润、生产率、风险等信息，并对客户、产品、职能部门、地理区域等进行多维分析。

客户关系管理作为一种新兴的管理思想和方法，归纳起来具有三种能提高企业经营水平的能力：客户价值能力(customer value)、客户交往能力(customer interaction)和客户洞察能力(customer insight)。

1) 客户价值能力

客户价值能力注重了解客户能为企业带来的价值和怎样使这种价值最大化，包括终身价值管理、客户风险、产品管理与检查、渠道转变、共同品牌计划、客户服务。

2) 客户交往能力

客户交往能力强调和客户建立一对一的关系，使客户在与企业交往的过程中感受到个性化和高质量的服务，使企业能够吸引新客户和留住老客户。客户交往能力包括一对一关系、电话交互、Web 互动、电子邮件等。

3) 客户洞察能力

客户洞察能力使企业能识别其目前和将来最有价值的客户，并且决定在与客户的对话中以什么样的方式与客户交流，从而使双方的价值都实现最大化。客户洞察能力是三种能力中最重要的一种，也是前两种能力的基础。

应该指出的是，并非每一种类型的企业都要同样的 CRM 能力。企业应该根据所处行业的特点、企业自身的情况和客户的特点，在 CRM 的三大能力中决定先发展哪一类能力，在每一类能力中先实施哪些子项，采用什么样的平台。一般来说，客户洞察能力的价值在产品和服务多样化、客户与企业持续交往的行业体现得更为突出，如金融、保险、电信、网上零售等行业。

6.1.2　客户关系管理与传统客户服务的区别

1. 主动性不同

传统客户服务中，客户没有问题，就没有客户服务，顶多过年过节寄张卡片，问候一下。客户关系管理则是主动的，不但要时刻询问跟踪客户对于企业产品的使用情况，积极解决客户关于产品的种种问题，还要主动与客户联络，促使客户再度上门，欢迎客户来问东问西，问的越多，说明客户对企业产品越感兴趣，代表有后续的购买行为。客户关系管理认为，主动与被动的差别，就是客户忠诚与游离的差别，也就是生死存亡的差别。

2. 对待客户的态度不同

传统客户服务视客户打电话来问事情，或打电话给客户，都是额外的麻烦事，因为客户打电话来，不是产品有问题，就是客户对产品的使用有疑问；而打电话给客户，不是客户货款没缴清，就是有事情要主动通知说明。但在客户关系管理观念下，客户没反应、不联络、不响应，是疏离的表现，比抱怨还可怕，抱怨代表客户还有意图继续使用企业产品。疏离，则代表产品的销路将要堵死，寿命将要告终。抱怨，只是失望，尚可弥补；疏离，则是绝望，难以挽回。客户关系管理强调的是，不但要在客户抱怨阶段就尽力化解客户的不满与失望，更要在不断接触联络的过程中，提升客户对新产品的兴趣，创造对新产品的期望，最终构成客户对新产品的购买行为。

3. 营销的关系不同

传统客户服务与行销是分开的，行销单靠拥有说服技巧的业务人员，客户服务多依赖于维修工程师或总机。客户关系管理则是将行销与客户服务合为一体，将客户服务视为另一种行销通路，自身也变成了一种行销工具。把新产品推销给老客户或依照老客户的分门别类需求创造新产品，都可以透过客户服务中心处理，因此称为"后端行销"。以客户关系管理观念建立的客户服务中心，透过网络、电话等低成本操作，本身就成为企业的协调中心、新产品的开发中心、试卖点，与前端行销和客户，形成合作无间的三角回路。

从以上客户关系管理与传统客户服务的比较来看，以往企业都将客户服务视为一种不必要的负担，但在新时代，客户关系管理已成为另一种获利来源。如今以服务客户为主体的行销环境中，售后客户仍旧上门问东问西应被视为一种商机，因此，从传统的客户服务，进步到系统化的客户关系管理，涉及到观念、技术、人力、体系上的种种改变。

6.1.3　E-CRM

1. 概念

电子客户关系管理(E-CRM)是指企业借助网络环境下信息获取和交流的便利，充分利用数据仓库和数据挖掘等先进的智能化信息处理技术，把大量客户资料加工成信息和知识，用来辅助企业经营决策，以提高客户满意度和企业竞争的一种过程或系统解决方案。

E-CRM 的产生和发展归功于网络技术的快速发展和普及，企业关注与客户的及时交互，而 Internet 及电子商务提供了最好的途径，企业可以充分利用基于 Internet 的销售和售后服务渠道，进行实时的、个性化的营销。互联网把客户和合作伙伴的关系管理提高到一个新阶段。

随着 Internet 的迅猛发展，企业开始将目光转向一些自助服务渠道，如 web，电子邮件以及聊天室。无论是营销、销售或是服务，均可通过电子沟通的方式管理与客户交互的每一个细节。因此企业正在寻求那些能使客户的网上体验更具个性化的技术与工具。

2. E-CRM 的驱动因素

在当今全球处于激烈竞争的环境下，客户对"产品与服务的种类、获得的时间、地点以及方式"具有了完全支配的权利。随着竞争压力的不断加剧，企业必须以"互联网的速度"听到客户的心声并做出及时的回应，从而才能保持好与客户原来的关系。

在这样的背景下，我们可以看到应用 E-CRM 主要的驱动因素包括：

(1) 通过网络提升客户体验。

(2) 实施自助系统用以提升服务质量，从而能在增加客户满意度和客户忠诚度的同时降低营销成本、销售成本以及客户服务成本。

(3) 为协作型服务质量管理数据库，整合各个渠道客户交互的每一个方面，其中包括电子化渠道或其他的一些传统渠道，将这些整合的信息汇总到一个集中的数据库，产生一个完整的客户观察数据库。

3. E-CRM 的三种应用程序结构

E-CRM 设计中还不可避免的要考虑到网络应用程序的结构问题，企业在如何最佳地满足 E-CRM 所有用户的程序要求上往往大费周折。随着网络技术的发展，新一代的网络应用程序结构在为用户分配应用程序上完全可以不再让企业费心去考虑，在现在的情况下，E-CRM 系统可以采用三种应用程序结构。

(1) 程序外挂型(网上型)：应用程序连接到网上主页，适用于在已有 C/S 结构上实现 E-CRM 系统。

(2) 浏览器增强型：指利用内置于浏览器的技术如动态 HTML 来实现更多的程序功能。

(3) 网络内置型(网络增强型)：指需要借助操作系统和虚拟机的功能、以及动态 HTML、ActiveX、Java 等技术来满足应用程序的要求。

企业只能在系统应用程序内置还是外挂之间做出平衡的选择。优秀的 E-CRM 系统的设计，是围绕最终用户展开的。因此在备选方案的过程中，企业是选择由内到外还是由外到内开展 E-CRM 集成需要慎重考虑。由内到外的 E-CRM 集成解决方案是在传统的企业内部系统中加上了标准的浏览器界面，向客户提供网络交互渠道，这种系统更适用于公司内部的流程作业；由外到内的 E-CRM 集成是指一方面对客户管理工作开展的"任务替代"，另一方面关注使客户交互的工作流程自动化和简易化。

4. E-CRM 的目标

E-CRM 的目标是将与销售、营销创新有关的渠道统一起来，来达到客户关系无缝化，客户满意度、忠诚度和收入的最大化。

5. E-CRM 与 CRM 的区别

(1) E-CRM 是 CRM 的一个子集。技术、客户数据、客户交互和客户价值对于 CRM 和 E-CRM 都是十分关键的。

(2) 从本质上来说 E-CRM 与 CRM 的区别在于：

① E-CRM 可以通过各种电子化接触方式来实现实时的客户交互；

② E-CRM 可以通过 Internet 为客户提供服务，同时客户也可以通过在线的方式获取自助式服务；

③ E-CRM 实现的客户数据捕获可能来源于网站，而不是一个商店。

(3) E-CRM 与 CRM 在哲学、方法、系统和流程方面的差异应该说是很小的，但是由于通信媒介的不同，两者的体系结构、IT 基础还是存在一定的差异。因此会促使 E-CRM 和 CRM 所面临的问题、方法、技术及体系结构存在很大的差异。

⚠ 注意：

现代企业要连续不断地创造利润，才能在竞争中生存，而在营销手段多样化的今天，顾客满意成了企业创造利润的保证。在企业与客户的关系发生了本质性变化的市场环境中，抢占市场的关键已转变为与顾客建立长期而稳固的关系，这是企业推行客户关系的理论基础。

6.2 客户关系管理的内容

6.2.1 客户关系管理的核心

客户关系管理的核心是客户价值管理。对企业来讲，客户的价值是不同的。企业 80% 的利润来自于 20% 的价值客户，已是众所周知的实践真理。客户关系管理通过对客户价值的量化评估，能够帮助企业找到价值客户，将更多的关注投向价值客户。

按照菲利普·科特勒的定义，提供给客户的价值(Customer Delivery Value)是指整体客户价值与整体客户成本之间的差额部分。在网络时代，所谓整体客户价值是指互联网用户在上网过程中期待得到的所有利益，而整体客户成本是指用户在上网过程中必须付出的所有代价。整体客户价值包括信息价值、沟通价值、休闲价值、服务价值、经济价值；整体客户成本包括上网费用、时间成本、机会成本、精神成本。

网络时代的客户价值概念为企业经营者提供了一个指导原则，即增加整体客户价值的同时，提高客户忠诚度和保有率，实现缩短销售周期、降低销售成本、增加收入、扩展市场，从而全面提升企业的赢利能力和竞争力；同时降低整体客户成本。只有这样，在提供从市场营销到客户服务与关怀的全程业务管理的同时，对客户购买行为和价值取向进行深入分析，为企业挖掘新的销售机会，并对未来产品发展方向提供科学、量化的指导依据，使企业在快速变化的市场环境中保持持续发展能力。具体见表 6-1 所示。

表 6-1 客户关系管理与传统客户管理比较

项目	客户关系管理	传统客户管理
管理内容	市场管理、销售管理、服务管理、客户关怀、分析决策、销售机会挖掘、客户管理、合作伙伴管理、竞争对手管理、产品管理和员工管理等	客户档案管理
管理工具	客户关系管理系统、ASP 应用服务	手工记录、电子记事本、Excel、Word
分布式管理	建立共享信息平台、跨区域管理、移动办公	无法实现
工作流管理	随时了解和监控业务进程，实现协同工作	无法实现
价值客户的关注	价值客户的服务与关怀，满足个性化需求	无法实现
电子商务应用	网上客户自助、电子促销、电子催账等	无法实现
提升核心竞争力	通过对客户、产品、员工、合作伙伴、竞争对手的追踪及对市场、销售、服务等工作的统计分析，帮助企业科学决策，全面提升核心竞争力	无法实现

6.2.2 客户关系类型

菲力普·科特勒曾经区分了企业与客户之间的五种不同程度的关系水平，如表 6-2 所示。

表 6-2 客户关系类型

基本型	销售人员把产品销售出去就不再与顾客接触
被动型	销售人员把产品销售出去并鼓动顾客在遇到问题或者有意见的时候和公司联系
负责型	销售人员在产品售出以后联系客户，询问产品是否符合顾客的要求；销售人员同时需要获得有关产品改进的各种建议，以及任何特殊的缺陷和不足，以帮助公司不断地改进产品，使之更加符合客户需求
能动型	销售人员不断联系客户，提供有关改进产品用途的建议以及新产品的信息。
伙伴型	公司不断地和客户共同努力，帮助客户解决问题，支持客户的成功，实现共同发展

需要指出的是，这 5 种程度的客户关系类型并不是一个简单的从优到劣的顺序，企业所能采用的客户关系的类型一般是由它的产品以及客户决定的，比如宝洁公司的洗发水、洗衣粉与客户之间是一种被动性的关系；宝洁公司设立客户抱怨处理机构，处理客户投诉，改进产品；但是宝洁和沃尔玛特之间却可以建立互惠互利的伙伴性关系。科特勒根据企业的客户数量以及企业产品的边际利润水平提供了一个表格，帮助企业选择自己合适的客户关系类型，如表 6.3 所示。

表 6-3 客户数量与对应的客户关系类型

企业的客户关系类型或者说企业客户关系管理的水平并不是固定不变的，企业客户关系管理应该积极的在横向上向左推动。现在已经有越来越多的公司正在这样做，效果明显。比如生产塑胶的道化学公司在 20 世纪 80 年代末的竞争中并不占有优势，道公司所做的调查表明，在客户偏好方面道公司落后于杜邦和通用橡胶处在第三位；不过，调查还表明客户对于三家的服务均不满意。这个发现促使道公司改变其经营策略，不再局限于提供优质产品和按时交货以及服务，道公司开始需要和客户建立更加密切的伙伴型关系，道公司不仅出售产品和服务，还出售客户"成功"。道的一位高级经理说："不论它们使用道的塑胶去做安全套还是复杂的飞机设备，我们都要去帮助他们在市场上取得成功。"这种基于"双赢"的伙伴型关系策略很快使道橡胶成为行业的领先者。

建立和维系与客户的关系，其基础是企业提供给客户的价值。价值是指客户从拥有和使用某种产品、服务中所获得的收益与取得该产品所付出的成本之差。较高价值的体现是多方面的，比如优秀的产品、服务质量、良好的客户满意度和口碑等，这些措施是吸引新顾客的重要手段，同时对于增进老客户的关系也非常有效。

6.2.3　客户关系管理的业绩考核

有效的客户关系管理能够提高客户忠诚度，在客户管理中吸收新客户的成本要远远超过保留现有客户所花的费用，美国学者雷奇汉和赛塞的研究结果表明，顾客的忠诚度每提高 5%，企业的利润就能增加 25%。对企业而言，长期客户的另一项意义便是降低争取客户的费用以及销售和服务流程的简化。为建立一个有效的客户管理就必须限时对客户关系管理进行考核，根据考核结果更新当前管理方案。

采取或不采取客户关系管理，有的时候单从表面销售业绩看不出优劣。比如，图 6-1 的面积正好是企业总的业务收入，如果销售业绩的增长是通过大量新客户来实现，那么我们可以得到同样面积大小甚至同样结构的一个客户-收入的结构，如图 6-2 所示。图中每个层次的宽度是此级次客户的数量，每个层次的高度是此级次客户给企业带来的收入，且层次宽度和层次的高度均可由图清清楚楚地展现出来。但从传统企业收入客户分布图表面上看来，两者似乎一样，可是客户流动的方向展示出交易营销和关系营销的根本区别。客户关系管理的最终目标是与客户建立长期稳定、互惠互利的关系。

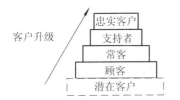
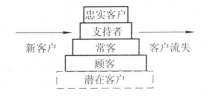

图 6-1　实施客户关系管理的企业收入客户分布图　　　图 6-2　传统企业收入客户分布图

因此可以得到客户关系管理考核的几个基本指标：

(1) 新增客户量(率)：也就是新增加的客户总量。虽然关系营销以一种改革者的姿态出现，可是它在很大程度上并不是对以往营销方式的"革命"，更多的是对传统营销思想的完善补充，因此新增客户量依然是业绩考核中最重要的内容。

(2) 流失客户量(率)：也就是流失的客户总量。

(3) 升级客户量(率)：这是客户关系管理的新内容，不断升级的客户给企业带来诸多的好处，因为客户升级也就意味着"客户满意"，客户升级的最终目标是使客户成为企业、品牌的忠实客户，它们愿意与企业建立和保持长期、稳定的关系，愿意为企业提供的产品和服务承担合适的价格，并且义务宣传企业产品和服务。

(4) 客户平均赢利能力：客户阶梯给了客户平均赢利能力新的内容，也就是客户关系管理里面的客户平均赢利能力是"级次"的。另外，在具体操作时，如果把成本加入图 6-2 中，那么对收入的分析就更明晰，如图 6-3 所示。

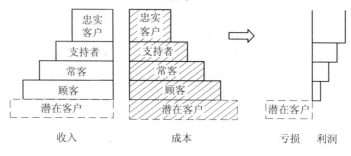

图 6-3　收入成本分析

6.2.4　客户保持管理

客户被企业所重视已经由来已久，在关系营销里客户关系作为核心其重要性又一次被强调，强调与客户建立长期的稳定关系。关系营销的目的在于和客户结成长期的、相互依存的关系，发展顾客与企业及其产品之间新的连接交往，以提高品牌种类程度并巩固市场，促进产品的持续销售。因此保持已有的客户关系对一个企业而言非常重要，可是大多数的企业却把绝大部分的精力放在寻找新客户，寻找新客户对于企业的重要性不言而喻。相关研究表明：一个企业如果将其客户流失率降低 5%的话，其利润就能增加 25%～85%。因此客户关系管理首先提倡的是保持现有客户，实现现有客户的重复购买是企业追求的首要目标；其次才是开拓新市场，吸引新客户。

美国丹尼尔·查密考尔曾经用漏桶来形象地比喻企业的这种行为：他在教授市场营销时，曾在黑板上画了一只桶，然后在桶上画了许多洞，并给这些洞标上名字，粗鲁、没有存货、劣质服务、未经训练的员工、质量低劣、选择性差等。他把洞中流出的水比作顾客。这位教授指出：公司为了保住原有的营业额，必须从桶顶不断注入"新顾客"来补充流失的顾客，这是一个昂贵的、没有尽头的过程。

越来越多的企业认识到维系现有顾客的重要性，现有的顾客代表着最佳的利润增长机会。因为堵住漏桶带来的远不是顾客数量的维持和提高，留下来的顾客意味着"顾客质量"的提高。营销学中有一条著名的"80～20"定律，也即 80%的业绩来自 20%的经常惠顾的顾客。据哈佛商业杂志发表的一项研究报告指出：再次光临的顾客能为公司带来 25%～85%的利润，这是因为一方面企业节省了开发新顾客所需的广告和促销费用，而且随着顾客对企业产品信任度的增加，可以诱发顾客提高相关产品的购买率。而且远不止如此，根据口碑效应，一个满意的顾客会引发 8 笔潜在的生意；一个不满意的顾客会影响 25 个人的购买意愿。因此，一个满意的、愿意与企业建立长期稳定关系的顾客为企业带来的利润相当可观。同样的道理，失去一个顾客，给企业带来的远远不止是"一个"顾客的损失。因此，客户保持管理成为关系管理理论和实践的重要内容之一。

由倍恩公司的雷切德和哈佛商学院的萨塞尔所做的关于客户保持的研究，反映了客户保持率提高对于企业的重要影响。他们计算了在目前的客户保持率情况下客户平均生命周期内给公司带来的利润流量的净现值，计算了在客户保持率降低 5%的情况下平均客户生命周期内给公司带来的利润流量的净现值，两者比较，得出客户保持率对公司利润的影响如表6-4 所示。

表 6-4　客户保持率对公司利润的影响

行　业	利润增长(%)
邮购	20
汽车维修连锁店	30
软件	35
保险经纪	50
信用卡	125

美国联邦快运的做法就是一个很有说服力的例子。在联邦快运看来，虽然公司的一个客户只带来 1500 美元/月的收入，但是如果着眼于将来的话，假如客户的生命周期是 10 年，那么这个客户可以为公司带来 $1500 \times 12 \times 10 = 360\,000$ 美元的收入。如果考虑到口碑效应，一个满意的、愿意和公司建立长期稳定关系的客户给公司带来的收益还要更多。

1. 建立客户数据库

企业在不断成长的过程中，会逐渐积累相对稳定的客户群体，这一群体将是企业发展的核心因素。因此，作为一个企业，分析好、维护好属于自己的"自留地"显得非常重要，建立客户数据库，就是一个有效的方式。注意利用数据库来分析现有客户的简要情况，并找出人口数据及人口特征与购买模式之间的联系，为客户提供符合他们特定需要的定制产品和相应的服务，并通过各种现代通讯手段与客户保持密切联系，从而建立起持久的合作关系。

要建立与客户有效的联系，汇集了所有客户资料的统一客户数据库是基础，只有建立了统一的客户信息数据库，客户保持策略才有可能实施。虽然现在不少企业内部都有客户服务的资料库，但基本上只作为客户服务部门的一部分，只在客户投诉时才能得到客户信息，而且数据化的程度不高。

所以，要做好客户保持，必须先把客户服务的内容搬到网上来。比如：在客户购买电器后一般都会填写客户服务卡并寄回生产企业，那么，企业要做的就是两件事：

(1) 把得到的客户信息全部输入到网络数据库中。这种工作是很容易实现的，注意这个资料库是全公司统一的，可以联网查询的。这个数据库是公司整体的一部分，而不是属于某个职能部门，公司每一个职能部门、公司外部的经销部门和服务部门都能在某种机制下使用这个数据库。

(2) 促使客户直接在网上填写资料表单。这步工作的目的是让有可能通过互联网与企业联系的客户开始通过企业网站与企业建立客户关系，可以采用某些促销方法使客户有这样做的积极性，如注册有奖、积分或派送小礼品等。通过这些方法，企业就可以建立初步的统一客户数据库。

2. 通过客户关怀提高客户满意度

客户关怀活动包含在客户从购买前、购买期间到购买后的客户体验的全部过程中。购买前的客户关怀为公司与客户之间关系的建立打开了一扇大门，为鼓励和促进客户购买产品或服务作了前奏。购买期间的客户关怀则与公司提供的产品或服务紧紧联系在一起,包括订单的处理以及各种有关的细节,都将要与客户的期望相吻合,满足客户的需求。购买后的客户关怀活动则集中于高效的跟进和圆满的完成产品的维护和修理的相关步骤。售后的跟进和提供有效的关怀,其目的是使客户能够重复购买公司的产品或服务。

客户满意是指客户通过对一个产品或服务的可感知的效果与他的期望值相比较后,所形成的愉悦或失望的感觉状态。客户满意度是可感知效果和期望值之间的变异函数。如果可感知效果低于期望,客户就会不满意;如果可感知效果与期望值相匹配的话,客户就满意;如果,可感知效果超过期望,客户就会高度满意。企业不断追求客户的高度满意的原因就在于一般满意的客户一旦发现更好或者更便宜的产品后,会很快更换产品供应商,只有那些高度满意的客户一般不会更换供应商。客户的高度满意和愉悦创造了一种对产品品牌在情绪上的共鸣,而不仅仅是一种理性偏好,正是这种由于满意而产生的共鸣创造了客户对产品品牌的高度忠诚。

3. 利用客户抱怨,分析客户流失的原因

客户与企业间是一种平等的交易关系,在双方获利的同时,企业还应尊重客户,认真对待客户提出的各种意见及抱怨,并真正重视起来,才能得到有效改进。在客户抱怨时,认真坐下来倾听,扮好听众的角色,有必要的话甚至拿出笔记本将其要求记录下来,要让客户觉得自己得到了重视,自己的意见得到了重视。当然,仅仅是听还不够,还应及时调查客户的反映是否属实,迅速将解决方法及结果反馈给客户,并提请其监督。通过倾听,我们可以得到有效的信息,并可据此分析客户流失的原因,促进企业更好的发展,为客户创造更多的经营价值。一个企业如果每年降低 5% 的客户流失率,利润每年可增加 25%~85%,因此对客户进行成本分析是必要的。

蜂窝电话的经营者每年为失去的 25% 的客户支付 20 亿美元~40 亿美元的成本。据资料记载,美国一家大型的运输公司对其流失的客户进行了成本分析。该公司有 64 000 个客户,一年中由于服务质量问题,该公司丧失了 5% 的客户,也就是有 3200(64 000 × 5%)个客户流失。平均每流失一个客户,营业收入就损失 40000 美元,相当于公司一共损失了 128 000 000(3200 × 40 000)美元的营业收入。假如公司的赢利率为 10%,那这一年公司就损失了 12 800 000(128 000 000 × 10%)美元的利润,但是随着时间的推移,公司的损失会更大。

6.2.5 E-CRM 效果指标

网络客户关系管理的催生和发展完全归功于网络技术的发展。企业对 CRM 概念的关注集中在与客户的及时交互上,而 Internet 及在它之上运营的电子商务提供了最好的途径,企业可以充分利用基于 Internet 的销售和售后服务渠道,进行实时的、个性化的营销。

1. E-CRM 的利益

E-CRM 能够以两种方式为企业带来效益。

(1) 由内到外的效益。为企业提供自助服务系统,可以自助地处理服务要求,从而降低企业的运营成本。这里面包含了“任务替代”的概念,由人工渠道提供的服务可以通过自助渠道来处理,为管理节省了大量的人力,可以将人力资源集中于更具有挑战性和更高

价值的服务。

(2) 由外到内的效益。除了由互联网带来的低成本优势，E-CRM 还具有满足客户的实质性需求的优势。互联网上的客户自助服务提高了服务的响应速度和服务的有效性。

E-CRM 的这些优势提高了客户满意程度，进而帮助企业扩大市场份额、提高获利的能力。

2．E-CRM 创新的 9 个关键成功要素

1) 准确评估你的 E-CRM 需求

你需要花费时间来评估你的公司现有的业务流程、数据基础和技术基础。在对现有和未来差距分析的基础上进行 E-CRM 实施的优先排序，做好实施前的总体战略规划；然后在 E-CRM 战略规划的基础上，具体规划在以后几年中发展的进程。花费几周的时间来理解目前的状态往往有利于你找到对 E-CRM 中最需要的功能，因此现在所花的时间在后面会得到回报，是非常值得的。这是一种间接的、巨大的、隐性的回报，因此我们必须给予足够的重视。

2) 理解客户需求

努力去理解外部客户的需求对于实施 E-CRM 也是十分必要的，为了优先排序你的 E-CRM 创新，你的公司需要理解哪种变革将有利于满足热情的客户，这样在针对客户需求基础上而进行的创新显然有利于让公司更好的满足客户的需求，有利于公司建立与客户间的牢固关系。

3) 不要把 E-CRM 看做一种技术创新

所有的 E-CRM 创新都包括技术成分，但是 E-CRM 决不仅仅是一种技术创新。它是一种经营创新，项目实施过程中需要技术的支撑，并且在整个创新过程中更需要经营流程的变革。

4) 量化从 E-CRM 上所期望获得的回报

假如在现今的市场条件下，公司没有对期望回报进行定量化，就会缺乏一种对实施结果进行衡量的尺度。因此我们需要在实施 CRM 前量化期望值。但是令人遗憾的是，多项调查表明，公司或者是没有评估他们的项目实施效果，或者是结果不尽如人意。对任何大规模创新的收入评估应当包括每月收入变化中的成本降低和收入增加。实施前量化投资期望值，就可以在实施后对实施效果保持持续的警惕。

5) 使得 E-CRM 成为一个企业级创新

无论你的企业选择一个整体 CRM 解决方案，还是分步实施各个点解决方案，都应当有一个企业级 E-CRM 创新的规划。拥有企业级 E-CRM 规划的企业在实施某一个点解决方案时就会从整个企业的角度来考虑问题，就会把点解决方案作为企业级创新的一部分。

6) 确保所有渠道的可集成性

无论你的公司参与的是一个全面的还是部分的解决方案的实施，你必须事先考虑能否在所有渠道上进行集成。例如，在实施营销自动化系统时，尽管在初始实施时不需要与呼叫中心或网站进行集成，但是我们在选择解决方案时，要选择一个能与其他渠道进行集成的方案，这样才能确保以后进行渠道的集成。

7) 员工要么成功要么毁灭你的 E-CRM 创新

"E-CRM 不是技术创新"的必然结果是"E-CRM 是人的创新"。规模最小的 E-CRM

创新也会包括技术、流程和人的三方面变革，而"人"在变革中存在的变数最大。

"人"要不断学习新的技能，以适应不同的角色，甚至是完全消除固定职位的概念。这就要求员工在实施 E-CRM 前、中、后经常沟通，这样才能发挥 E-CRM 的最大效用，实现企业 E-CRM 创新的目标。员工在实施 E-CRM 过程前、中、后的态度将决定项目的成功与否。

8) 乐于变革你的流程

在"技术—流程—人"这个三角形中，业务流程是"第三条腿"，它将在很大程度上会受到 E-CRM 的影响。许多公司往往因为没有能够变革他们的业务流程，而导致 E-CRM 创新的益处难以充分发挥。一个真正的 E-CRM 实施将导致"技术—流程—人"三方面都会发生变化。而且，与引入新技术相比，流程变革往往所需的成本较少，因为其中存在很多主观的、人为的制约因素。

9) 认识到 E-CRM 是企业的一场变革

总之，E-CRM 是企业的一场变革，它需要交叉功能的部门之间进行沟通、合作，需要有一个长期的企业级规划，以设法获得适应时代的经营方法。在变革之前认识到这个事实将有助于公司以一种更加有效和快捷的方式建成 Meta Group(美国 IT 领域著名的调研和资询机构)所预测的"集成的 E-CRM 生态系统"。

唯有如此，企业才能在 e 时代将 CRM 化引向纵深、引向实战，其成果也才能经得起销售额、市场份额、客户满意度、客户忠诚度的检验。

6.3 网络顾客关系管理工具

6.3.1 FAQ 的设计与应用

FAQ 中文意思就是"经常问到的问题"，或者更通俗地叫做"常见问题解答"。在很多网站上都可以看到 FAQ，它出了一些用户常见的问题，是一种在线帮助形式。FAQ 主要为网络消费者提供有关产品及企业情况等常见问题的解答，使他们能够迅速找到所需的服务信息，同时也能够引发消费者随意浏览的兴趣。

FAQ 原是公共论坛 Usenet 新闻组(由分布在世界各地的上千个新闻服务器组成，经由一系列电子公告栏互相交换具有新闻价值的信息，并发展为讨论与交换想法的论坛)为了避免重复讨论同一个问题而设计的。以前，每个消费者就自己所需要的服务，会通过电话、传真、邮件等方式反馈给企业，企业需要一一进行服务，并在时间上会有些滞后。实际上企业在对消费者提出的某个问题经过一段时间的争论和研究后，就会形成共识，把这些问题和答案汇总整理后列在一起，制成页面或栏目，就形成了现在的 FAQ。通过 FAQ，企业能够为每个消费者提供及时的日常服务。

1. 企业 FAQ 的设计

创建企业的 FAQ，首先列出常见问题，把客户提出的问题集中起来，通过分析后就能列出一个常见问题的清单。

收集来的常见问题要精心组织，将各种问题进行分类组合，一般按照提问的频率高低或字母顺序进行分类，方便顾客查阅。认真撰写问题的答案，答案要言简意赅，语句通俗易懂，不要有太深奥的术语，既要将问题解释清楚，又不要有多余的语言。提供信息的详细程度以既不泄露企业的商业机密，又要让顾客满意为标准。

FAQ 按其主题可以分为：关于产品知识的 FAQ；关于产品维护、保养、退换货、故障排除的 FAQ；关于升级的 FAQ；关于定货、运输的 FAQ；关于公司情况的 FAQ 等(见图 6-4 和图 6-5)。

图 6-4　淘宝网站上关于企业情况的 FAQ 页面

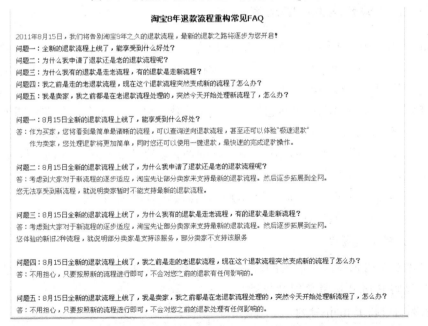

图 6-5　淘宝网上关于退款的 FAQ 页面

FAQ 的布局设计要合理，能让访问者很快地找到问题的答案。在主页上要明显地告诉访问者 FAQ 在哪里，一般为客户服务、技术支持、问题解答等标题菜单，或直接标明 FAQ，让访问者能通过导航系统快速进入 FAQ 的页面。在 FAQ 中对一些相关问题还可以作进一步的链接，让访问者能轻松地获取更多的信息。在每一个问题的答案后，应有一个能让访问者返回的反向链接。

FAQ 的设计一般有两种形式：一种是将问题和答案放置在一个新的页面或窗口中，并与 FAQ 中相对应的问题条目进行链接，当访问者点击该问题时，打开该问题的页面或窗口，在窗口或页面中，应有关闭或返回的反向链接；另一种是所有的问题和解答都在同一个页面中，问题位于页面上部，答案位于下方，问题与答案之间通过书签相关联，当点击问题条目时，跳转到答案上，答案后有一返回到页面顶部的链接(见图 6-5)。

2．FAQ 的搜索

为了方便访问者对 FAQ 的检索，通常对问题进行排序或分类，分别链接到每一类主题的常见问题及答案中(见图 6-4)。访问者根据自己想寻找的问题，通过其主题分类到相关页面上寻找具体问题的答案。当有较多的 FAQ 时，还可以为访问者提供搜索引擎，使之能尽快地找到相关的问题和答案。

大多数的 FAQ 都提供搜索引擎，搜索引擎不仅能在主页上，而且还能在其他页面上进行搜索。搜索工具不仅要具有较强的搜索功能，而且还要易于使用。如可按照关键字检索，也可以按照产品类型、问题类型等检索。用于搜索的工具在网络上很多，有不少可以免费获得。

搜索功能应与站点规模相适应，如果 FAQ 的信息量较少，则可以选择分类检索方式，如果 FAQ 的信息量很多，就需要一个搜索引擎。

6.3.2 E-mail 在顾客服务中的运用

E-mail 是网络顾客服务双向互动的根源所在，它是实现企业和顾客对话的双向走廊，也是实现顾客整合的必要手段。E-mail 的最大特点是即时、全天候。E-mail 与电话相比，还有一个特征需要注意：在电话中，我们可以从对方的语气判断他的承诺兑现的概率大小，比如对方承诺"三天内解决您的问题"时语气很含糊、犹豫，那么，你在第四天上得不到答复就不以为怪，因为你知道对方并没有太大的把握；但如果你在 E-mail 上承诺"三天解决"时，公司就一定要在这个时间内解决，否则顾客就会抱怨你不守信用，因为 E-mail 是一种文字表达，无法揣测语气。

公司在顾客服务中应将 E-mail 和 FAQ 结合做出，对常规问题，只要让顾客在 FAQ 中查阅即可，而对 FAQ 不能包括的问题，应进行分类管理。

1．E-mail 的分类管理

E-mail 的分类管理有两个层次的含义：一是将 E-mail 按部门分类，让对口部门回答相关问题；二是将 E-mail 按紧急程度分类。

(1) 按部门可将 E-mail 分为：

① 销售部门：关于价格、产品信息、库存情况等；

② 顾客服务部门：产品建议、产品故障、订货追踪、公司政策等；

③ 公关部门：记者、分析家、赞助商、投资关系等；

④ 人力资源：简历、面试请求等；

⑤ 财务：有关帐目、财务报表等。

(2) 通常可将 E-mail 按紧急程度分为五种：

① 给公司提出宝贵意见，需要致谢的 E-mail；

② 普通紧急程度的 E-mail，应在 24 小时内给予答复；

③ 紧急情况；

④ 关键问题；

⑤ 红色警戒线以上的问题。

根据以上分类，大部分的 E-mail 都可归入普通紧急程度中。归入紧急情况的问题需要其他部门的专门人员解决，如产品经理、货运人员等。他们对问题的解决须给顾客服务部门一份拷贝。关键问题是指需要公司决策阶层解决的 E-mail，红色警戒线以上的问题常常是指涉及公司根本利益的灾难性的问题，对这类问题需要公司领导召集各部门负责人共同解决。

所有的 E-mail 都发送到同一个地址的情况下，对 E-mail 的分类管理需要专人负责；另一类管理方法是提供公司各部门的 E-mail 地址，顾客根据自己的问题将它发至相应的部门。

2. 自动应答器

自动应答器也叫自动回复系统，是给 E-mail 发出者回复一封预先设置好的信件，这样做的目的是解答问题或让发出者放心 E-mail 已收悉。

当大量的询问产品信息、服务、咨询等各种问题以电子邮件的形式发送到企业时，企业应及时予以答复。人工回复可以有针对性地给予询问者一个满意的答复，但要耗费大量的人力和时间，而且有时候用户所问的问题大同小异。最普通的方式就是用邮件机器人、信息机器人或自动回复器这样的程序自动回复。当企业接收到电子邮件后，这些程序通过对所收到的电子邮件中的词语进行识别，然后将事先准备好的相关信函自动发送给发件人，以实现自动咨询服务。

3. 利用 E-mail 与顾客建立主动的服务关系

利用 E-mail 进行主动的顾客服务包括两方面的内容。一是主动向顾客提供公司的最新信息；二是获得顾客需求的反馈，将其整合到设计、生产、销售的系统中。

公司的老顾客需要了解公司的最新动态，如公司新闻、产品促销、产品升级等。公司可将这些信息及时主动地以新闻信札的形式发送给需要这类信息的顾客。当然，发送这类信息同样要遵守前面讲过的 E-mail 的礼仪。

6.3.3 网络论坛在客户服务中的应用

网络论坛也是一个电子讨论组，与新闻组有点相似。在论坛中就某些问题共同讨论、学习，可以提出问题请别人回答，也可以对别人的问题发表意见。

论坛的结构组织包括论坛目录、论坛、主题、帖子和回复这样几个部分(见图 6-6、图

6-7、图 6-8)。论坛目录是一系列论坛的集合，通常情况下，论坛目录是按照树形方式组织论坛的，这样用户就可以非常容易地找到他们想要去的论坛。论坛是一个包含一系列主题列表的区域，每个人都可以在那里发表自己的看法。主题通常是一些讨论，可以由一条或者多条帖子组成，显示成列表的形式，也可以一个帖子和它的回复帖子按树形方式组织。帖子是由社区成员发的一条消息。帖子回复就是回应别人发的帖子，通常是平铺或者树形方式组织的。

图 6-6   太平洋电脑网的在线论坛(http://itbbs.pconline.com.cn/)

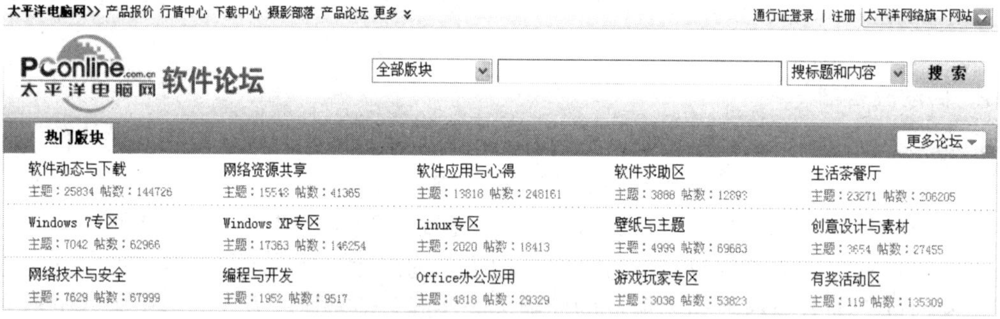

图 6-7   太平洋电脑网的在线论坛中的软件论坛(http://softbbs.pconline.com.cn/)

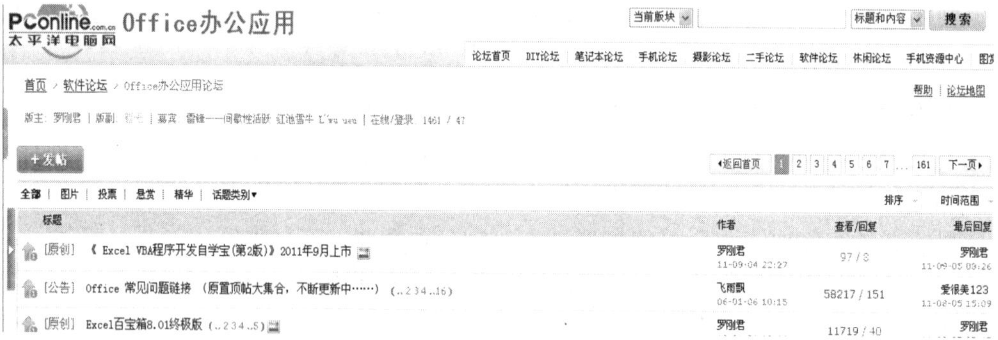

图 6-8   太平洋电脑网的软件论坛中的 office 办公应用(http://softbbs.pconline.com.cn/f251.html)

企业的网络论坛不仅能实现由企业到客户的双向服务，同时还能实现客户之间的交流和帮助。客户的一些问题在论坛中可以向企业的技术人员求救，也可向具有一定水平的用户请教。企业一方面通过论坛帮助用户解决具体的问题，另一方面了解用户对企业产品、服务的意见和建议，并可发现具有一定水平、又乐于助人的用户，有针对性地向他们开展公关活动。对顾客的抱怨、批评、建议等，企业应积极鼓励，而不是冷漠、忽视甚至强行扼制，发现对企业有不利影响的言论时，应及时以积极的态度解决。不要忽视网络传播的速度和范围，在网上信息传播的范围和速度是非常快的。

6.3.4 呼叫中心和客户管理相结合

1．呼叫中心概念

呼叫中心(Call Center, CC)在国内也叫做"客户服务中心"(Customer Care Center, CCC)，是一种基于 CTI 技术(计算机网、通信网集成技术)，充分利用通信网和计算机网的多项功能集成，并与企业连为一体的一个完整的新型综合信息服务系统。呼叫中心利用现有的各种先进的通信手段，有效地为客户提供高质量、高效率、全方位的服务。

呼叫中心通过提供各种 CTI(计算机语音集成)中间设备来支持 ACD(自动呼叫分配)/PBX(程控交换机)，实现计算机电话集成技术与 CRM 业务应用软件之间的整合，通过电话技术来进行与客户之间的互动，对来自多个渠道的工作任务和座席代表的任务进行全面的管理。初看起来呼叫中心好像是企业在最外层加上一个服务层，实际上它不仅仅为外部用户，也为整个企业内部的管理、服务、调度、增值起到非常重要的统一协调作用。

呼叫中心已经在很多方面得到应用，如电话银行，用户可以通过电话进行汇率查询、账户结余查询、转账、代扣公用事业费等。现在的呼叫中心是 CRM 行业的一个重要分支，它是由若干成员组成的工作组，这些成员既包括一些人工座席代表，又包括一些自动语音设备。它们通过网络进行通信，共享网络资源，为客户提供交互式服务。

2．呼叫中心构成

20 世纪 90 年代初，呼叫中心开始发展并逐渐兴起，近几年，随着技术的发展，呼叫中心又融入了 Internet、VOIP(语音技术)、E-mail、WAP(手机无线上网应用协议)、视频等多种交互手段，发展成为一个多媒体的、可为移动用户服务的、智能化的呼叫中心。

典型的呼叫中心由六部分组成：程控交换机(PBX)、自动呼叫分配器(ACD)、交互式语音应答(IVR)、计算机语音集成(CTI)服务器、人工座席代表(Agent)和后台业务处理系统构成。虽然各公司的呼叫中心不尽相同，但呼叫中心环境下的基本技术差别不大。

1) 程控交换机(Private Branch Exchange，PBX)

程控交换机为呼叫中心提供内外的通道。对外作为与市话局中继线的接口，对内则作为与座席代表话机和自动应答设备(VRU)的接口。但呼叫中心的 PBX 与传统的 PBX 不同，其中继线数大于内线数。多出来的中继线如何使用就涉及到自动呼叫分配器(ACD)了。

2) 自动呼叫分配器(Automatic Call Distribution，ACD)

自动呼叫分配器的作用是将外界来电均匀地分配给各个代表。如果没有空闲的座席代表，就将来电放入等待队列，空闲时再转接过去。如果来话在长时间里得不到处理，ACD 可以为客户播放提示信息，包括呼叫者在等待队列中的位置并询问来电者是否愿意继续等待等，以减少客户挂机比例。随着技术的发展，ACD 将会提供更多的特色服务，如呼叫溢出等，并与其他解决方法更好地结合起来。

3) 交互式语音应答(Interactive Voice Response，IVR)技术

交互式语音应答技术给呼叫中心带来了强大的生命力。IVR 又称自动语音应答(Voice Response Utensil，VRU)，它是计算机技术用于呼叫中心的产物。用户通过双音频电话输入信息，IVR 系统向用户播放预先录制好的语音，回答用户的问题。IVR 还具有语音信箱、传真收发等功能。应用了 IVR 技术，有 80%～90%的呼叫不需要坐席代表的干预就能完成。在 IVR 应用中，语音识别技术将会发挥很大的作用，从而减少语言误解和消息失真。

4) 计算机语音集成服务器(Computer Telephony Integration，CTI)

CTI 对整个呼叫中心进行全面管理，是呼叫中心的心脏所在。它与 PBX 相连，接收来自 PBX 的事件/状态消息，并向 PBX 发出命令。CTI 服务器能够向上提供统一的编程接口，屏蔽 PBX 与计算机间的复杂通信协议，给不同的用户开发应用程序带来了方便。CTI 服务器与 PBX 的连接称为 CTI 链路。CTI 链路在物理上可能是 X.25、ISDN(D 通道)或 TCP/IP 连接中的一种，在软件上是一种专用的应用层协议。目前 CTI 协议缺少统一的标准，于是 CTI 服务器的最大任务就是协调不同交换机厂家的这些协议，使其有统一的模式。有人认为，解决这个问题的途径可以是同时支持多种不同的 CTI 链路协议或对这些协议进行编程，但这是不切实际的。一个可行的方法是开发一个运行于 CTI 服务器上的 CTI 中间件，以完成底层的协议操作。

5) 人工座席代表(Agent)

通常，呼叫中心的工作人员被称为座席(业务代表)，业务代表组成的小组被称为座席组(业务组)。一个呼叫中心可以由几百个，甚至几千个业务代表组成，而小企业和大企业的小部门也可以根据需要，非常经济地建立一个只有几个业务代表的小型呼叫中心。

人工座席代表(Agent)的工作设备包括话机(数字或专用模拟话机)、耳机、话筒及运行 CTI 应用程序的 PC 机或计算机终端，对于电话接听、挂断、转移和外拨等工作，座席代表只需通过鼠标和键盘就可轻松地完成。人工座席代表是呼叫中心中的唯一非设备成分，能更灵活地进行呼叫处理。呼叫中心的某些服务，如业务咨询、电话号码查询、故障报告和服务投诉等，必须由座席代表完成。

6) 后台业务处理系统

后台业务处理系统负责整个过程中信息的收集、处理、反馈，利用这些信息，可以更好地提供客户服务，提升企业的服务水平。

3. 呼叫中心的典型流程

呼叫中心的典型处理流程如下：

(1) 呼叫进入中心交换局(Center Office)。

(2) PBX 应答呼叫，捕获自动号码证实(ANI)或被叫号码证实(DNIS)信息。

(3) PBX 寻找空闲的 VRU 路由，并把该呼叫转至该线路。

(4) PBX 通过 RS-232 串行口发送初始呼叫信息给 VRU,包括呼叫转至的端口号及 ANI 和 DNIS 信息。

(5) VRU 播放提示菜单信息给呼叫者，以确定哪类接线员受理比较合适。

(6) VRU 检查接线员队列，若无空闲接线员，则播放消息给呼叫者，告诉其在等待队列中的位置，询问是否愿意等待等。

(7) 接线员空闲时，VRU 通过拍叉簧把呼叫转至该接线员，等待 PBX 发来的拨号音，拨新的分机号，接线员拿起电话后，VRU 自动挂机，处理另一个呼叫。

(8) 用数据库的共享或局域网通信工程，VRU 向接线员的 PC 发送 ANI 信息，呼叫到达时，客户信息会自动显示出来。

(9) 呼叫用户或接线员一方挂机时，PBX 检测到断线信号，通过 RS-232 串口发送呼叫记录信息给 VRU。此时 VRU 根据此信息确定刚处理完呼叫的接线员已恢复空闲，可进行下一次呼叫处理。

4. 呼叫中心的类型

呼叫中心可以按照不同的参照标准分成多种类型。比如：

(1) 按采用的不同接入技术分，可以分成基于交换机的 ACD 呼叫中心和基于计算机的板卡式呼叫中心。

(2) 按呼叫类型分，有呼入型呼叫中心、呼出型呼叫中心和呼入/呼出混合型呼叫中心。

(3) 按功能分，有传统的电话呼叫中心、Web 呼叫中心、IP 呼叫中心、多媒体呼叫中心、视频呼叫中心、统一消息处理中心等。

(4) 按使用性质分，可分成自用呼叫中心、外包呼叫中心和 ASP(应用服务提供商)型呼叫中心。其中 ASP 型是指租用其他人的设备和技术，而话务代表是自己公司的类型。

(5) 按分布地点分，可分成单址呼叫中心和多址呼叫中心。

(6) 按人员的职业特点分，有 Formal(正式)呼叫中心和 informal(非正式)呼叫中心两种。正式的呼叫中心就是我们通常所说的有专门的话务代表处理客户的呼叫，为客户提供服务的呼叫中心；而非正式的呼叫中心是指那些由不是专门的话务代表来处理客户的呼叫，比如在证券业有大量的证券经济人，他们利用证券公司的呼叫中心为客户提供交易服务，但他们自己并不是专门的话务员，那这个证券公司的呼叫中心就属于非正式的呼叫中心。

(7) 按呼叫中心技术的发展史分有两种分法，一个是从大体上把呼叫中心分成传统呼叫中心和现代呼叫中心；另一个是一些设备厂商的分法，就是经常可以见到的第一代、第二代的称谓，现在已经到了第四代。这主要是厂商要强调在新一代的产品中加入了更多的先进技术。

(8) 按应用分，主要有电信呼叫中心、银行呼叫中心、邮政呼叫中心、民航呼叫中心、企业呼叫中心、政府呼叫中心等。

在实际中，更多的是根据应用的不同情况和场合，将这些分类有机地结合在一起。比如我们可以将一个呼叫中心描述为基于交换机的、具有 Web 功能的、呼出型多址外包呼叫中心。尽管显得罗嗦，但却是对一个呼叫中心最精确的描述。在呼叫中心产业中，多数企业是按照不同的使用性质进行分类的，所以我们下面着重介绍自营型呼叫中心(in-house call center)、外包型呼叫中心(outsourcing call center)和 ASP(应用服务提供商)型呼叫中心三类。

1) 自营型呼叫中心

自营型呼叫中心指的是企业自身建立起独立的呼叫中心，其运营指标要从以下几个方面来评估：

服务级别(service level)，即多少呼叫会在一定时间内被接听，是 80/20 还是 90/10 或者是 70/30。包括：

(1) 呼损率(abandon rate)；

(2) 平均通话时间(average speech time)；

(3) 后续工作时间(after call work)；

(4) 转接率(change rate)；

(5) 单个呼叫成本(cost/call)；

(6) 人员流失率。

当然如果呼叫中心还担负着追踪销售线索，维护客户关系的话还要考察销售成功率和客户挽留成功率等指标。以上只是考核一个呼叫中心运营的基本指标，具体还要根据企业的实际情况来制订。

2) 外包型呼叫中心

外包型呼叫中心是指租用其他方的呼叫中心设备、座席、人员和运营管理，完成客户服务、市场营销等诸多活动的类型。

外包型呼叫中心的各种业务都可以拆分成外包业务：建设外包、应用外包、系统硬件外包(不含座席代表)、座席外包、运营管理外包、招聘/培训外包等。一些富有经验的外包运营商可以提供全套的一条龙服务。

按业务类型的难易程度、时效性、阶段性、企业文化的理解等方面的不同，可将外包分为以下 4 种类型：按座席外包(呼入呼出混合型)；按呼入量外包(呼入型)；按项目外包(呼入型、呼出型)；连带 CRM 的外包(综合型)。

3) ASP 型呼叫中心

ASP(Application Service Provider，应用服务提供商)型呼叫中心，是将各种应用软件安装在数据中心(IDC)或服务器群上，通过网络将应用软件的功能或基于这些功能的服务，以有偿的方式提供给使用者，并由 ASP 负责管理、维护和更新这些功能和服务，为使用者提供给使用者优质、完善的服务。

5．CRM 与呼叫中心的关系

CRM 是时下管理中的热门，它的实现并不仅仅依赖一个软件，而是依赖企业的优化和改造。对现阶段的企业来讲，这种改造是长期的、艰巨的、革命性的。从功能上讲，CRM 的解决方案都着力于经营自动化和流程合理性的改进，尤其是在销售、市场营销、客户服务和支持等前端办公领域。实际上，无论是商品的宣传、销售还是售后服务，本质上都是一个商家与客户进行交互式信息交流的过程，而这种交流恰恰是呼叫中心的特长所在。

自动化和改善面向客户的商业流程是 CRM 的主要目标之一，但 CRM 解决方案拥有的商业智能和分析能力必须基于大量的有关企业用户和潜在用户的广泛信息。只有决策者们充分利用这些信息，才能做出更为明智和及时的商业决策。呼叫中心是最有力的信息采集渠道，能保证商业智能化的实现，所以说，一个成功的战略呼叫中心的业务和管理功能是 ERP 和 CRM 中核心和精华部分功能的实现，同时，呼叫中心又是它们的基础。我们可以通过呼叫中心来完成数据的积累和初步 CRM 功能的实现，当有了客户信息和客户关系管理经验时再运用大型的 CRM 系统，这样就会达到事半功倍的效果。

呼叫中心在企业的网络营销服务中发挥着重要的作用。

(1) 充分互动。在电子商务时代，人们可能会过分依赖互联网的沟通方式而忽略了人和人的直接沟通，缺乏情感交流。最典型的例子可以从直销网站高达 60%～80%的购买放弃率上得到反映。企业越接近价值链的末端，人与人的有效沟通就越重要。

(2) 一站解决。缺乏统一的呼叫中心接入，最常见的会引起呼入顾客为解决一个问题，不得不在企业各部门间往来转接，考验顾客的忍耐能力。呼叫中心必须提供给顾客一个单一且明确的沟通窗口，使其能够得到统一的标准服务和答案。

(3) 提升客户价值。充满个性化的咨询服务、24 小时全天候的电话服务，这些附加价值有助于顾客解决问题，提高满意度。

(4) 成为真正的价值信息中心。 顾客的基本信息、偏好、关心的话题、历史记录、抱怨、建议都能够通过呼叫中心被及时地搜集整理，成为真正有价值的信息。

(5) 促进企业业务流程的重构。设立呼叫中心的同时，也提供了企业进行业务流程重构的机会。顾客的需求和抱怨往往需要通过后台各部门的协调才能得到解决。企业在设立呼叫中心之初，就要重新定义各种可能的服务项目，重新制定企业的业务流程，使呼叫中心在成为顾客服务中心的同时，也成为企业业务协调中心。

6.4 网络客户关系管理实训

实训任务一

登陆阿里软件网站 www.alisoft.com，如图 6-9 所示，利用阿里软件有效管理客户资源。

图 6-9 阿里软件 www.alisoft.com

在阿里软件中对客户的管理，主要是利用其中的"客户"，它包括客户管理、客户关怀和买家级别。请登陆阿里软件网店版，了解客户功能。

(1) 客户管理(如图 6-10 所示)。将买家的基本信息、个人爱好、双方的交易记录和聊天记录集中统一管理，帮助卖家迅速记忆起买家，并有针对性地跟买家进行交流，提高工作效率与成交率。

图 6-10 阿里软件网店版 "客户管理"

（2）客户关怀设置。把买家分类，有效管理客户资源。卖家可以按类目来选择客户进行回访和关怀。通过这样的形式来维系客户关系，提高卖家的服务质量，提高二次销售概率。

（3）买家级别设置（如图 6-11 所示）。设置 VIP 用户，不同级别用户享受不同优惠，卖家安心，买家放心。

图 6-11 阿里软件网店版 "客户级别"

实训任务二

假定你所在的公司与日本某公司签订了出口 36 吨草酸的合同，请利用阿里软件外贸版的测试系统，完成从记录客户信息，到向客户报价、寄样、成交、签合同、采购、入库、报送报运、出口制单、出业务报表的全过程。

✍ 回到学习情境

任务 1 分析电子化服务对电子商务的重要作用

电子化服务是电子商务成功的关键环节。现在的客户，包括个人和团体客户，都要求企业更多地尊重他们，在服务的及时性、质量等方面都提出了高要求。企业在电子商务环境下的竞争优势，很大程度上将取决于对其客户的了解程度以及对客户需求的反应能力，企业应通过管理与客户间的互动，改变管理方式和业务流程，减少销售环节，降低销售成本，争保客户，提高客户价值，实现最终效益的提高。

任务 2 在电子化服务中，为什么要充分发挥网络的作用？

在电子化服务中，要充分发挥网络的作用。企业有许多同客户沟通的方法，如面对面的接触、电话、电子邮件、互联网、通过合作伙伴进行的间接联系等，而现在，发挥着最重要的作用是网络。网络不仅改进了信息的提交方式、加快了信息的提交速度，而且还简化了企业的客户服务过程，使企业向客户提交与处理客户服务的过程变得更加方便快捷。基于互联网的电子化服务可使企业逐步实现由传统的企业模式转变到以电子商务为核心的过程。

任务 3 如何通过网络提供个性化服务？

通过网络提供个性化服务尤其重要。个性化服务不仅可使企业更好地挽留现存的客户，而且还可使企业寻找回已经失去的客户，凭借网络的智能客户管理，为客户提供想要的个性化服务，从而提高客户满意度和忠诚度，给企业带来忠实和稳定的客户群。

☺ 任务拓展

自己找一家身边较为熟悉的企业网站，以本章所学的知识和技能来分析和诊断一下该网站的网络客户关系管理的优缺点，并提出你的改进建议。

学习单元七

网络营销评价

能力目标

- ✍ 全面认识网络营销评价的重要意义;
- ✍ 掌握网络营销评价的各项指标;
- ✍ 熟练掌握网站流量统计分析方法。

学时：8 学时

专业知识

- ◇ 网络营销评估概念;
- ◇ 网络营销效果评价;
- ◇ 网站流量统计分析方法。

学习情境

> 深圳市荣达节能科技有限公司是致力于新材料开发应用的高科技企业,专业致力于节能、环保产品的开发、生产和销售。该公司和国内外纳米研究机构、汽车工程研究部门、环保部门、内燃机生产厂商等有着广泛的研发合作和技术交流。
>
> 该公司在节能领域负有盛名,也建有公司的网站,但由于没有重视网络推广,公司网站访问量少,影响了公司网络营销的发展。后来通过他人的介绍了解了天助公司的中国商机发布引擎,经过尝试,网站的流量快速上升,效果显著,现在Internet 上一些知名的推广平台几乎都有荣达节能的产品信息。比如说通过"环保燃气节能器"、"环保型汽车节油器"、"深圳燃气节能器"等关键词搜索,在百度、谷歌等搜索引擎上该公司名字都能出现在首页。

任务分析

- ❖ 任务1: 企业商务网站建成后,网站流量的多少对企业网络营销有什么影响?
- ❖ 任务2: 如何对网站流量作分析?
- ❖ 任务3: 网站推广的指标有哪些?

案例导入

网易网站的效果评价

1. 网站的背景

网易公司是中国领先的互联网技术公司，自 1997 年 6 月创立以来，凭借先进的技术和优质的服务，深受广大网民的欢迎。在开发互联网应用、服务及其他技术方面，网易始终保持国内业界的领先地位，并取得了中国互联网业的多项第一，如第一家中文全文检索，第一个大容量免费个人主页基地，第一个免费电子贺卡站，第一个网上虚拟社区，第一个网上拍卖平台，等等。目前，网易的日平均页面浏览量超过了 3.7 亿人次，曾多次被中国互联网络信息中心(CNNIC)评选为中国十佳网站之首。

网易开发、组织并推出了 18 个各具特色的网上内容频道(16 个内容频道及广东和上海 2 个地方特色频道)，为用户提供国内国际时事、财经报道、生活资讯、流行时尚、影视动态、环保话题、体坛赛事等信息。同国内外 100 多家网上内容供应商建立了合作关系，以确保网上内容的丰富性和独特性。网易的 45 种免费电子杂志，目前拥有超过 3 千万份的订阅量。网易是中国第一家能让用户根据自己的兴趣和爱好创建"个性窗口"的网站，这一服务也叫"在线个性化服务"。同时，网易还是中国第一家免费为用户提供主页空间的网站。

网易是中国首家提供在线互动式社区服务的互联网公司。其虚拟社区提供了 1800 个论坛，主题包罗万象，大到时事评论，小到厨艺交流，人们可以根据自己的兴趣，张贴信息和文章，发表意见，并对别人的意见做出评价。网易还提供了多种类型的社区聊天室，最高峰时有 6000 余人同时在线进行聊天。

2000 年 11 月份，网易推出网易商城，它为电子交易商务供应商和传统企业客户提供了在线电子商务平台。网易也是中国首家提供在线拍卖业务的互联网公司，支持各种形式的网上支付，包括网上信用卡和记账卡，用户还可以用支票支付或选择现金快递支付。

目前的网易只依靠网络游戏业务(占总收入 87%)支撑着整个收入，无线业务和广告业务受到了多种因素影响，收入增长没有起色。网易需要扩展其盈利的产品线，走出仅依靠网络游戏收入为生的赢利模式。

2. 网站设计的质量指标

网易网站在设计建设中充分为用户着想，网站建有完善的导航系统和搜索引擎，有良好的交互性，用户在访问网站时，能够以最少的点击次数，到达所要浏览的页面。为方便用户访问，网易提供了 www.163/com 和 www.neteast.com 两个域名。我们选取 2012 年 3 月 14 日的网易网站进行了一次简单的测试，网站基本上没有无效链接，网页下载速度快，在 2M 联通宽带上网方式中，一般不超过 6 s。

网易网站的信息量大，时效性好，分类清晰，搜索功能强，与客户的交互性好，在主页下方有客户服务、联系方法、意见反馈、帮助等，提供多种客户服务的手段和方法。

不足之处主要有主页过长，需要翻屏 6 次才能浏览完整个主页；弹出广告前后有 4 个之多，令用户感到有点烦；在退出网易通行证之后，用户名不能自动从用户名的文本框中清除。

3. 收益

截止到 2012 年 3 月 31 日，第一季度财报数据显示，网易第一季度总收入为 20 亿元人民币，同比增长 30.3%；净利润 9.42 亿元人民币，同比增长 27.7%；毛利润为 13 亿元人民币，上一季度和去年同期分别为 15 亿元人民币和 9.85 亿元人民币。其中，在线游戏服务收入为 18 亿元人民币(2.89 亿美元)，上一季度和去年同期分别为 18 亿元人民币和 14 亿元人民币；广告服务收入为 1.43 亿元人民币(2278 万美元)，上一季度和去年同期分别为 2.78 亿元人民币和 1.27 亿元人民币；无线增值服务及其它业务的收入为 3963 万元人民币(629 万美元)，上一季度和去年同期分别为 3725 万元人民币和 2568 万元人民币。

小组讨论：

1. 网易的业务开展得如何？

2. 网易的下载速度、网站的访问量和搜狐、新浪相比如何？

3. 网易的效益如何？请具体用指标说明。

7.1　网络营销评估概述

对网络营销的评价，目前还没有成型的体系，各个网站采取的评价方法不完全一样，制定的评价指标也不完全一致，评价的结果也有所不同。但是，企业在进行网络营销过程中必须知道自己的工作状态如何，应该向哪个方向发展，因此，必须提高网络营销评价工作水平。

7.1.1　网络营销评估的特点

网络营销评价是借助一套定量化和定性化的指标，对开展网络营销的网站的各个方面(包括网站访问量、个人信息政策、顾客服务和产品价格等)进行评价，以期总结和改善企业的网络营销活动，达到提高网络销售效益及网站管理水平的目的。

与传统的市场营销效果相比，网络营销评估具有以下三个特点。

(1) 成本低。由于网络营销是建立在计算机网络系统之上的，对其效果的评估大部分可由计算机自动处理完成。与传统的市场营销效果评估相比，其评估成本相对较低。

(2) 数据化。依赖于自动化程度极高的现代计算机技术，网络营销效果评估的海量基础数据可由计算机自动收集，获取变得十分容易，大量评估指标可数据化，减少了主观评估指标的比重，使评估结果更接近实际。

(3) 效果归属的不确定性。现实生活中，企业的营销工作是网上与网下同时进行、网络营销与传统营销同时进行的。即使是在网络营销活动中，也是多种网络营销方法一并实施。因此，企业的当期业绩到底是由哪种营销活动创造的，无法准确界定。也就是说，其营销效果的归属相对而言具有不确定性。

7.1.2　网络营销评估的意义

由于网络营销存在的基础是网络空间，而网络运行又有其独特的规律。所以，网络营销评估的作用同其他工作系统的作用略有不同。网络营销评估对于网络营销企业来说具有十分重要的意义。

(1) 网络评估可提高企业的管理水平。

网络营销既是企业系统的输出端，又是企业创新经营的龙头，是企业经营活动的重要组成部分。以网络营销评估为依据，企业可以很好地整合资源，再造企业组织，提高企业整体管理水平。

(2) 网络评估是企业科学决策的基础。

通过网络营销效果评估，企业能够知道其使用的战略与策略是否恰当，是否能为企业带来应有的影响与效益，哪些方面需要改正，哪些方面需要坚持。从这一点来讲，网络营销的评估是企业科学决策的基础工作之一。

(3) 网络评估是网络营销管理的需要。

通过对网络营销系统运行状况的评价，检查网络营销系统运行状况与系统标准的差异，可以随时纠正失误，确保网络营销系统正常运转，保证企业网络营销的持续发展。

(4) 网络评估是提升企业营销能力的重要手段。

网络营销作为企业市场营销的一个组成部分，它的改善直接有利于整个市场营销工作的顺利进行。不仅如此，通过网络营销评估，企业可以获得在传统市场营销评估中无法获得的信息。也就是说，网络营销评估不仅有利于企业开展网络营销，同时也有利于企业的整个营销工作的完成，并能指导企业及时调整营销策略。

7.1.3　网络营销评估的步骤

网络营销评估的具体步骤如下：

(1) 确定网络营销总体目标。

做任何一件事都必须明确目标，像网络营销这样比较大的项目更需要非常明确的目标，否则操作人员不知道应该朝什么方向努力。这个目标主要根据网络营销计划书来确定，并加以细化。

(2) 选择网络营销的评估方法。

企业通常采用对比的方法评估网络营销。一是横向比较，通过与其具有相同商业模式的网络营销企业进行比较，来评估本企业网络营销的相对价值；二是纵向比较，通过对比同行业其他具有相同商业模式的网络营销企业在某一成长阶段的评估标准，来对企业的网络营销进行评价估值；三是历史数据比较，通过本企业现有数据与历史数据的比较，评估网络营销的效果。

(3) 确定网络营销的评估标准。

根据网络营销计划，确定网络营销的具体评估标准。在以后的网络营销评估过程中，按已确定的评估标准进行评估。

(4) 选择评估网络营销工作的基准点。

网络营销系统评估是一个相对的过程，所以，应该确定比较的基准点，使网络营销的评估有一个较为科学的参照物。

(5) 将网络营销效果与评估标准进行对比，检查计划目标的实现情况。

根据计划目标和评估标准，以基准点为基础，判断网络营销的实际效果，评估网络营销计划的实际情况，促进网络营销系统正常运行。

(6) 制定评估报告。

评估报告应该包括：评估目的、评估标准体系、运行实际效果数据及分析、综合评估、存在的问题与对策等。

7.2 网络营销效果评价

7.2.1 网站活动评价指标

目前，可用于网络活动评价的量化指标并不多，即使对于最有可能量化监控的网络广告，除了 CPM(每千人成本)或 CPC(每单击成本)的费用之外，也难以计算网络广告的效果。尽管不能说明某些指标与网络营销效果之间的必然联系，还是有必要建立起相应的评价指标体系和标准。这些指标应该包括网站设计、网站推广、网站流量等方面。

1. 网站设计指标

不同类型的营销网站，从企业自身开展网络营销的目标出发，功能、风格和视觉效果等方面都不相同。因此，网站设计的评价指标有很多，不同的出发点有不同的评价指标，如注重设计艺术的指标、注重信息内容的指标、注重网站结构的指标等。但在网站的设计上，仍可以找到一些通用的指标，主要有主页下载时间、有无死链接和拼写错误、不同浏览器的适应性以及对搜索引擎的友好程度等。关于对这些指标的评价，除了自己进行测试外，还可以参照第三方提供的测试结果。一些第三方的测评网站也可以根据这些指标提供测评，检测的综合结果分为四个等级，分别为优、好、一般、差，也可以量化评分。

作为优秀的商业站点，必须具有充分的商业意义和丰富的内容，使网站真正能为商业活动提供帮助。另外，在设计上必须要体现商业站点的特点，结构完整，规划完善。为了让更多的人了解网站，优秀的企业网站还应该具备一定的搜索引擎查询功能和必要的安全保证。

【小提示】建立网站测试指标时应注意的问题

商业网站测试的指标体系设计要注意如下问题：

(1) 拼写检查指标问题，由于现在的电子词典大都没有收录新出现的 Internet 专业词汇，对于诸如 chinabyte、marketingman 等由几个单词组合而成的词汇同样视作拼写错误，由此导致这项指标并不能反映实际情况。

(2) 浏览器兼容性差的问题，因为不同版本浏览器、不同的网络连接方式，下载网页的速度都有所不同，老版本的浏览器对现在 Internet 上许多新的标准和技术都不支持，所以会出现浏览器兼容性差的问题。在建立网站设计指标时，必须确定测试的标准工具，如网页下载速度的测试工具，应根据主流用户所采用的网络连接方式及普遍使用浏览器版本选择确定。

2. 网站推广指标

网站推广指标是指企业在经过网站推广之后，有多少网民知晓，能否被搜索引擎检索到。网站推广的力度在一定程度上说明了网络营销人员为之付出劳动的多少，而且可以进行量化。网站推广主要有如下几个指标：

(1) 建立互惠链接的数量。在其他网站链接的数量越多，对搜索结果排名越有利。实践证明，交换链接的意义实际上已经超出了是否可以直接增加访问量这一具体效果，更大的意义还在于获得搜索引擎排名优势，获得合作伙伴的认知和认可，为用户提供延伸服务，这同样是一个网站品牌价值的体现。如果企业网站被其他网站链接的数量越多，为用户知晓的可能性也就越大，而且访问者还可以直接通过链接进入企业的网站。但也有的网站因为某些原因，不愿意让其他网站链接。

(2) 注册用户数量。注册用户数量是网站价值的最重要指标之一，在一定程度上反映了网站内容对用户的价值，决定了网站通过注册用户最终获得的收益。注册用户越多，越能反映出网站受欢迎的程度，也就越能反映网络营销的成果。而且，注册用户数量一般就是潜在的顾客数量。

(3) 网站的实际知名度。网站的知名度越高表明网站推广的效果越好，它在某种程度上反映了企业网站的地位和企业的影响度。用传统营销方式推广企业的网站，也同样可以扩大网站的知名度。这种网站实际知名度的获取可以通过在其他网站上或传统的报纸上发布调查问卷表的方式进行。

(4) 登记搜索引擎的数量和排名。多数网民了解一个新的网站地址，主要通过搜索引擎。一般来说，登记的搜索引擎越多，对网站的知晓程度也就越高。但目前搜索引擎企业经过竞争、发展，用户常用的也就是著名的几种，企业一般也只是在那些著名的搜索引擎上登记，因此登记搜索引擎的数量，只能供参考。此外，搜索引擎的排名也很重要，虽然在搜索引擎登记了，但排名太靠后，用户没有耐心翻阅到载有企业网站的那一屏，同样不起作用。

3. 网站流量指标

通常所说的网站流量(traffic)是指网站的访问量，主要用来描述访问一个网站的用户数量以及用户所浏览的网页数量等指标，常用的统计指标包括网站的独立用户数量、总用户数量(含重复访问者)、网页浏览数量、每个用户的页面浏览数量、用户在网站的平均停留时间等。此外，网站流量还有一层意思，就是一个网站服务器所传送的数据量的大小(数据流量常用字节数\千字节数等指标来描述)，在网络营销中所说的网站流量一般与网站的实际数据流量没有一一对应关系。网站流量统计分析的基础是获取网站流量的基本数据，这些数据大致可以分为三类，每类包含若干数量的统计指标。

(1) 网站流量指标。网站流量统计指标常用来对网站效果进行评价，主要指标包括独立访问者数量(unique visitors)、重复访问者数量(repeat visitors)、页面浏览数(page views)、每个访问者的页面浏览数(page views per user)以及某些具体文件/页面的统计指标，如页面显示次数、文件下载次数等。

(2) 用户行为指标。用户行为指标主要反映用户是如何来到网站的、在网站上停留了多长时间、访问了哪些页面等，主要的统计指标包括用户在网站的停留时间、用户来源网站、用户所使用的搜索引擎及其关键词以及在不同时段的用户访问量情况等。

(3) 用户浏览网站的方式，主要包括用户上网设备类型、用户浏览器的名称和版本、访问者计算机分辨率显示模式、用户所使用的操作系统名称和版本以及用户所在地理区域分布状况等。

除了要分析自己网站的访问情况之外，专业的网站访问分析还应该包括对竞争者网站的分析评价等内容。

4. 网络营销反映效果指标

在网络营销活动中，有些活动的效果并不表现为访问者的增加而直接达到销售促进的效果，因此便无法用网站访问量指标来进行评价。例如，在企业进行促销活动时，采用电子邮件方式发送优惠券，用户下载之后可以直接在传统商场消费时使用，用户就无需登录网站，这时网络促销活动的效果对网站流量就不会产生明显的增加，因此只能用该次活动反映效果指标来评价。

网络营销反应效果分为直接反应效果与间接反应效果，由于目前国内对于网络营销间接反应效果的评价研究仍处于探索阶段，尚未形成公认有效的评价方法。因此，本书只讲解常用的网络营销直接反应效果的评价指标。

(1) 网络广告点击率。尽管现在的普遍观点认为点击率不能反映网络广告的真实价值，但是，如果企业的网络广告点击率远低于行业平均水平，就能在一定程度上反映出广告设计或媒体选择上有不足之处。

(2) 电子邮件回应率。美国 Email 营销服务提供商 ExactTarget 调查了 4000 个组织的 23 万份 Email 营销效果和 27 亿条 Email 信息，结果发现，邮件列表的数量越大，电子邮件回应率越低。电子邮件回应率包括点击率和开信率等指标。ExactTarget 分析师认为，这一调查结果强烈说明邮件列表营销进行细分的重要性。大数量邮件列表的开信率低除了与本身基数有直接关联之外，还有一个重要原因是很难通过电子邮件主题设计传达出大批受众都感兴趣的相关信息。因此对邮件列表的受众群进行细分才能提高 Email 营销成效。

调查还进一步发现，点击率随着邮件列表增大的下降趋势没有开信率下降趋势那么明确。尤其当邮件列表数量庞大的时候，平均点击率的可变性很大。暗示出电子邮件营销实际效果最终还要受到 Email 的其它因素影响。因此，报告建议邮件列表数量越大，越需要注意 Email 营销各个环节在细节方面的专业性问题，例如电子邮件主题、发信人信息设计等。

7.2.2　网络营销成本效益指标

虽然有些网站的网络营销效益能以货币的方式进行核算，但更多网站的网络营销是无法用数字进行量化计算的。传统的企业，一方面仍用传统的营销方式，另一方面开展网络营销，这给消费者提供了另一种消费方式，即接受网上的宣传、公关、服务，但在网下购买。因此有关网络营销的成本效益指标也是比较难建立的，可以按照传统广告效益核算的方法，把开展网络营销期间的销售量或利润与未开展网络营销期间的历史数据进行对比，但这样的对比仍存在许多问题，因此不能够完全按传统营销的收益分析法来分析网络营销产生的收益。而对于完全开展网络营销的企业，没有传统营销的因素干扰，因此可以参照传统营销的收益分析方法建立成本效益指标。

1. 成本核算指标

(1) 网站建设成本。网站建设成本指网站建设初期发生的网站建设费用，可分为硬件成本、软件成本和其他成本等。硬件成本包括服务器、路由器、交换机、硬件防火墙等网络设备的购置与安装、调试费用；软件成本包括操作系统、网站数据库、网页设计与制作、电子商务平台、网上支付系统、软件防火墙等的设计、开发、购买费用；其他成本包括网站机房、工作间的场地建设费，域名注册、ICP许可申请费等。

(2) 网站运行维护成本。网站运行维护成本指网站建成并投入使用后，为保障其正常运行需向网络管理机构支付的运行费用以及网站的技术维护和管理费用，包括网站管理维护人员经费、网站运行材料消耗、网站通信线路租用费以及其他开支等。

2. 网络营销的成本效益评价指标

根据所开展的营销活动，确定一个标准的技术与服务水平，在此基础上合理地进行成本核算。如一项促销活动，企业投入了一定的费用，在促销活动期间，产品的销售量、产值、利润等有无增加，网站的访问人数有无增加等，是衡量网络营销成败的直观指标。相同的技术与服务水平条件下，成本越高，网络营销的效果越差；成本越低，网络营销的效果越好。但网络营销在实施过程中，有较强的时间性，一项网络营销策略一般只在一定时期内有效。

7.2.3 其他评价指标

网络营销产生的直接效益难于统计，企业开展网络营销更多的是在于提升服务，增加顾客满意度，树立企业形象，而这些都是企业的无形资产，因此可以参照无形资产的评估方法，制定出网络营销的评价指标。

企业的营销环境还包括了竞争环境、法律环境、社会文化环境、政治经济环境以及技术环境等，在制定网络营销评价指标时，还应考虑这些影响因素，适当选用这些评价指标。

7.3 网站流量数据统计方法

7.3.1 网站访问量指标及度量

1. 独立访问者(Unique Visitor)

独立访问者是指在一特定时间内第一次进入网站，具有唯一访问者标识(唯一地址)的访问者。这一特定时间建议为一整天。

度量方法：在同一天内，只记录第一次进入网站的具有唯一访问者标识的访问者，在同一天内再次访问该网站则不计数。

2. 月独立访问者(Monthly Unique Visitor)

月独立访问者是指在一特定时间内第一次进入网站，具有唯一访问者标识(唯一地址)的访问者。特定时间建议为一整月。

度量方法：在同一月内，只记录第一次进入网站的具有唯一访问者标识的访问者，在同一月内再次访问该网站则不计数。

3. 用户会话(User Session)

用户会话是指具有唯一访问者标识(唯一地址)的访问者进入或再次进入网站的过程。用户进出数、访问数和用户会话是同一术语。用户会话不应该被解释为网站的访问人次或访问人数，但是用户会话是相对接近网站访问人次或访问人数的指标。用户会话比独立访问者更能说明网站的全部活动，它表明了网站的使用频率。

度量方法：访问者在 20 分钟内与网站有交互活动则被认为是同一次进入网站，不记录新的用户会话数；当访问者持续 20 分钟与网站没有交互活动，当他再次访问网站时访问者被认为再一次进入了网站，记录新的用户会话数。

4. 页面浏览(Page View)

一次页面浏览就是一次页面的完全显示，即访问者应该在他的浏览器上完整地看到该页面。页读数、页面查看、页面印象(Page Impression)、页面请求(Page Request)和页面阅览是同一术语。

度量方法：一次浏览器请求即可算做一次页面浏览

5. 请求(Request)

请求是指为了获得服务器上的一个资源(可以是文本、图像或任何可以被包含在页面内的元素)，浏览器和它连接的服务器之间进行的一次单一连接。命中(Hit)和请求是同一术语。

度量方法：对于使用分析日志文件的方式进行的统计，日志文件中一条记录就是一个请求，通过对这些记录的统计来获得度量的数据。

7.3.2　访问者特征指标及度量

1. 浏览器(Browser)

浏览器是一个用于定位和阅览 HTML 文档的程序。例如：Microsoft Internet Explore、360 安全浏览器、遨游 Maxthron、Microsoft Internet Explorer。

度量方法：可以从日志文件中获得浏览器类型的信息，以此获得统计的数据。通常可以获得软件厂商的名字、浏览器的版本等信息。

2. 网站访问者使用的操作平台

度量方法：同分析浏览器一样可以通过分析浏览器字符串(Browser String)来获得关于操作平台的信息。

3. 域名(Domain Name)

域名是互联网络上对应于计算机 IP 地址的文本地址，它是连接在互联网络上的计算机的正式名字。

度量方法：度量域名实际上是考察远程计算机所在的一级或二级域，如.com、.edu、.cn、.com.cn、.net.cn 等。REMOTE_HOST 环境变量和日志文件都会记录远程计算机的主机名和域名，但并不是在所有情况下都可以获得远程计算机的主机名和域名。

4. 指引链接(Referral Link)

访问者点击一个页面中的链接而被引导至当前 HTML 页面，则该链接是当前页面的指引链接或指引页面(Referring Page)。

度量方法：从 HTTP_REFERER 环境变量和对服务器日志文件的分析中可获得指引链接的信息。

7.3.3　访问者行为指标及度量

1. 每页面请求的平均时间(Average Time Per Page Request)

每页面请求的平均时间是指访问者每次多个页面请求的平均时间。

度量方法：用户会话的第一次请求至最后一次请求之间的时间 ÷ (用户会话期间的页面请求数 − 1)。

2. 用户会话时长(User Session Length)

用户会话时长是指一次用户会话的时间长度。用户访问时长和用户会话时长是同一术语。

度量方法：用户会话的第一次请求至最后一次请求之间的时间 + 每页面请求的平均时间。

3. 平均用户会话时长(Average User Session Length)

平均用户会话时长是指网站访问者用户会话的平均时间长度。平均用户访问时长和平均用户会话时长是同一术语。

度量方法：总计的用户会话时长 ÷ 用户会话数。

4. 返回访问数(Return Visits)

返回访问数是指在一特定时间内，访问者在不同用户会话中再次访问网站的次数。返回访问的次数表明了网站受欢迎的程度。

度量方法：度量在一特定时间内，访问者在不同用户会话中再次访问网站的次数。

7.3.4　其他可度量指标

1. 带宽(Bandwidth)

带宽是网站流量的度量标准(以数据传递的千字节为单位)。

度量方法：使用分析日志文件的方式进行统计，可以根据日志文件中每条记录中返回文件的大小来统计网站的带宽。

2. 重载(Reload)

重载是指访问者点击浏览器中的重载按钮或者刷新按钮重新载入当前页面的动作。重载次数的多少表明网站受欢迎的程度和访问者对网站的忠诚度。

度量方法：用分析访问日志文件的方式进行统计，当访问者执行重载操作时都会重新发出对该页面的请求，可以将 30 秒内相同的请求判断为访问者执行了重载的操作，记录重载次数。

3. 点击(Click)

一次点击是指访问者的鼠标在一个超文本链接上的一次单击，目的是为了沿着它的链接获得更多访问者感兴趣的信息。点击数量(Click Through)和点击是同一术语。点击通常被用于网络广告的统计。

度量方法：使用分析日志文件的方式可以统计出点击某个超文本链接的次数。

4. 点击率(Click Rate)

点击率是指点击链接的百分比。点击收益和点击率是同一术语。点击率有多方面的价值，在网络广告中，它是广告有效性的体现，它表示访问者已到达广告客户的网站，而且这些网站还可以提供其他信息。

度量方法：点击数除以链接所在页面的请求数。

5. 广告请求(Ad Request)

广告请求是指访问者对页面中广告元素的请求。

度量方法：广告请求的度量方法可参考页面阅览的度量方法。

【小提示】网站流量分析应注意的问题

在企业网站流量的数据采集中，由于受一些因素的干扰，会造成数据的准确性下降，降低指标评价分析的准确性，从而导致错误的决策。这些要注意的问题主要有以下几个方面。

(1) 缓存问题。为了解决这个问题，一个简单的方法是为每个网页生产一个动态网页，使网页不断更新，从而强制缓存重新调用更新的网页。

(2) 防火墙的过滤。如果企业内部的计算机通过防火墙访问其他网站，则防火墙可将企业内部计算机的真实地址给过滤掉，大多数防火墙只显示其防火墙的地址，而不是某一个确定的访问者。

(3) 不同的地理位置。有的企业可能在不同的国家或地区拥有多个服务器，如不同语言的网站各自统计网站的流量，要想获得企业网站的总流量，必须将它们汇总起来。

(4) 网页计数器的缺陷。网站计数器使得企业网站看起来像个人网站，因此最好是将计数器程序置于网页中，页面上不要显示出来。

7.4　海信网站网络营销评估分析

1. 海信网站概况

海信网站首页主要是以 Flash 动画引导，并采用二级栏目作为导航条，主要模块分为关于海信、海信科技、海信业务、上市公司、新闻中心、人力资源。海信网站以宣传企业文化和公司为宗旨，同时发布了海信新闻、海信特色、海信俱乐部、人才招聘、客户服务等信息还提供英文版网站。此外海信网站还有中文产品网站群(下拉列表中的各种产品)海外网站群(链接有海信集团在各国的网站地址)，并且提供有网上购买服务。整体网站采用静态网页，HTML+CSS 布局，符合 W3C 标准，JS 代码简洁而不繁杂。网站提供 RSS 链接，以便用户获得最新产品资讯。网站无弹出广告、打开速度较快、页面较清新简洁。

2. 评价范围选择说明

1) 网站规划与网站栏目结构评价

海信网站建设的目标非常明确，栏目分类十分详尽，必要的栏目都已建立，而且不含无必要的栏目链接，网站主要为用户提供产品信息介绍，网上购买，客户服务，招聘信息，会员制度，售后服务，还介绍海信企业文化和公司宗旨。

网站导航大体合理，用户通过任何一个页面都可以回到上级页面以及首页，每一个页面都采用了相同的导航栏，用户可以根据自己的需要自由切换到相关信息页面。

各个栏目之间的链接关系正确、信息分类详细。内容不重复冗余，每一个页面的内容也与栏目的标题相贴切。

海信网站用二级标题导航，可以将每一个信息的大体内容细化，用户在每一个页面只需要一次点击即可到达所期望的页面。导航在每个页面中都是一样的，其实已经把首端与末端设为网站的框架，然后在每一个页面中不断地套用，而链接是相互连通的。

在网站每张页面的左下角都设有网站地图，通过网站地图，用户可以清晰地了解到网站内容的大致布局。用户通过网站地图上的链接可以任意链接到相应页面，这样较为便捷。

网站栏目并不存在过多、过少、或者层次过深等问题。网站设计以用户为导向，通过最简单、醒目、易用的网站要素设计，使得用户可以更方便地获取信息。网站易用性和搜索引擎友好性是同一问题的两个方面，两者的最终目的是一致的，网站易用性从用户获取信息的角度描述网页设计；搜索引擎的友好性从网站容易被搜索引擎收录并且获得好的检索效果的角度说明网站设计应该关注的重要因素。

2) 网站内容及网站可信度评价

海信网站提供了用户需要的详尽信息、产品的介绍和联系方式、客服热线等。

网站内容能够及时更新，海信的每一种新产品发布都会在网站发布，新的信息会排在栏目首列，但过期的信息并无清理，而是留下作为历史记录，以供日后参考。

网站首页、各栏目首页以及各个内容页面都有能分别反映网页核心内容的网页标题，所有的页面内容都是围绕着该栏目标题链接，真正做到了内容不重复、不偏题。比如点击海信业务栏目下的二级栏目——家电，所列出来的内容都是有关海信集团的家电产品介绍以及产品图片。并不是整个网站都用一个网页标题，而是有分类的归纳。比如家电产品的页面，其标题是家电——海信业务——海信中国，房地产的页面标题却是房地产——海信业务——海信中国。这种不同标题的好处在于让搜索引擎对不同的关键词直接引导用户到相关页面。

网站首页、各栏目首页以及各个内容页面的 HTML 代码并不是都有合理的标签设计，甚至有的没有标签，这是海信网站的缺点。

网站有提供产品销售信息、售后服务信息和服务承诺信息，但其中产品销售信息只是笼统的说明，并没有精确到每一个产品的介绍。这也是网站需要改进的地方。

公司介绍、公司的文化和服务宗旨都非常详细。在每一张网页的下面都写有网站的备案信息、联系方式等。

3) 网站功能和服务评价

网站设计有：结构、内容、服务、功能四个基本要素。海信网站都能够合理分布和设计。网站的代码做到最大优化，网站稳定运行打开速度也较快。海信网站为用户提供网上银行支付在线服务，用户可以通过网上银行支付所购买的商品，也提供了客户在线咨询、社会招聘、校园招聘、员工培训等服务。

用户真正关心的信息如产品信息、产品价格、售后服务等未能够在网站首页直接找到。海信网站的首页主要是由 Flash 导航的，用户要通过点击导航条栏目才能被引导到相应页面，在首页可供用户获得的信息并不多。

4) 网站优化及运营评价

海信主网站 www.hisense.com 在各大搜索引擎的收录查询结果如下:百度收录 2640 条,百度反向链接 66 000 多条,Google 收录 6520 条,SOSO 收录 33 400 条,搜狗收录 1888 条。网站首页、各栏目首页以及各个内容页面都设有关键词,但关键词较少。网站在搜索引擎优化方面比较合理,没有搜索引擎作弊嫌疑。

Google PR 值(Page Rank)查询结果为 7,搜狗 PR 值查询结果为 1,这说明海信具有一定知名度。Page Rank 是 Google 排名运算法则(排名公式)的一部分,用来标识网页的等级/重要性。级别从 0 到 10 级,10 级为满分。PR 值越高说明该网页越受欢迎(越重要)。

从 2012 年 7 月左右网站排名数据统计来看,网站的访问量起跃不大。被访问网址为 12 个,国内排名 9223,网站访问比例为 84.4%,页面浏览比例为 90.3%,日均 IP 访问量 7800(一周平均),日均 PV 浏览量 27 300(一周平均)。海信下属子站点被访问比例及人均页面浏览量都比较低,访问量低并不是因为网站优化不佳而造成的,主要原因可能是网站宣传力度不够或用户关心海信网站较少。

3. 存在的问题

网站访问量较少,网站宣传力度不够,关心海信网站的用户并不多。网页加入的关键词太少甚至没有,缺少标签。海信网站内容不够丰富,可考虑把更详细的产品信息写入网站让用户获取更多的信息。应把网上商城即电子商务模块并入海信主网站中,而不是把他代理给其他网站,有意网上购物的用户会因为代理网站的可信度不够而不购买。

4. 建议

导航网站与搜索引擎相比能带来更多的访问流量。要让百度、Google 等各大网站收录你的网站,以便于别人能在第一时间在搜索引擎上找到网站,这是最初级也是最重要的。如果条件允许可以在各大网站加入 Google 广告、百度广告、雅虎广告等,可以让网络广告平台为网站进行宣传。注重在海信的各商品的用户手册上印有海信网站的网址,在网站上举行一些活动,例如抽奖活动等。在每个网页里加上尽可能多的关键词,但不能繁杂且不能有不相关的网站内容,吸引尽可能多的搜索用户。尽量不断更新网站内容,提高访问者的再次访问率。

与其他站点的链接也是一种很好的办法,与同类的而且双方的网站日访问量相差不大的网站交换链接。一般是双方看到对方的站点后,通过电子邮件联系后决定的。这种方式适用于双方网站内容相近,访问量相差不大的情况。

到各大电子商城做广告,比如到中关村在线、太平洋电脑城做广告,在给海信的新产品做宣传的同时也宣传了网站。

7.5　网络营销评估实训

✎ 实训任务一利用排名查询网站,对商业网站的访问量进行分析

完成下述练习后,提交 800 字左右的书面(或电子)报告一份,阐述如何使用排名查询

工具网站(比如，站长工具：http://www.chinaz.com)对企业网站进行评价，如何提升企业网站的世界排名、扩大企业知名度，推广企业网络营销。

(1) 下载安装 Alexa 工具，查询至少三个商业网站的世界排名和网站流量，分析对比三个网站之间的网站访问数量、流量排名和人均页面浏览量，并可点击不同时间段察看相应时段的曲线变化。按照不同国家查询网站排名。

(2) 使用中文网站"世界网络网(www.linkwan.com)"查询网站排名。利用"多站对比查询"功能，浏览搜狐和新浪网站在 Alexa 上的流量(Rank)排名信息对比。

实训任务二：阅读下列资料回答问题。

吉·让礼品公司是一家专业的礼品销售公司。该公司在 2001 年进行了为期 5 个月的准备后，于 2002—2003 年度投资 280 万元全面实施网络营销。2003 年初，公司董事会对 2003—2004 年度是否继续投入网络营销项目而发生分歧，一些董事会成员认为：2002—2003 年度投入的 280 万元网络营销费用效益不明显，若继续投入将不利于公司发展。为了作出正确的决策，公司董事会决定对 2002～2003 年度网络营销工作进行评估，并请网络营销专家进行专业指导。

公司首先评估了网络营销的投入产出比。2002—2003 年度公司共投资 280 万元实施网络营销，其中 220 万元是由传统营销经费划转而来的，公司实际净增营销费用为 60 万。2002—2003 年度公司净增销售收入 842.76 万元，净增销售利润 117.95 万元，扣除净增营销费用后，公司净增销售利润约 57.95 万元。

其次，公司对净增销售利润 57.95 万元的增长途径进行分析。根据对公司销售信息管理系统和公司客户管理系统的基础数据进行适当的数据挖掘，公司发现，2002—2003 年度公司网上订单共 4183 单次，成交金额为 625 万元，占 2002—2003 年度净增销售收入的 74%。但同时，分析人员发现，4183 单次的网上订单客户中，有 28%是公司过去的老客户，72%是公司的新增客户，这给网络营销效果的精确评估带来了困难。

公司紧接着对网络营销的过程进行评估。通过网站流量分析、注册用户信息分析、网络广告效果分析、网上调查报告分析等方法，公司发现：公司网站的注册用户中高学历和年轻人居多，大学文化及以上学历者占 73.56%，年龄在 18～30 周岁者占 67.31%，这和公司原来的网络营销对象预测有些出入；公司网站的访问量主要集中在上午 9:00～11:00，下午 15:00～17:00，晚上 20:00～23:00，其中晚上访问量最大，公司就此认为网站的访问者主要为上班族和学生，需要重新锁定目标；公司 2002—2003 年度网络广告投放采用的是在商务网站上租赁固定广告位的方式，其点击率较低，需要调整广告策略。

在对公司商务网站的评估调查中发现：网站使用者对网站的速度、美工、商务功能、在线问题回复很不满意，特别是对网站首页的 Flash 动画很反感：首先下载等待时间长，一些网络终端还须安装新的 Flash 播放软件，造成一些顾客拂袖而去；其次是网站功能复杂而且不直观，影响了用户的使用。大多数用户对网站的要求排序为：功能、速度、美工、交互性、网上支付等。

评估小组将评估数据整理成详尽的评估报告后送交公司董事会审查。董事会研究后认为：2002—2003 年度网络营销工作虽然存在很多问题，但其效益是可以肯定的。公司董事会最后决定，为了保证公司在同行业中的竞争优势，2003～2004年度继续投入网络营销项目，其投资额在去年的基础上适当增长，以确保公司业务的顺利发展。

思考题：

(1) 吉·让礼品公司对企业网络营销效果评估有什么意义？

(2) 吉·让礼品公司是如何进行网络营销效果评估的？

(3) 吉·让礼品公司在进行网络营销效果评估的过程中，采用了哪些评估技术进行评估？

✍ **回到学习情境**

通过7.1～7.5节内容的学习，全面认识了网络营销评估的重要意义，学习了网络营销评价的各项指标，熟练掌握了网站流量统计分析方法。下面我们回到学习情境中，针对公司目前的网络营销，应该如何完成工作任务。

任务 1　企业商务网站建成后，网站流量的多少对企业网络营销有什么影响？

通过各种网站流量统计分析系统或者网站流量分析软件可以获得网站流量的基本数据，这些数据是网站访问统计分析的基础。在网站流量统计分析管理中，对网站访问统计数据的分析能力的差异决定了网络营销管理水平的高低。

归纳起来，专业的网站流量统计分析对网络营销管理的意义主要表现在下列几个方面：

(1) 通过网站访问数据分析进行网络营销诊断，包括对各项网站推广活动的效果分析、网站优化状况诊断等。

(2) 了解用户访问网站的行为，为更好地满足用户需求提供支持。

(3) 网站流量可以作为网络营销效果评价的参考指标。

网站流量统计分析是网络营销专业人员的必备知识，专业的网站访问统计分析报告不仅可以清晰地看到网站运营的成就，并且可以从中发现网站访问与网络营销策略之间的关系。进行网站流量统计分析的前提是对网站流量各项统计指标的含义有深刻的认识，并且在此基础上积累大量的实践经验。

任务 2　如何对网站流量作分析？

网站访问统计分析的基础是获取网站流量的基本数据，这些数据大致可以分为三类，每类包含若干数量的统计指标。

1. 网站流量指标

网站流量统计指标常用来对网站效果进行评价，主要指标包括：① 独立访问者数量(unique visitors)；② 重复访问者数量(repeat visitors)；③ 页面浏览数(page views)；④ 每个访问者的页面浏览数(PAge VIEws per user)；⑤ 某些具体文件/页面的统计指标，如页面显示次数、文件下载次数等。

2．用户行为指标

用户行为指标主要反映用户是如何来到网站的、在网站上停留了多长时间、访问了哪些页面等，主要的统计指标包括：① 用户在网站的停留时间；② 用户来源网站(也叫"引导网站")；③ 用户所使用的搜索引擎及其关键词；④ 在不同时段的用户访问量情况等。

3．用户浏览网站的方式

用户浏览网站的方式相关统计指标主要包括：① 用户上网设备类型；② 用户浏览器的名称和版本；③ 访问者电脑分辨率显示模式；④ 用户所使用的操作系统名称和版本；⑤ 用户所在地理区域分布状况等。

任务3 网站推广的指标有哪些？

网站推广的力度在一定程度上说明了网络营销人员为之付出劳动的多少，而且可以进行量化，主要有如下几个指标：

(1) 建立互惠链接的数量。在其他网站链接的数量越多，对搜索结果排名越有利。实践证明，交换链接的意义实际上已经超出了是否可以直接增加访问量这一具体效果，获得搜索引擎排名优势、获得合作伙伴的认知和认可、为用户提供延伸服务，这些同样是一个网站品牌价值的体现。如果企业网站被其他网站链接的数量越多，为用户知晓的可能性也就越大，而且访问者还可以直接通过链接进入企业的网站。

(2) 注册用户数量。注册用户数量是网站价值的最重要指标之一，在一定程度上反映了网站内容对用户的价值，决定了网站通过注册用户最终获得的收益。注册用户越多，也就越能反映出网站受欢迎的程度，也就越能反映网络营销的成果。而且，注册用户数量一般就是潜在的顾客数量。

(3) 网站的实际知名度。网站的知名度越高表明网站推广的效果越好，它在某种程度上反映了企业网站的地位和企业的影响度。用传统营销方式推广企业的网站，也同样可以扩大网站的知名度。这种网站实际知名度的获取，可以通过在其他网站上或传统的报纸上发布调查问卷表的方式进行。

(4) 登记搜索引擎的数量和排名。多数网民了解一个新的网站地址，主要通过搜索引擎。一般来说，登记的搜索引擎越多，对网站的知晓程度也就越高。但目前搜索引擎企业经过竞争、发展，用户常用的也就是著名的几种，企业一般也只是在那些著名的搜索引擎上登记，因此登记搜索引擎的数量只能供参考。此外，搜索引擎的排名也很重要，虽然在搜索引擎登记了，但排名太靠后，用户没有耐心翻阅到载有企业网站的那一屏，同样不起作用。

☺ 任务拓展

联邦快递公司(www.fdxcorp.com)是一家全球快运业巨擎。登陆该公司网站，分析该公司网站商业竞争力如何？

参 考 文 献

[1]　孙志宏. 网络营销与策划[M]. 北京：机械工业出版社，2009.

[2]　史征. 网络营销[M]. 杭州：浙江大学出版社，2003.

[3]　尚晓春. 网络营销策划[M]. 南京：东南大学出版社，2002.

[4]　赵晓鸿. 网络营销技术[M]. 北京：中国人民大学出版社，2007.

[5]　薛辛光. 网络营销学[M]. 北京：电子工业出版社，2003.

[6]　孔伟成，陈水芬，等. 网络营销的理论与实践[M].北京：电子工业出版社，2009.

[7]　史达. 网络营销[M]. 2 版. 大连：东北财经大学出版社，2010.

[8]　沈美莉，陈孟建等. 网络营销与策划[M]. 北京：人民邮电出版社，2007.

[9]　瞿彭志. 网络营销[M]. 3 版. 北京：高等教育出版社，2009.

[10]　张书乐. 实战网络营销：网络推广经典案例战术解析[M]. 北京：电子工业出版社，2010.

[11]　蔡剑，叶强，廖明玮. 电子商务案例分析[M]. 北京：北京大学出版社，2011.

[12]　刘芸. 网络营销与策划[M]. 北京：清华大学出版社，2010.

[13]　斯特劳斯，等. 网络营销[M]. 4 版. 时启亮，金玲，译. 北京：中国人民大学出版社，2007.

[14]　孙俊国，李淑娟. 网页设计与制作[M]. 南京：南京大学出版社，2006.

[15]　境佑司. 网页设计师必读：网页设计基础[M]. 北京：电子工业出版社，2007.

[16]　宋文官. 网络营销[M].北京：清华大学出版社，2010.

[17]　兰宜生. 电子商务基础教程[M]. 北京：清华大学出版社，2003.

[18]　吴泽欣. SEO 教程：搜索引擎优化入门与进阶[M]. 北京：人民邮电出版社，2008.

[19]　吴晓萍. 网络营销[M]. 北京：北京交通大学出版社，2009.

[20]　冯英健. 网络营销基础与实践[M]. 3 版. 北京：清华大学出版社，2007.

[21]　拉菲·默罕默德，罗伯特·菲谢尔，伯纳德·杰沃斯基，戈登·帕蒂森等. 网络营销[M].王刊良，译. 北京：中国财政经济出版社，2004.

[22]　杨路明. 客户关系管理[M]. 重庆：重庆大学出版社，2004.

[23]　朱爱群. 客户关系管理与数据挖掘[M]. 北京：中国财政经济出版社，2001.

[24]　管政. 中国 CRM 实施[M]. 北京：人民邮电出版社，2003.

[25]　中国互联网信息中心. http：//www.cnnic.net.cn.

[26]　中国电子商务协会职业经理认证管理办公室网络营销师运营中心. http：//www.emet.org.cn

[27]　艾瑞咨询集团. http：//www.iresearch.com.cn.

[28]　新营销. http：//www.globrand.com/column/newmarketing.

[29]　品牌网. http：//www.21brand.com/

[30]　致信网. http：//www.mie168.com/